地球の歩き方E12 ● 2020～2021年版

# マダガフ

JN029718

地球の歩き方編集室

# MADAGASCAR CONTENTS

## 旅のガイダンス

### 18
特集1

旅の工程をシミュレーション！
## おすすめモデルプラン

### 22
大特集

バオバブ、ツィンギー、隠れ家ビーチ
## 不思議の島の
## 絶景を巡る旅へ

### 30
特集2

アンタナナリボから車で約3時間30分
## レミュール・アイランドで
## 肩乗りキツネザル体験！

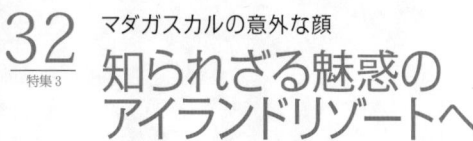

### 32
特集3

マダガスカルの意外な顔
## 知られざる魅惑の
## アイランドリゾートへ

### 36
特集4

フランスの影響を受けたおいしい料理を
## マダガスカル
## グルメガイド

### 40
特集5

旅の感動を日本に持ち帰ろう
## おみやげカタログ

### 44
特集6

キュートで不思議な原猿類
## マダガスカルのキツネザル

### 48
特集7

マダガスカルに自生する8種を制覇！
## バオバブ辞典

## COLUMN

出発前に必ずお読みください!　安全情報…212

# 略号と記号について

本文中および地図中に出てくる記号は以下のとおりです。
**❶**は観光案内所（ツーリストインフォメーション）を表します。

## ガイド部

- **H** ホテル
- **R** レストラン
- **S** ショップ
- **地図** 地図の掲載ページおよび該当箇所
- **住** 住所
- **TEL** 電話番号
- **FAX** ファクス
- **FREE** 無料電話
- **URL** ホームページアドレス
- **e-mail** 電子メールアドレス
- **営** 営業・開館時間
- **休** 定休日、休館日
- **料** 料金

（ガイド部見本ページ）

**トゥリアーラの市外局番**
**94**

**トゥリアーラへの行き方**
●飛行機
ツァラディアからアンタナナリボから1日1～2便運航しており、所要15分～30分、€112～。
●タクシー・ブルース
アンタナナリボから1日数便運行。14:00～15:00前後に出発することが多く、所要20～24時間。Ar5万2000～。
フィアナランツォアから1日2便運行。朝1便と18:00前後の1日2便運行。所要13～15時間。Ar3万程度。

**タクシー**
市内 Ar500～1万
市内～空港 Ar2万～3万

**プスプス**
市内Ar600～1500

**トゥリアーラのレストラン**
**R** ジェラテリア・イタリアーナ
Gelateria Italiana
人気のアイスクリーム店。
**地図** P.130-B1
**住** Rue Generale Leclerc, Tanambao 1
**TEL** 034-27-031-37
**営** 9:00～12:00、16:00～22:00
**休** 無休
**R** ル・ジャルダン・ド・ジャンカルロ
Le Jardin de Giancarlo
おしゃれなイタリア料理店。
**地図** P.130-A2
**住** Tulear 601
**TEL** 020-94)428-18
**営** 10:00～21:00
**休** 水

### 歩き方　WALKING AROUND

町の散策は、並木道が美しいガリエニ大通り Bd. Gallieni から。通りの西端にトゥリアーラと書かれた町の記念碑が立っていて、記念撮影スポットになっている。その近くの空き地が、トゥリアーラ近辺で取れた貝殻を売る貝のマーケット Marché aux Coquillages になっていて、この地方のみやげが物はたいてい揃う。少し東へ歩いてマーケット通り Rue du Marché を北上すると、マーケット Marché に出る。ここではランバ Lamba と呼ばれるマダガスカルの布がお買い得だ。さらに道なりに進むと、斜め

トゥリアーラの道路ではプスプスが多くみられる

（トゥリアーラ（チュレアール）地図）

貝のマーケット

130

## ホテル、レストラン、ショッピング

ショッピング
▶おみやげを買うなら
**リシー・アート・ギャラリー**
Lisy Art Gallery
マダガス…
みやげ物店。
**地図** P.55-B3外
**TEL** (020-22)277…
**URL** lisy-gale…
**営** 8:30～18:00
**休** 日　**CC** MV

レストラン
▶洗練されたフランス料理店
**ラ・プランテーション**
La Plantation
フランス人…
ラン。落ち着…
地の素材を生…
だける。前菜…
ンチコースAr…
カニを使った前菜…
**地図** P.102-A2
**営** 11:00～14:30、…
**休** 無休　**CC** MV

ホテル
▶ゆったりとした贅沢な時間が流れる
**ルカンガ・ブティック・ホテル**
Lokanga Boutique Hotel
女王宮近くの丘の上に2011年にオープンした。1930年に建設された洋館を改装したホテルで、雰囲気や洗練されたセンスなど、どれもすばらしい。客室はわずか5室で、全室がスイート仕様。セーフティボックスやミニバー、無料Wi-Fiなど設備も充実している。眺望が自慢のレストランは月曜以外ならゲスト以外も利用が可能。サンセットの時間がおすすめだ。
眺望がすばらしい
**地図** P.55-B3外
**住** Lot VW115, Ambohimitsimbina, Haute Ville
**TEL** (020-22)235-49
**URL** www.lokanga-hotel.mg
**料** 国国€125～　**FAX** 込み　**CC** MV

**地図** 地図の掲載ページおよび該当箇所
**住** 住所
**TEL** 電話番号
**FREE** 無料電話
**FAX** ファクス
**URL** ホームページアドレス
**e-mail** 電子メールアドレス
**営** 営業・開館時間
**休** 定休日、休館日
**料** 料金
Ar：マダガスカル・アリアリ
€：ユーロ
US$：アメリカ・ドル

## 地図中の記号

| 記号 | 意味 |
|------|------|
| ❶ | 観光局、観光案内所 |
| Ⓢ | 銀行、両替所 |
| ⚑ | 大使館 |
| ✉ | 郵便局 |
| ⊞ | 病院 |
| ⛪ | 教会、大聖堂 |
| ☾ | モスク |
| Ⓗ | ホテル |
| Ⓡ | レストラン |
| Ⓢ | ショップ |
| @ | インターネットカフェ |
| 🍸 | バー、ナイトクラブ |
| ✈ | 空港 |
| 🚗 | タクシー乗り場 |
| 🚐 | タクシー・ブルース乗り場 |
| 🚌 | バス乗り場 |
| ⛴ | フェリー乗り場、航路 |
| 🏞 | 国立公園、自然保護区 |
| ▲ | 山 |
| ☰ | 滝 |
| ⚠ | キャンプ場 |
| 🤿 | ダイビングスポット |

**TAX** 料金に加算される税金
**SC** 料金に加算されるサービス料金
**CC** 使用可能なクレジットカード
A：アメリカン・エキスプレス
D：ダイナース
J：JCB
M：マスター
V：ビザ

### ホテルの記号
S シングルルーム
D ダブルルーム
T ツインルーム
Fa ファミリールーム
Su スイートルーム
EX エキストラベッド

## ■本書の特徴

本書はマダガスカルを旅行される方を対象に個人旅行者が現地でいろいろな旅行を楽しめるように、各都市のアクセス、ホテル、レストランなどの情報を掲載しています。もちろんツアーで旅行される際にも十分活用できるようになっています。

## ■掲載情報のご利用に当たって

編集部では、できるだけ最新で正確な情報を掲載するよう努めていますが、現地の規則や手続きなどがしばしば変更されたり、またその解釈に見解の相違が生じることもあります。このような理由に基づく場合、または弊社に重大な過失がない場合は、本書を利用して生じた損失や不都合について、弊社は責任を負いかねますのでご了承ください。また、本書をお使いいただく際は、掲載されている情報やアドバイスがご自身の状況や立場に適しているか、すべてご自身の責任でご判断のうえご利用ください。

## ■現地取材および調査期間

本書は 2019 年 6 ～ 7 月の調査を基に編集されています。しかしながら時間の経過とともにデータの変更が生じることがあります。特にホテルやレストランなどの料金は、旅行時点では変更されていることも多くあります。したがって、本書のデータはひとつの目安としてお考えいただき、現地では観光案内所などでできるだけ新しい情報を入手してご旅行ください。

## ■発行後の情報の更新と訂正について

本書に掲載している情報で、発行後に変更されたものや、訂正箇所が明らかになったものについては『地球の歩き方』ホームページの「ガイドブック更新・訂正・サポート情報」で可能なかぎり最新のデータに更新しています（ホテル、レストラン料金の変更などは除く）。出発前に、ぜひ最新情報をご確認ください。

**URL** book.arukikata.co.jp/support

## ■投稿記事について

投稿記事は、多少主観的になっても原文にできるだけ忠実に掲載してありますが、データに関しては編集部で追跡調査を行っています。投稿記事のあとに（東京都 ○○ '18)とあるのは、寄稿者と旅行年度を表しています。ただし、ホテルなどの料金を追跡調査で新しいデータに変更している場合は、寄稿者のデータのあとに調査年度を入れ ['19] としています。

## マダガスカル の基本情報

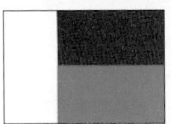

▶ 国家と政治、宗教
→ P.176

▶ 民族と民俗
→ P.177

▶ マダガスカルの
言葉
→ P.178

### 国 旗
マダガスカル最後のメリナ王朝の旗に由来しており、赤は情熱、白は純粋、緑は希望を表している。

### 正式国名
マダガスカル共和国
République de Madagascar

### 国 歌
おお、我が愛しき祖国よ
Ry Tanindrazanay Malala ô

### 面 積
58 万 7295km²
（日本の約 1.6 倍）

### 人 口
約 2557 万人（2017 年）

### 首 都
アンタナナリボ
Antananarivo

### 元 首
アンジ・ニリナ・ラジョリナ大統領
Andry Nirina RAJOELINA

### 政治体制
共和制、6 自治州の連邦形態

### 民族構成
マレー系のメリナ族（中央高地に居住）、ベツィミサラカ族（東部海岸）、ベツィレウ族（南部高原）など全 18 民族

### 宗 教
伝統宗教、キリスト教、イスラム教

### 言 語
公用語はマダガスカル語、フランス語。観光地では英語を話す人が増えつつある。

## 通貨と 為替レート

Ar

▶ 両替事情
→ P.207

通貨の単位はマダガスカル・アリアリ Malagasy Ariary（MGA）。通常は Ar と略して表記される。2004 年 12 月 31 日までマダガスカル・フラン Franc Malagasy（Fmg）と併用していたため、地方ではいまだに Fmg で表示している場合がある（Ar1 ＝ Fmg5）。Ar1000 ＝ 約 30 円（2019 年 7 月 11 日現在）。

Ar2 万

Ar2000

Ar200

Ar1 万

Ar1000

Ar100

Ar5000

Ar500

## 電話のかけ方

▶ 通信事情
→ P.214

### 日本からマダガスカルへのかけ方　（例）アンタナナリボの（020-22）123-45 へかける場合

| 国際電話会社の番号 | | 国際電話識別番号 | マダガスカルの国番号 | 市外局番（最初の0は取る） | 相手先の電話番号 |
|---|---|---|---|---|---|
| **001**（KDDI）※1 | | | | | |
| **0033**（NTTコミュニケーションズ）※1 | | | | | |
| **0061**（ソフトバンク）※1 | + | **010** | **261** | **20-22** | **123-45** |
| **005345**（au携帯）※2 | | | | | |
| **009130**（NTTドコモ携帯）※3 | | | | | |
| **0046**（ソフトバンク携帯）※4 | | | | | |

※1「マイライン・マイラインプラス」の国際区分に登録している場合は不要。詳細は、URL www.myline.org
※2 au は005345 にダイヤルしなくてもかけられる。
※3 NTT ドコモは事前にWORLD WING に登録が必要。009130 をダイヤルしなくてもかけられる。
※4 ソフトバンクは0046 をダイヤルしなくてもかけられる。
※ 固定電話の3 キャリアは「0」を長押しして「＋」を表示し、続けて国番号からダイヤルしてもかけられる。

## 出入国

2019年6月現在、60日以内の滞在であれば空港で有料（滞在日数により€35〜40）でビザが取得できるが、時間がかかる場合もある。また、ビザは在日マダガスカル大使館でも取得可能。申請用紙や旅程表などを提出して、5開館日後に発給される。入国時に必要なパスポートの残存有効期間は6ヵ月。

▶ ビザと出入国事情 → P.192

マダガスカル航空の飛行機

## 日本からのフライト時間

日本からマダガスカルへの直行便はない。ドバイとモーリシャスを経由するエミレーツ航空や、エチオピアのアジスアベバを経由するエチオピア航空、あるいはヨーロッパを経由する便などが一般的。乗り継ぎを含めたトータル所要時間は25時間〜。

▶ マダガスカルへの道 → P.190

## 気候

大きく6つの地域に分けられる。中央部（アンタナナリボなど）は、高地のため年間をとおして涼しく過ごしやすい。雨が少なく、雨季であっても1日中降り続くことはあまりない。東部（セント・マリー島など）は、亜熱帯気候で高温多湿。東海岸には正面から強い貿易風が吹くため1年中雨が降りやすく、1〜3月は台風（サイクロン）の影響を受けやすい。西部（ムルンダヴァなど）は典型的な熱帯性気候で、高温で乾燥している。夏は猛暑に。北西部（ノシ・べなど）は東海岸とほぼ同じだが、雨量はやや少なめ。北部（ディエゴ・スアレスなど）は高温で乾燥している。南西部（ベレンティーなど）は乾燥地帯で、砂漠化が進んでいる。

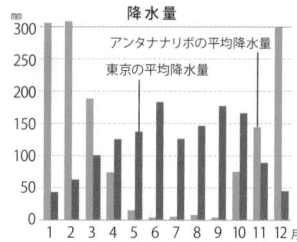

雨季には緑が生い茂る

## 時差とサマータイム

日本より6時間遅い。日本が正午のときマダガスカルは午前6時。サマータイムは実施していない。

日本 正午 / マダガスカル 午前6時

---

**マダガスカルから日本へかける場合** （例）(03) 1234-5678 へかける場合

| 国際電話識別番号 **00** | + | 日本の国番号 **81** | + | 市外局番と携帯電話の最初の0を除いた番号 **3または90** | + | 相手先の電話番号 **1234-5678** |

▶ **電話のかけ方**
電話局は、Telma（テレコム・マラガシー）とAirtelやOrangeなどの携帯電話会社が数社あり、それぞれの識別番号をもっている。市外局番の前についている020が識別番号。032や033で始まる番号は携帯電話だ。SIMカードはAr1000〜。詳細は→ P.214。

▶日本での国際電話の問い合わせ先
KDDI FREE 0057
NTTコミュニケーションズ FREE 0120-506506
ソフトバンク FREE 0120-0088-82
au携帯 FREE 0057
NTTドコモ携帯 FREE 151
ソフトバンク携帯 FREE 157

## ビジネスアワー

**一般企業**
月～金　8:00 ～ 12:00、14:00 ～ 18:00
**銀　行**
月～金　8:00 ～ 16:00
**商　店**
月～土　9:00 ～ 18:00
**レストラン**
毎日　12:00 ～ 14:00、17:00 ～ 22:00

深夜まで営業しているレストラン

※上記は、あくまでも平均的な営業時間。商店でも、スーパーやみやげ物屋など日曜に営業しているところもあるし、レストランの営業時間は、夜のみの店、深夜まで営業している店など、店によって大きく異なるので注意しよう。

## 祝祭日
（おもな祝祭日）

| | | | |
|---|---|---|---|
| 1月　1日 | 元日 | New Year's Day | |
| 3月 29日 | 殉教者の日 | Martyrs' Day | |
| 4月 12日 | 復活祭 | Easter | ★ |
| 　　13日 | 復活祭翌日 | Easter Monday | ★ |
| 5月　1日 | メーデー | Labour Day | |
| 　　21日 | キリスト昇天祭 | Ascension Day | ★ |
| 　　31日 | 聖霊降臨祭 | White Sunday | ★ |
| 6月　1日 | 聖霊降臨祭翌日 | White Monday | ★ |
| 　　26日 | 独立記念日 | Independence Day | |
| 8月 15日 | 聖母被昇天祭 | Assumption Day | |
| 11月　1日 | 万聖節 | All Saint's Day | |
| 12月 25日 | クリスマス | Christmas Day | |

(2020年)

★はキリスト教に関する祝祭日。毎年変わるので注意

## 電圧とプラグ

Cタイプのコンセント

電圧はほとんどの地域が220Vだが、110Vのところもまれにある。周波数は50Hz。プラグはCタイプが多いが、別のタイプも混在しているので、マルチタイプのプラグを持っていくと便利。100-240V対応でない電化製品を使用する場合は、変圧器が必要となる。

## ビデオ & DVD方式

マダガスカルのビデオ方式は SECAM式、DVDのリージョンコードは [5]。日本のビデオ方式は NTSC式、DVDのリージョンコードは [2]。再生する場合には、ソフト、プレーヤー両方のビデオ方式またはリージョンコードが一致しなければならない。

## チップ

フランス文化の影響により、観光地ではチップの習慣が根づきつつある。安宿、食堂などでは払う必要はない。高級レストランなどでサービス料が含まれている場合にもチップを払う必要はない。
**ホテル**／用事を頼んだ場合、Ar1000 ～ 2000。ポーターには Ar500程度。
**レストラン**／特に習慣はなく、気持ちのいいサービスを受けた場合のみ、Ar2000 ～ 5000 を置いていく。
**ドライバー**／1日当たり Ar5000 ～。
**ガイド**／1日当たり Ar1万 ～。

## 飲料水

市販のミネラルウオーターを飲用。Eau Vive などが有名で、どこにでも置いてある。料金は1.5ℓで Ar2500 前後。安食堂ではテーブルに水ポットが置いてあるが、おなかの弱い人は控えたほうが無難。ちなみに、屋台などで使用する皿は、バケツに水を入れてさっとすすいでいるだけのところもたくさんあるので十分気をつけよう。

## 郵便

日本までのはがきは Ar3500。郵便局にポストがあるが、そこへ投函するより窓口で出すほうが確実だ。イヴァトゥ国際空港内にも郵便局がある。

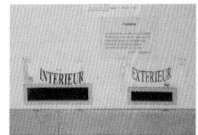

ポスト。左側は国内、右側は国際郵便使用

アンタナナリボの郵便局

## 税金

出国税はない。ホテルではVignette Touristiqueと呼ばれる宿泊税と、地方税がかかる。宿泊税はホテルによって異なるがAr 1000～8000。また、料金に含まれていることが多いが、20%のVAT（付加価値税）がかかるホテルも。

## 年齢制限

酒類は 18 歳以下、たばこは 15 歳以下には販売が禁止されている。16 歳未満の喫煙は法律で禁じられている。レンタカーは、23 歳以上で日本の運転免許証があり、免許取得後 1 年以上経過していればレンタル可能。

## 安全とトラブル

▶安全情報
→ P.212

2019 年 8 月現在、マダガスカル全土に「十分注意してください」という危険情報が発出されている。2013 年の大統領選挙以降、政情は安定しているものの、都市部では治安の悪い所もある。特に首都アンタナナリボでは、スリ、強盗、誘拐などの事件が発生している。具体的には、鉄道駅周辺での小さな子供によるスリ、独立広場への階段、アナラケリー・マーケットなどでの強盗団による事件など。日本人観光客の被害報告も出ている。これらの周辺にはできるだけ近づかないようにしたい。また、反政府集団による抗議行動も断続的に行われている。

これらの危険への対策としては、目立つ服装を避ける、夜間に出歩かない、貴重品の管理に気をつける、常に最新情報をチェックするなどが挙げられる。最悪の事態を念頭において、注

意深く行動しよう。

それ以外では、警察、軍事関係の施設や空港の写真は撮らないこと。また、マダガスカルの庶民の足であるタクシー・ブルースだが、交通事故の報告も頻繁にされているので、できるだけ利用は控えよう。

**●緊急時の連絡先**
警察、救急　TEL 17 または 117
消防　TEL 18 または 118

**◆在マダガスカル日本国大使館**
**Ambassade du Japon**
地図 P.55-A1 外
住 Villa Chrysantheme Ⅲ, Ambohijatovo-Analamahitsy Artananarivo (B. P. 3863)
TEL (020-22) 493-57 (8:00 ～ 16:45)
　032-07-072-11 (上記時間外)

アナラケリー・マーケット
(→ P.59)周辺も危険地帯

## インターネット

▶通信事情
→ P.214

都市部では、インターネットカフェが数軒営業している。18:00 頃閉店したり、深夜まで開いていたり、営業時間はさまざま。インターネットカフェがない場合、高級ホテルに行けば利用できる。アンタナナリボ、そのほかの主要観光地では Wi-Fi も広く普及している。

## 税関

たばこ 2 カートン、酒類 2 ℓまでならば、免税で持ち込める。みやげ物で輸出申告書が必要な物（アンモナイトなどの化石の加工品、チョウ、バリサンドル製品など）は、購入時に店で書類を作成してもらわなければならない。

グランド・コモロ島
Grand Comore
コモロ連合
UNION DES COMORES

モロニ
Moroni

アンジュアン島
Anjouan

マイヨット島（仏領）
MAYOTTE

モヘリ島
Mohéli

マムーズ
Mamoudzou

ディエゴ・スアレス（アンツィラナナ）
Diego Suarez (Antsiranana)

アンバー山国立公園
Parc National de Montagne d'Amber

アンカラナ特別保護区
Réserve Spéciale de l'Ankarana

Iharana

ノシ・ベ
Nosy Be

エル・ヴィル
Hell-Ville

Ambanja

Antsiranana
アンツィラナナ

▲ Tsaratanana Massif
(2876m)

サンバヴァ
Sambava

ノシ・サバ
Nosy Saba
ノシ・サバ(日)
Nosy Saba

Andapa

Antalaha

マスアラ国立公園
Parc National de Mas

アンジャジャヴィ・ル・ロッジ
Anjajavy le Lodge

Antsohihy

マハザンガ（マジュンガ）
Mahajanga (Majunga)

Boriziny

Mandritsara

マルアンツェチャ
Maroantsetra

Soalalao

アンビズルチャ森林地区
Station Forestière
d'Ampijoroa

アンカラファン
ツィチャ国立公園
Parc National
d'Ankarafantsika

マナナラ
Mananara

Besalampy

Ambondromamy

マナナラ国立公園
Parc National de
Mananara-Nord

セント・マリー島
Île Sainte Marie

Tambohorano

Mahajanga
マハザンガ

ベツィボカ川
Betsiboka

Andriamena

Lac Alaotra

アンブディフタチャ
Ambodifotatra

Morafenobe

フールポイント（マハヴェルナ）
Foulpointe (Mahavelona)

マインティラヌ
Maintirano

ツィンギ・ド・ベマラハ国立公園
Parc National des Tsingy de
Bemaraha

イヴァトゥ国際空港
Ivato International
Airport

Toamasia
トゥアマシナ

タマタヴ（トゥアマシナ）
Tamatave (Toamasina)

Antsalovan

Ankavandra

Tsiroanomandidy

アンブヒマンガ
Ambohimanga

マンタディア・アンダシベ国立公園
Parc National de Mantadia-Andasibe

ベクパカ
Bekopaka

アンタナナリボ
Antananarivo
アンタナナリボ

ペリネ特別保護区
Réserve Spéciale de Périnet

Miandrivazo

ムラマンガ
Moromanga

Belo Tsiribihina

キリンディー森林保護区
Réserve Forestière de Kirindy

アンツィラベ
Antsirabe

ムルンダヴァ
Morondava

Malaimbandy

アンブシチャ
Ambositra

マダガスカル共和国
RÉPUBLIQUE DE MADAGASC

ラヌマファナ国立公園
Parc National de Ranomafana

Fianarantsoa
フィアナランツア

フィアナランツア
Fianarantsoa

ラヌマファナ
Ranomafana

Manja

ムルンベ
Morombe

アンバラヴァウ
Ambalavao

インド洋
Océan Indien

▲ Pic Imarivolanitra
(2658m)

Manakara

イファティ
Ifaty

イサル国立公園
Parc National de l'Isalo

アンドリンギチャ国立公園
Parc National d'Andringitra

イフシ
Ihosy

ラヌヒラ
Ranohira

Farafangana

トゥリアーラ（チュレアール）
Toliara (Tulear)

アナカウ
Anakao

Toliara
トゥリアーラ

N

Manantenina

Androka

ベレンティー保護区
Réserve Privée de Berenty

タウランニャロ（フォール・ドーファン）
Taolagnaro (Fort Dauphin)

0        100        20

Ambovombe

セントマリー岬
Cap Sainte Marie

マダガスカル

10

# 地球の歩き方 ホームページの使い方

海外旅行の最新情報満載の「地球の歩き方ホームページ」！ガイドブックの更新情報はもちろん、各国の基本情報、海外旅行の手続きと準備、海外航空券、海外ツアー、現地ツアー、ホテル、鉄道チケット、Wi-Fiレンタルサービスなどもご紹介。旅先の疑問などを解決するためのQ&A・旅仲間募集掲示板や現地特派員ブログもあります。

**URL http://www.arukikata.co.jp/**

## ■ 多彩なサービスであなたの海外旅行をサポートします！

### 「地球の歩き方」の電子掲示板（BBS）

#### 教えて！ by 旅スケ 旅のQ&A掲示板

「地球の歩き方」の源流ともいえる旅行者投稿。世界中を歩き回った数万人の旅行者があなたの質問を待っています。目からウロコの新発見も多く、やりとりを読んでいるだけでも楽しい旅行情報の宝庫です。

**URL http://bbs.arukikata.co.jp/**

### 国内外の旅に関するニュースやレポート満載

#### 地球の歩き方 ニュース&レポート

国内外の観光、グルメ、イベント情報、地球の歩き方ユーザーアンケートによるランキング、編集部の取材レポートなど、ほかでは読むことのできない、世界各地の「今」を伝えるコーナーです。

**URL http://news.arukikata.co.jp/**

### 航空券の手配がオンラインで可能

#### 地球の歩き方 arukikat.com

航空券のオンライン予約なら「アルキカタ・ドット・コム」。成田・羽田他、全国各地ポート発着の航空券が手配できます。期間限定の大特価バーゲンコーナーは必見。また、出張用の航空券も手配可能です。

**URL http://www.arukikata.com/**

### 現地発着オプショナルツアー

#### 地球の歩き方 Travel

効率よく旅を楽しむツアーや宿泊付きのランドパッケージなど、世界各地のオプショナルツアーを取り揃えてるのは地球の歩き方ならでは。観光以外にも快適な旅のオプションとして、空港とホテルの送迎や、空港ラウンジ利用も人気です。

**URL http://op.arukikata.com/**

### ホテルの手配がオンラインで可能

#### 地球の歩き方 Travel 海外ホテル予約

「地球の歩き方ホテル予約」では、世界各地の格安から高級ホテルまでをオンラインで予約できるサービスです。クチコミなども参考に評判のホテルを探しましょう。

**URL http://hotels.arukikata.com/**

### 海外WiFiレンタル料金比較

#### 地球の歩き方 Travel 海外WiFiレンタル

スマホなどによる海外ネット接続で利用者が増えている「WiFiルーター」のレンタル。渡航先やサービス提供会社で異なる料金プランなどを比較し、予約も可能です。

**URL http://www.arukikata.co.jp/wifi/**

### LAのディズニーリゾートやユニバーサルスタジオ入場券の手配

#### 地球の歩き方 Travel オンラインショップ

現地でチケットブースに並ばずに入場できるアナハイムのディズニー・リゾートやハリウッドのユニバーサル・スタジオの入場券の手配をオンラインで取り扱っています。

**URL http://parts.arukikata.com/**

### ヨーロッパ鉄道チケットがWebで購入できる「ヨーロッパ鉄道の旅」

#### ヨーロッパ鉄道の旅 Travelling by Train

地球の歩き方トラベルのヨーロッパ鉄道チケット販売サイト。オンラインで鉄道パスや乗車券、座席指定券などを購入いただけます。利用区間や日程がお決まりの方にお勧めです。

**URL http://rail.arukikata.com/**

## 海外旅行の最新で最大級の情報源はここに！

| 地球の歩き方 | 検索 |

# 旅の見どころ
## マダガスカル

キツネザルやバオバブなど、魅力的な固有種の宝庫マダガスカル。日本の約1.6倍の面積をもつこの国には、ほかにもさまざまな見どころが存在する。ここでは、旅行者にポピュラーな町と、そこで楽しめる各見どころを紹介しよう。

## アンタナナリボ (→ P.52)

マダガスカルの首都。中央高地に位置するので非常に過ごしやすい。**マーケット**や**レミュール・パーク**など見どころが多く、旅程が長く取れない場合には特に魅力的な町だ。ジャカランダが満開を迎える10月頃のアンタナナリボは、通りを歩くだけでもわくわくする。

左／いくつもの丘にびっしりと建物が立っている 右／女王宮は見逃せない見どころ

## ムルンダヴァ (→ P.124)

ムルンダヴァといえばバオバブだ。夕日に照らされる**バオバブの並木道**はまるで別の惑星の景色のよう。また、ムルンダヴァは**キリンディー森林保護区**や、**ツィンギー・ド・ベマラハ国立公園**への玄関口でもある。

左／憧れのバオバブを見学
右／人懐っこいチャイロキツネザル

## イファティ (→ P.135)

このあたりは珊瑚礁の規模がなんと世界2位。世界中のダイバー憧れの海となっている。バンガロータイプのリゾートホテルも増え注目を集めている。

スノーケリングに適したビーチ

## トゥリアーラ (→ P.129)

サザンクロス街道の終着点。見どころはあまり多くないが、**イサル国立公園**や、イファティなどの**ビーチエリア**への玄関口として訪れる人は多い。

トゥリアーラの町を走るプスプス

## ——ノシ・ベ (→ P.98)

マダガスカル随一の**ビーチリゾート**。観光施設が整っている一方、素朴な漁村もあちこちに見られ、のんびりとした雰囲気が漂っている。ノシ・イランジャの美しい砂浜はノシ・ベに行くならぜひ訪れたい場所だ。

左/すてきなリゾートが揃う
右/ヨーロッパから直行便が出ている人気リゾート、ノシ・ベ

## ディエゴ・スアレス (→ P.110)

イスラムの雰囲気が漂う港町。**ビーチ**や**国立公園**でのトレッキングが楽しめ、アンカラナ特別保護区では**ツィンギー**を見ることができる。

アンカラナ特別保護区のツィンギー

## セント・マリー島 (→ P.154)

マダガスカル第2の**ビーチリゾート**で、ココナッツやバニラの名産地としても名高い。7〜9月には**クジラ**を高い確率で見ることができるため、多くの観光客でにぎわう。

遠浅のビーチが印象的なセント・マリー島

## ——ペリネ特別保護区 (→ P.163)

アンタナナリボから車でわずか3時間30分で行ける保護区で、インドリが見られることで有名。すぐそばのバンガローに泊まることもできる。インドリの鳴き声で目覚める朝はとてもさわやかだ。

## ——サザンクロス街道 (→ P.80)

アンタナナリボからトゥリアーラまでをつなぐ国道7号線。総距離941kmというたいへん長い道のりだが、めまぐるしい景色の変化や、マダガスカルの人々の素朴な生活を目の当たりにできるので、時間のある人にはおすすめだ。アジアの風景と重なるマダガスカルの棚田、イサロ国立公園など見どころも多い。

左/はるかに続くサザンクロス街道
右/サザンクロス街道沿いには多くの国立公園がある

## ——ベレンティー保護区 (→ P.147)

キツネザルをはじめ、野生動物が多く見られる私営の保護区。ツアーの目玉にもなる人気の観光スポットだ。ツアーでは、バンガローで一夜を過ごし、カフェテリアでワオキツネザルを見ながら朝食を取る。

## タウランニャロ (→ P.142)

**ベレンティー保護区**の玄関口としていつも観光客でにぎわっている半島の町。

意外にきれいなビーチが多い

左/珍しい植物も見られる
右/意外に近くで写真を撮ることができる

# — プランニングに役立つ —
# マダガスカルの気候

マダガスカルは熱帯圏に属している。しかし国土が南北に長く、中央に高地が連なり、さらには貿易風と季節風が吹くため、エリアによって気候は大きく異なる。エリアはおおまかに6つに分けられ、シーズンは11〜3月の雨季と4〜10月の乾季に分けられる。雨の多い地域もあるので、1〜3月の旅行はできれば避けたい。

## 北西部 ノシ・べなど

東部とほぼ同じ気候だが、雨量は比較的少ない。

### ◎気　温
年間をとおして泳げるほど暖かい。ノシ・べの最高気温は、年間を通じて30度前後、最低気温は20度前後。

### ◎天　気
天候は安定しているので非常に過ごしやすい。しかし12〜2月は、夜間の雨と日中の高温が相まって湿度がかなり高くなる。さらにこの時季はサイクロンが発生しやすく、強い雨風に見舞われることも多い。とはいっても、雨が1日中降り続けることはない。

### ◎服装のアドバイス
乾季 　雨季

1年中泳げるノシ・べのビーチ

ディエゴ・スアレス ●
ノシ・ベ ●
セント・マリー島
●アンタナナリボ
ムルンダヴァ ●
トゥリアーラ ●
ベレンティー保護区 ● ●タウランニャロ
（フォール・ドーファン）

## 西　部 ムルンダヴァなど

典型的な亜熱帯性気候で、雨季と乾季がはっきりと分かれている。

### ◎気　温
雨季は猛暑となる。最高気温は年間をとおして30度前後で、最低気温は15度まで下がる時季もある。基本的に服装は半袖で十分。バオバブを見にいく際は日差し対策が必要。

### ◎天　気
雨季でも雨が比較的少ない。

### ◎服装のアドバイス
乾季 　雨季

雨季のバオバブの並木道

## 北 部  ディエゴ・スアレスなど

高温で乾燥した気候。
### ◉気 温
最高気温は年間をとおして30度前後、最低気温は20度前後。
### ◉天 気
12〜3月の雨季は雨が多い。
### ◉服装の アドバイス
乾季 🩳　雨季 🩳

ディエゴ・スアレス郊外にあるアンバー山国立公園

## 中央部  アンタナナリボなど

中央高地に位置するため、年間をとおして涼しく過ごしやすい。
### ◉気 温
冬は0度近くにまで下がることもあるので、防寒着の用意はしっかりしていこう。アンタナナリボの最高気温は20〜27度、最低気温は10〜17度。
### ◉天 気
降水量は少なくないが、1日中降り続けることはほとんどない。
### ◉服装の アドバイス
乾季 👕　雨季 👕

## 東 部  セント・マリー島など

亜赤道帯気候で高温多湿。
### ◉気 温
1年をとおして湿度が高く、暑い。
### ◉天 気
東海岸に正面から貿易風が吹くため1年中雨が降りやすい。2〜3月はサイクロンシーズン。
### ◉服装の アドバイス
乾季 🩳　雨季 🩳

雨は多いが、リゾート地として人気があるセント・マリー島

中央高地の朝は冷え込む（アンツィラベ）

## 南西部  タウランニャロ、ベレンティーなど

乾燥地帯にあり、砂漠化が進んでいる。
### ◉気 温
寒暖の差が激しいのが特徴。4〜10月の最低気温は8度前後、11〜3月の最高気温は40度を超えることもある。乾季にはセーターが必携となる。
### ◉天 気
エル・ニーニョ現象や洪水の被害に遭いやすい。
### ◉服装の アドバイス
乾季 👕　雨季 🩳

ベレンティー保護区への途上で見られる植物

服装のアドバイス…………

🩳 半袖で十分　👕 要長袖シャツ　👕 要セーター

※場所や時季により差があるので、あくまでも目安に。

15

# 旅のBESTシーズン

/い/つ/旅/を/す/る/か/？/

ベスト

|  | 1月 | 2月 | 3月 | 4月 | 5月 | 6月 |
|---|---|---|---|---|---|---|

雨季

**航空券の料金** (万円)
25
20
15

**ホテルの料金** (万円)
10
5
0

季節により、料金に変動があるところとないところに分かれ、変動があるとしても、ハイシーズンとローシーズンに分かれるだけだ。ノシ・ベなどのビーチリゾートは、シーズンにより大きく差が出てくる。

**レジャー**

フィッシング

ダイビング

サイクロン

雨季

|  | 1月 | 2月 | 3月 | 4月 | 5月 | 6月 |
|---|---|---|---|---|---|---|

いつ旅行に出かけるかは、旅の目的によって変わってくる。
さらにホテルや航空券の料金によっても左右されることだろう。
これらのグラフはあくまでも目安だが、旅のプランニングに役立ててほしい。

| 7月 | 8月 | 9月 | 10月 | 11月 | 12月 |

乾　季　　　　　　　　　　　　　　　　　　　　　　　雨　季

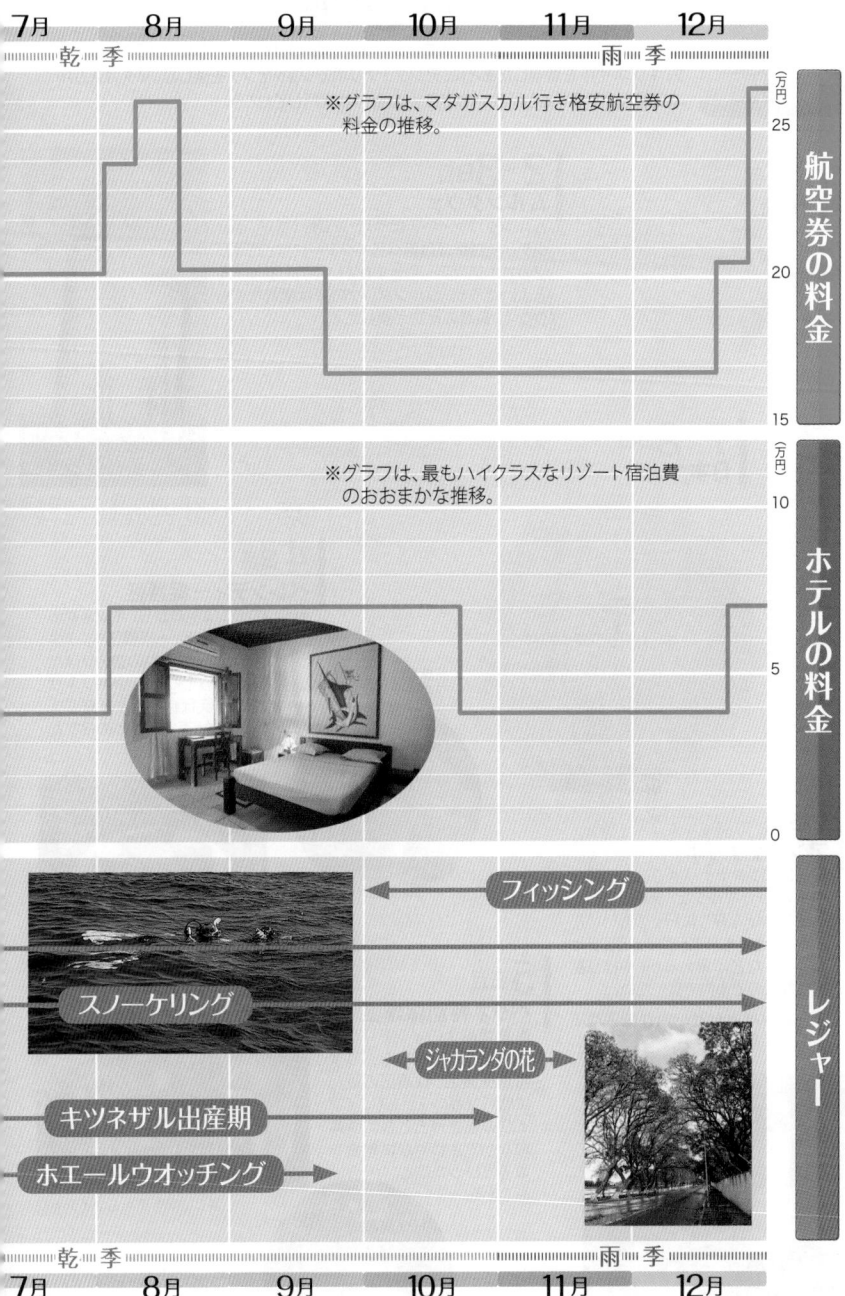

※グラフは、マダガスカル行き格安航空券の
　料金の推移。

（万円）
25
20
15

航空券の料金

※グラフは、最もハイクラスなリゾート宿泊費
　のおおまかな推移。

（万円）
10
5
0

ホテルの料金

フィッシング

スノーケリング

ジャカランダの花

キツネザル出産期

ホエールウォッチング

レジャー

乾　季　　　　　　　　　　　　　　　　　　　　　　　雨　季

| 7月 | 8月 | 9月 | 10月 | 11月 | 12月 |

# マダスカル おすすめ モデルプラン

## スタンダードな旅 8日間

マダガスカルといえば！という見どころをしっかり取り入れたおすすめのプラン。バオバブ、キツネザルを満喫したあとに、アンタナナリボでショッピングを楽しむ。マダガスカルは交通など不便なことが多いので多少の疲労は覚悟しておこう。

### 1日目
### 移動

アンタナナリボからムルンダヴァまでは約1時間。

### 2~3日目
### ムルンダヴァ

ムルンダヴァといえばやはりバオバブだ。キリンディー森林保護区へ行くツアーには、バオバブの並木道ツアーも含まれているので参加するとよいだろう。ムルンダヴァの夜は電灯なども少なく、最高の星空が楽しめる。

夕暮れ時のバオバブの並木道はとてもフォトジェニック

### 7~8日目
### 日本へ

ムルンダヴァからタウランニャロまでは、アンタナナリボを経由する必要がある。

START
アンタナナリボ
ペリネ特別保護区
ムルンダヴァ
タウランニャロ
ベレンティー保護区

### 4日目
### ベレンティー保護区

港町タウランニャロから、キツネザルに合いにベレンティー保護区へ。タウランニャロからの3時間の道のりはたいへんだが、かわいらしいキツネザルにひとめ合えば疲れも吹き飛ぶはずだ。朝はワオキツネザルの日なたぼっこを観察しよう。

保護区内で見られるワオキツネザル

アンタナナリボからペリネ特別保護区までは車で約3時間。

ベレンティー保護区にあるカフェテリアでの食事

### 6日目
### アンタナナリボ

最後はアンタナナリボで自由に観光を楽しもう。マルシェ・ディーグなどへおみやげを探しに行くのもいいだろう。空港でもバニラやラム酒、チョコレートなどは買えるが、やはり割高になるので市内で買いたい。

※日曜はほとんどの店が閉店するので注意。

### 5日目
### ペリネ特別保護区

原猿類最大のインドリが見られることで有名なペリネ特別保護区。保護区の近くにはバンガローがあり、インドリの鳴き声とともに朝霧のなかでさわやかに朝食を取るといったこともできる。

美しい鳴き声をもつインドリ

有名なチョコレート店、⑤ショコラトリー・ロベール

保護区で見られるユリ

# ビーチリゾートを満喫する旅 **8**日間

マダガスカルといえばバオバブやキツネザルを思い浮かべがちだが、実は美しいビーチリゾートも人気が高い。ハネムーナーに人気のノシ・ベでゆっくりと羽を伸ばし、インドリの生息するペリネ特別保護区も楽しめるプラン。

## 1日目 移動

アンタナナリボからノシ・ベまでは約1時間。

保護区で見られるクロキツネザル

## 2日目 ノシ・ベ

ビーチリゾートとして観光化が進むノシ・べだが、まだのんびりとした雰囲気も残っている。にぎわうエル・ヴィルを散策してもいいし、ホテルでゆっくりするのもいい。

美しい海を望むレストラン

## 3日目 ノシ・べ 〜ロコベ全面自然保護区〜

キツネザルやボアのいるロコベ全面自然保護区へ。自分でも行けないことはないが、ツアーに参加するほうが便利だ。

## 4日目 ノシ・べ〜ノシ・イランジャ〜

ノシ・べ最大の見どころであるノシ・イランジャへは日帰りも可能。マダガスカルが世界に誇る美しい砂州を眺めたい。

アンタナナリボからペリネ特別保護区までは車で約3時間。

ふたつの島がつながるのを見ているのもロマンティックだ

## 7〜8日目 日本へ

ノシ・べ

START

アンタナナリボ　ペリネ特別保護区

## 5日目 ペリネ特別保護区

アンタナナリボから車で気軽にアクセスできるペリネの森で、インドリやそのほかのキツネザルを観察しよう。ちなみに、インドリと出会えるベストシーズンは9〜1月。

## 6日目 アンタナナリボ

値段は地方よりも多少張るものの、アンタナナリボはさまざまなおみやげが揃っている。最終日なのでショッピングをするのもいいし、町をぶらぶら歩くだけでも楽しい。最後の夜は少し高めのレストランでマダガスカル料理を満喫しよう。

洗練されたマダガスカル料理を味わおう

かわいいおみやげを買って帰ろう

ジャカランダの咲くアンタナナリボ

# サザンクロス街道をゆく 8日間

今、注目されているマダガスカルの新しい旅。アンタナナリボからトゥリアーラまで続く国道7号線(サザンクロス街道)を、車で約1000km走破するという上級者向けのプラン。ハードだが、飛行機の移動だけでは見落としてしまうようなマダガスカルの新しい魅力に出合うことができる。車窓の景色も、ライステラスやエアーズ・ロックと見紛う岩山など、劇的に変わっていくので退屈することもない。もちろん街道を結ぶ町もそれぞれがたいへん魅力的だ。楽ではないが、バオバブ、キツネザルとはひと味違った、鮮烈な印象を残してくれることだろう。

## 1日目 移動

アンタナナリボからアンツィラベまでは車で約3時間。

タクシー・ブルースはぎゅうぎゅう詰めになるまで出発しないので注意しよう。

## 2日目 アンツィラベ

のんびりとした田園風景を行くと、最初にたどりつく大きな町がアンツィラベだ。宝石を買うのもいいし、疲れたら温泉に入るのもいい。元気が余っていたら自転車でアンドライキバ湖などへ足を延ばしてみよう。

アンツィラベからフィアナランツアまでは車で6~7時間。

アンツィラベの大聖堂

## 7~8日目 アンタナナリボ→日本へ

アンタナナリボ
アンツィラベ
アンブシチャ
フィアナランツア
ラヌヒラ
トゥリアーラ
START

## 3日目 アンブシチャ→フィアナランツア

アンツィラベから約2時間、アンブシチャでザフィマニリ族の村を訪ね、伝統工芸品などを見学。その後、フィアナランツアへ。特産の紅茶とワインを味わいながら、旅の疲れを癒やしたい。

フィアナランツア郊外で見られるブドウの収穫

フィアナランツアからラヌヒラまでは車で6~10時間。このふたつの町の間に広がる景色こそ、サザンクロス街道のハイライト。マダガスカルのダイナミックな自然を感じることができる。

## 6日目 トゥリアーラ

サザンクロス街道の終着点。みやげ物屋が集まった通りなどもあるのでおみやげを買うのもいいだろう。最近はおしゃれなレストランも増えてきているので、ふんぱつしておいしいシーフードをいただくのもいい。

トゥリアーラのみやげ物屋

## 4~5日目 ラヌヒラ、イサル国立公園

いよいよサザンクロス街道も佳境だ。ここでは時間を多めに取り、国立公園のトレッキングに挑戦。ラヌヒラ特有の石造りのホテルに泊まるのもいいだろう。

国立公園で見られるスパイニー・テイルド・リザード

巨大な岩山ボネドパップ

## 旅行のアドバイス

マダガスカルは交通が未発達のため、サザンクロス街道を自由に旅するとなると、運転手付きの車をチャーターするのがいちばん便利。タクシー・ブルースでも行けないわけではないが、車が満席になるまで何時間も待たされたり、途中で車が故障したりと、順調にいくことはあまりないのでおすすめしない。以下は旅行にかかるおおよその交通費。
チャーター:1日当たり€75~100(運転手込み)+燃料代
※トゥリアーラから空路でアンタナナリボに戻る場合、車代は往復分かかる。
タクシー・ブルース:アンタナナリボからトゥリアーラまで Ar5万2000~。

# インド洋アイランドホッピングの旅 **18**日間

インド洋の国々を結ぶ航空便を使って、マダガスカル、モーリシャス、セイシェル、レユニオンを周遊。マダガスカルでバオバブやキツネザルも見たいし、モーリシャスやセイシェルのリゾートも味わいたいという人にぴったりの旅。

モーリシャスのリゾートでは、あらゆるわがままがかなえられる

## **2~5**日目
### モーリシャス
期間は短いといえども、やはり"インド洋の貴婦人"モーリシャスにせかせかした観光は似合わない。ひとつのリゾートに落ち着いてのんびりと観光を楽しもう。ダイビングやフィッシング、ゴルフなどのアクティビティも充実しているので、アクティブな人にも十分に楽しめるだろう。

## **1**日目
### 移動

マーケットをのぞいてみよう

## **17~18**日目
### 日本へ

セイシェル

START

アンタナナリボ
ムルンダヴァ
レユニオン
モーリシャス
マダガスカル

## **6~8**日目
### セイシェル
"最後の楽園"セイシェルでは、手つかずの自然に囲まれて、リゾートライフを満喫。プララン島、ラ・ディーグ島、バード島など魅力的な島の数は数えきれないほどだ。ワンアイランド・ワンリゾートの島で羽を伸ばすのもおすすめ。

ヴィクトリアにあるヒンドゥー寺院

プララン島のマリーナ

## **12~15**日目
### マダガスカル
やはり世界的に珍しいマダガスカルの自然を見逃す手はない。ムルンダヴァではバオバブの並木道と、キツネザルの生息するキリンディー森林保護区の両方を楽しめるので、日程が少ない場合におすすめだ。

## **9~11**日目
### レユニオン
レユニオンの火山「ル・ヴォルカノ」は現在も活動を続けている活火山だ。世界遺産に登録された豊かな自然の残るこの島では、ぜひトレッキングに挑戦したい。トレッキングの起点となる町や、コースはよく整備され、登山客を受け入れる宿もたいへん充実しているので、登山好きにはうってつけだ。多様な民族が仲よく暮らすエキゾチックな雰囲気、スパイシーなクレオール料理も堪能したい。

巨大なバオバブの木

いちばん人気のワオキツネザル

ピトン・デ・ネージュへのゲートシティ、シラオス

バオバブ、ツィンギー、隠れ家ビーチ

# 不思議の島の
# 絶景を巡る旅へ

外界から隔絶され、独自の歴史を歩んできたマダガスカル。
珍しい動植物や、ダイナミックな自然の景観など、
ここでしか見られないすばらしい景色が広がっている
さあ、不思議の島の絶景を巡る旅へ出かけよう！

Avenue du Baobab

一生に一度は見ておきたい
## バオバブの並木道

ムルンダヴァとベル・ツィリビヒナを結ぶ国道8号線に、突如そ
れは現れる。人が豆ほどに見える巨大さ。まるで木を引っこ抜
き、逆さまに植え直したようなシルエット。これが、マダガス
カルが世界に誇る景観 "バオバブの並木道" だ。マダガスカルに8種
あるバオバブのなかでも最も高く成長するアダンスニア・グラン
ディディエリが、天を貫かんと堂々たる姿でそびえ立っている。
なかには樹齢1000年を超えるものもあるという。(→P.126)

写真撮影には夕暮れ時がベスト。逆
光でシルエット写真も撮影したい。
もちろん昼間もおすすめ

23

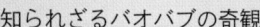

# ムルンベ郊外の徳利型
# バオバブの群生

ムルンダヴァのバオバブの並木道に次いで有
名なバオバブといえば、ムルンベ郊外にある徳
利型バオバブの群生。ずんぐりむっくりのバオ
バブが、乾燥したブッシュジャングルに点在し
ている。景観はすばらしいが、国内線が運休中
（2019年7月現在）でアクセスが悪いのが難点。
ムルンダヴァやトゥリアーラから車で1日以上
かかる。まさに秘境。（→P.137）

まさに徳利のようなシルエット

巨大に成長したものが多
く、なかには幹周30mを
超えるものもある

Baobab de Moromb

まるで地獄のような景観が広がる

# レッド・ツィンギー

ツィンギーと呼ばれる特異な地形がマダガスカルでは多く
見られる。なかでもディエゴ・スアレス近郊にあるこのツィ
ンギーは、鉄分の多い赤土の岩が風雨や太陽熱により浸食さ
れ、この世のものとは思えない景観を作りだしている。それ
はまるで赤い針山地獄のよう。光の弱い朝方と日暮れ前が
最もその赤さが際立つ。ベマラハ（→P.26）に比べ容易にア
クセスできる。（→P.113）

Les Tsingy Rouges

ほかのツィンギーよりも丸みを帯びてい
るのが特徴

道が悪いのでできれば
4WD車で訪れたい

25

上　ツィンギーの間近に迫るトレッキングは大人気　左／保護区内に生息するデッケンズシファカ

## ベマラハに行くなら少なくとも ムルンダヴァから2泊3日は必要

### 1日目　ムルンダヴァ→ベクパカ

ムルンダヴァのホテルを7:00頃に出発。バオバブの並木道を観ながら北上して11:00頃にはツィリビヒナ川のほとりに到着する。フェリーで川を渡ると、ツィンギー方面に向かう車両は十数台がキャラバンを組み、先頭・後方車両に武装憲兵隊が乗車してツィンギーの麓ベクパカへと向かう。この地域はダハロと呼ばれる武装牛泥棒集団による襲撃の危険があるため毎日午後の出発時に憲兵隊がベクパカまでエスコートを行っている（安全が確認される時期は行われないことがある）。17:00頃、ベクパカの手前を流れるマナンブル河のほとりに到着。フェリーで渡ればベマラハ→ツィンギーの入口だ。ムルンダヴァから約200km、所要約10時間。

### 2日目　ツィンギー訪問

ツィンギーは大ツィンギーと小ツィンギーがあり、前者はベクパカから車で17km、約1時間半。ツィンギーは大きなものは100mほどあり雄大な景観だ。安全ベルトを着用して登る箇所や地上70mのつり橋を渡る周回コースは5〜7時間と体力のある人向け。小ツィンギー訪問はベクパカの入口から入りツィンギー部分は約1時間30分。全3時間のコースで体力や時間がかぎられている人向け。後半はキツネザルを追って森の中の散策となる。小ツィンギーの南のマナンブル川を伝統的双胴カヌーで洞窟などを訪問する約2時間半のツアーもあり、小ツィンギーと組み合わせて1日で周ることができる。

### 3日目　ベクパカ→ムルンダヴァ

多くの珍しい動物も観察できる

Parc National
des Tsingy de
Bemaraha

世界遺産に登録されている自然保護区

## ツィンギー・ド・
## ベマラハ国立公園

バオバブ、キツネザルに次いで、マダガスカルの第3のシンボルともいえるのがツィンギー。ツィンギーとは「先が尖った」という意味の現地語で、切り立った尖塔が広がる岩山を指す。マダガスカル各地で見られるが、ここベマラハのツィンギーは、1990年にユネスコの世界遺産に登録されて以来、訪れる旅行者は後を絶たない。アクセスはかなり悪いが、秘境のなかの秘境として、パッケージツアーにも組み込まれるほど人気の見どころである。(→P.128)

# Ville de Antananarivo

コロニアル建築がかわいらしい

## アンタナナリボの町並み

バスヴィル（低い町）とオートヴィル（高い町）に分かれるアンタナナリボ。オートヴィルの丘にはコロニアル建築の建物が立ち、各所に置かれた教会の天を貫くような尖塔がその景観に彩りを与えている。また、女王宮周辺にはメリナ王朝時代の建造物も立ち、周辺には当時の町並みが残っているエリアもある。（→P.52）

独立広場から見える景色

ノシ・ベやセント・マリー島付近には美しいビーチが点在している

# Nosy Iranja

干潮時につながるふたつの島
## ノシ・イランジャ

ノシ・イランジャ・ベとノシ・イランジャ・ケリー。干潮時にこのふたつの島をつなぐ美しい白砂の道が現れるというロマンティックな景勝地。インド洋ならではの海の絶景が見られる場所として世界的に人気のスポットだ。アクセスの困難さにより、手つかずの無垢な海洋風景が残され、ビーチではウミガメの産卵も見られる。ゴージャスなロッジに宿泊して、その自然を楽しむこともできるので、ノシ・ベを訪れた際はぜひ足を延ばしてみたい。(→P.103)

オートヴィルには比較的裕福な人々が住んでいる

レミュール・アイランドで

# 肩乗り
# キツネザル
# 体験！

*Be Frinds with Lemurs in Madagascar!*

ボートに乗ってキツネザルの暮らす島へ

首都アンタナナリボから
車でおよそ3時間30分。
アンダシベのレミュール・アイランドは
マダガスカルの豊かな自然のなかで
かわいいキツネザルと触れ合うことのできる
大人気スポット！

人に慣れているので、頻繁に肩に乗ってきてくれる

30

さっそくシロクロエリマキキ
ツネザルが出迎えてくれる

ボートに乗って島巡り

チャイロキツネザル

シロクロエリマキキツネザル

アカエリマキキツネザル

カンムリシファカ

# 6種の
# キツネザルが
# お出迎え！

ハイイロジェントルキツネザル

ワオキツネザル

注意！
キツネザルが肩に乗ってくるの
で、少なくとも上着は汚れても
いいものを用意しておこう。

　レミュール・アイランドは、アンダシベの老舗ホテル、ヴァコナ・フォレスト・ロッジのなかにある。自然豊かな敷地に人工の水路が整備され、6種類ものキツネザルが放し飼いにされている。キツネザルは水を怖がるため、柵を設けなくても逃げることはない。水路で隔てられたいくつかの島のなかで、観光客に餌をもらいつつ自由に暮らしている。
　レミュール・アイランドのハイライトともいえるのが、餌づけされ、人間に慣れたフレンドリーなキツネザルたち。島に上陸すると「ウェルカム」とばかりに出迎えてくれる。餌を求めて人の肩に乗ってくることもあり、これが観光客に大人気。なかでもいちばん人気なのがハイイロジェントルキツネザル（バンブーキツネザル）。くりくりした目がとてもかわいらしい。マダガスカルのシンボル、ワオキツネザルも人気だ。野生とはいえないが、キツネザルにここまで近づくことのできる場所はあまりないので、貴重なスポットといえるだろう。

## アクセス

　首都のアンタナナリボから車で約3時間30分。タクシー・ブルースを乗り継いでアンダシベまで行くこともできるが、時間がかかるので車のチャーターがおすすめ。日帰りも可能だが、自然を楽しむすてきなロッジ（→P.164）も増えてきてるので、1泊してゆっくり訪れるのもいいだろう。周辺にもいろいろな見どころがある。

遠隔地だからこそ守られてきた美しい自
然（アンディラナ・ビーチ・リゾート）

# 知られざる魅惑の
# アイランドリゾートへ

## アンディラナ・ビーチ・リゾート
**Andilana Beach Resort**

P.106

・・・

### ノシ・べ本島に位置するゴージャスリゾート

ビーチリゾートが建ち並ぶエリアから離れた場所に位置しているため、プライベート感あふれるリゾートとして人気のアンディラナ。沖にノシ・アンディラナと呼ばれる小島を望み、周囲を緑豊かな森と手つかずの美しい海に囲まれている。ノシ・べのなかでも指折りの美しいビーチを求めて、世界中から観光客がやってくる。

**1** 全208室という規模を誇る **2** にこやかなレストランスタッフ **3** リゾート感あふれるモダンな客室

ノシ・べの海ではウミガメが見られることも

上空から見た島の全景（コンスタンス・サルバンジナ）

　マダガスカルの魅力は、バオバブの木やキツネザルだけではない。実は、世界でもトップクラスの美しさを誇るビーチリゾートがあるのだ。その代表格が、マダガスカル北部のノシ・べ Nosy Be 周辺と、東海岸沖に浮かぶセント・マリー島 île Sainte Marie。

　真っ白な砂浜、エメラルドグリーンの海……。ゆっくりと時間が流れるアイランドリゾートで、優雅なひとときを過ごそう。

# コンスタンス・サルバンジナ

## Constance Tsarabanjina

P.109

### 自然そのものを体感できるアイランドリゾート

　モーリシャス、セイシェル、モルディブと、インド洋で目覚ましい活躍を見せるコンスタンス・グループのマダガスカル唯一のリゾート。ノシ・べの北東に位置し、マダガスカルのダイナミックな自然が味わえる。南北のビーチにエアコン付きのロッジが並び、室内はシンプルだが洗練されたデザイン。もっとも、自然がテーマなため、TV、電話は置いていない。3ヵ月に及ぶ改装を経て、オールインクルーシブのエレガントリゾートに生まれ変わっている。

■1 岩の上で行うスパは爽快！ ■2 おしゃれな内装の客室。電化製品はほとんど置いていない ■3 緑に囲まれたかわいらしいバンガロー

33

# ノシ・サバ

**Nosy Saba**

P.109

### ノシ・べ近海に浮かぶ秘境リゾート

　ノシ・べの南東140kmに浮かぶサバ島。このエメラルドブルーの海が美しい自然豊かな島に、27棟のバンガローとレストラン、バー、スパ、ゴルフ場などの設備が揃うリゾートがある。客室などのデザインもモダンで、究極の癒やしを与えてくれるリゾートといえるだろう。

**1** トロピカルムード満点でセンスもよい客室　**2** 上空から見るサバ島。原生林にはキツネザルも生息している　**3** スパで極上のリラックスタイムを

# ラヴィンツァラ・ウェルネス・ホテル

**Ravintsara Wellness Hotel**

P.107

### 自然に囲まれたスタイリッシュリゾート

　5haの緑豊かなトロピカルガーデンに、マダガスカル固有のヤシの葉で葺いた木造のバンガローが点在。広々としたモダンな客室で心ゆくまでリラックスできる。スパはもちろん、フィットネスや子供の遊び場など、施設も充実。そしてスタッフのフレンドリーさも人気の秘訣だ。

**1** ガーデンにはヤシの木が生い茂りトロピカルムード満点！　**2** マダガスカルらしさを感じられるバンガロー　**3** ノシ・べでも指折りの洗練された室内

# アンジャジャヴィ・ル・ロッジ

Anjajavy le Lodge

**P.120**

## 隔絶された楽園で極上のひとときを

　自然保護区と美しいビーチに囲まれた、マダガスカルで唯一のルレ・エ・シャトー加盟ホテル。24棟の快適なロッジ、まるで"エデンの園"のようなガーデン、美食家をうならせるレストランなど、魅力的なポイントは挙げればきりがない。敷地内でキツネザルが観察できるのもうれしい。

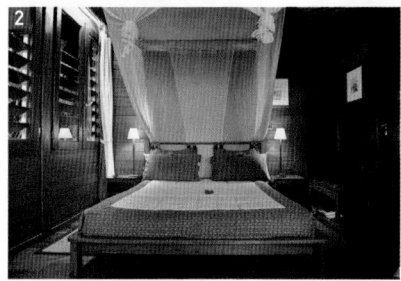

**1** 秘境感満点の特別なリゾート　**2** 夜の客室はロマンティックなムードに　**3** ロッジには高級木材を使用

# île Sainte Marie 　セント・マリー島

小さくとも魅力が詰まったアイランド

# プリンセス・ブラ・ロッジ & スパ

**P.156**

Princesse Bora Lodge&Spa

## 行き届いたサービスがうれしい

　空港からほど近いホテル。バンガローはシンプルなインテリアでまとめられており、きれいで快適だ。2階建てのラグジュアリーヴィラはとても大きく、エアコンが付いている。スタッフの対応やサービスもよく、空港では責任者自らが出迎えてくれる。

**1** ナチュラルな雰囲気の部屋　**2** 牛車で荷物を運ぶサービスも　**3** カヤックの貸し出しは無料

## マダガスカル
# Gourmet Guide
### グルメガイド

**肉料理**

マダガスカルではゼブ牛（コブウシ）が頻繁に食される。レストランに行けばどこにでも置いてあるし、屋台でも食べられる。そのほかには、豚肉、鶏肉、カモなどがおもにレストランで見られる食材だ。おすすめはブロシェット・ド・ゼブ。食べ応えがあり、ジューシーな肉汁がたまらない。ぜひ試してほしい一品だ。

### ステーク・ド・ゼブ
Stake de zébu

ゼブ牛のステーキ。つけ合わせにインゲンやニンジン、フライドポテトなどが付いてくる。

### ブロシェット・ド・ゼブ
Brochette de zébu

ゼブ牛の串焼き。ジューシーでボリュームもあるマダガスカルの定番料理。ミニサイズの「マシキータ（写真右）」は屋台でよく売られている。

### ラング・ソース・トマト
Langue sause tomate

ゼブ牛のタンのトマト煮込み。非常に軟らかく、味もよい。

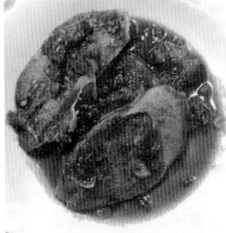

### プレ・オ・ココ
Poulet au coco

鶏肉をココナッツソースで煮込んだもの。ココナッツの香りが美味。

### ラヴィトゥトゥ
Ravitoto

キャッサバの葉の煮込み。マダガスカル人の好物。豚肉やゼブと一緒に煮込んだものもある。

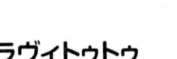

### スフィン・キスア
Sofin-kisoa

豚の耳の煮込み。キスア（kisoa）はマダガスカル語で豚の意。

## シーフード

マダガスカルの主要な町は海沿いに多いので、シーフードを食べる機会も自然と多くなる。もちろん新鮮さは折り紙付き。エビ、魚、カキ、イカ、ウナギなど、おなじみの食材が多いので気軽に試してみよう。

### クルヴェット・ソース
Crevette sauce

エビのトマトソース煮込み。エビチリによく似た料理。ご飯によく合う。

### グリエ・ド・クルヴェット
Grillé de crevette

エビのグリル。海沿いの町では特においしく食べられる。

### グリエ・ド・ポワッソン
Griélle de poisson

魚のグリル。塩焼きなど、シンプルに料理する。

### ユイートル・フレッシュ
Huitre fraiches

生ガキ。レモンなどを絞って食べる。日本のものより小ぶり。

### ジャカカ
Jakaka

カニコロッケ。カニの身がたっぷりで美味。

## 米・麺・スープなど

マダガスカルのご飯や麺にも挑戦してみよう。ご飯はパラパラしていて、モチモチしたご飯を好む人には合わないかもしれないが、お粥などにするとおいしい。赤い米もある。麺料理は中国からきたものだが、マダガスカルでもポピュラーなメニューとなっている。

### ヴァリー・スサ
Vary sosoa

お粥。マダガスカルでも朝食として揚げ物などと一緒に食べられる。肉や干しエビの入ったものはヴァリー・アミアナナと呼ばれる。

### ミサウ
Mi sao

焼きそば。屋台でもよく見られる人気のメニュー。野菜、肉、シーフードなどが入る。

### スープ・シノワーズ
Soupe chinoise

中国風スープ。いわゆるラーメン。あらゆる場所で食べることができる庶民の味。

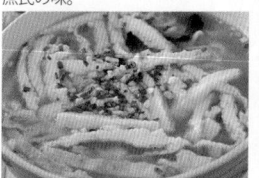

### ルマザーヴァ
Romazava

マダガスカルの味噌汁的存在。肉や魚、野菜をトマトと一緒に煮込んでスープ風にしたもの。

### ルマザーヴァ・ロイヤル
Romazava royal

ルマザーヴァに肉、野菜、魚などあらゆるものを取り込んだ料理。

**サラダ**

マダガスカルで取れる野菜は、とても新鮮で味が濃い。野菜のおいしさで、マダガスカルの大地の豊かさを実感することだろう。

### サラダ・ド・トマト
Salade de tomates

トマトのサラダ。マダガスカルでは最もポピュラーなサラダ。

### サラディ・ヴァンカズ
Salady vankazo

マンゴー、パパイヤ、バナナなどが入ったフルーツサラダ。

### レギュム・カンパニャード
Légumes campagnards

野菜のソテー。フレンチドレッシングをかけていただく。

**パン**

マダガスカルでは、米だけではなくパンも主食として食べられるので、どこの町にもベーカリーがある。菓子パンなどもいろいろな種類があり、おいしい。

### ゴーフル Gaufre

ワッフル。甘くておいしい。ベーカリーなどで手に入る。

### バゲット
Baguette

いわゆるフランスパン。屋台ではおかずを挟んだものが売られる。

### ビスキュイ Biscuit

おやつ感覚で食べられる小さなパン。

### クロワッサン
Croissant

朝食の定番。日本のものよりボリュームがある。

### パン・オ・ショコラ
Pain au chocolat

デニッシュ生地にチョコレートを入れたパン。

**デザート**

レストランのデザートはフランスの影響を受けたおしゃれなものが多い。安食堂ではほとんどデザートは見られない。

### バナナ・フランベ
Banana franbée

ラム酒と砂糖をからめて焼いたバナナ。ラム酒の香りが漂う。

### バナナ・フリット
Banana frit

揚げバナナ。マダガスカル語だとムフ・アクンジュ。

### クレープ・オ・ショコラ
Crape au chocolat

クレープのチョコレートソースがけ。チョコレートをよくからめて食べよう。

### フラン Flan

バニラの風味の利いたプリン。

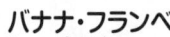

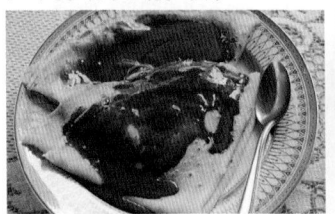

## フルーツ

南の国だけあってフルーツの種類は豊富だ。たいていのフルーツは道端の屋台で安く手に入る。フルーツを絞ったジュースもたまに売られているので試してみよう。

### マンガ（マンゴー）
Manga

よく熟した真っ赤なものと、未熟の青いものが売られている。

### ヴァニオ（ココナッツ）
Voanio

おなじみのフルーツ。料理やデザートに使う。

### フヌンビ
Fon'omby

カルデブフとも呼ばれる。身はねっとりとしていて甘い。道端でよく売っている。

### ファーリ（サトウキビ）
Fary

サトウキビの絞り汁にライムを絞ったジュースは美味。

### アクンジュ（バナナ）
Akondro

甘味が強く、バナナ・フランベや揚げバナナなど、デザートとして食される。

### ヴアマディロ（タマリンド）
Voamadilo

ワオキツネザルが好んで食べる。梅干しのような酸味があり、ジュースにするととてもさわやかでおいしい。

### マナナシ（パイナップル）
Mananasy

10〜4月がシーズン。そのまま食べるだけでなく、フルーツサラダなどでも使用する。

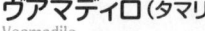

## ドリンク

マダガスカルでは特に宗教的な規制がなく、酒は手に入りやすい。ビールやラム酒などは日本のものとはひと味違うのでぜひ試してみよう。

### ソフトドリンク

おすすめはボンボン・アングレー（右）。マダガスカルでレモネードといったらこれ。

### ラム酒

バニラなどいろんなものを漬け込むので風味豊か。おみやげにもいい。

### ビール

国産の2大銘柄はTHB（Three Horse Beer）とGold。

### ワイン

赤、白、ロゼ、グレイがある。グレイワインVin Grisは別名「一夜ワイン」とも呼ばれる。製造工程が通常とは異なるワインだ。

# マダガスカルの
# おみやげ カタログ

マダガスカルのおみやげは、バラエティ豊か。
伝統的な工芸品、サイザルやラフィアのカラフルな雑貨、
特産のバニラビーンズやチョコレートなど……。
マダガスカルならではの、ユニークなおみやげを探してみよう！

## サイザル＆ラフィア雑貨

マダガスカルのおみやげの定番。特に女性
にはたいへんな人気だ。カラフルな色使い
がおしゃれで、しかも丈夫で長持ちする。友
達へのおみやげにもぜひ買いたい。

かわいらしい
小物入れ

おしゃれなデ
ザインのラ
フィアのバッ
グも続々登
場！

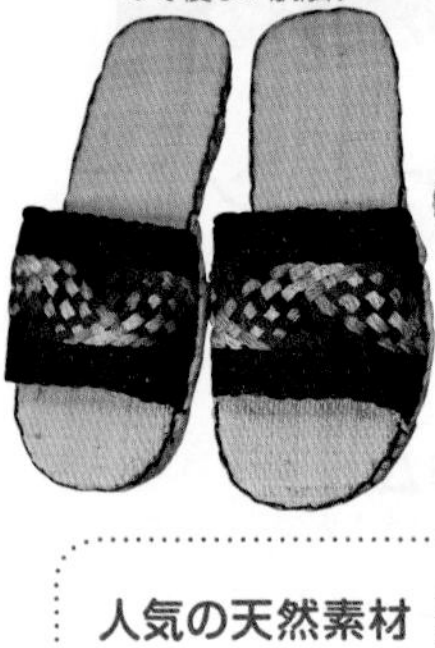

カラフルな
色使いの
鍋敷き

おしゃれな
ラフィアの
小物入れ

リゾートサンダル。ラ
フィアを使っている
ので優しい肌触り

ラフィアの帽子。日本で
買うとかなり高くなる

サイザルで作った
バオバブ

---

### 人気の天然素材　**サイザル、ラフィアって？**

　サイザルの正式名は「サイザル麻」。メキシコ原産で、乾燥した貧困な土地でも栽培が可能なたくま
しい植物だ（写真参照）。葉脈から繊維を取り出し、染め上げ、ロープやマット、バッグなどに加工され
る。バッグは丈夫で長持ち、さらには素朴であるということ
で女性に人気がある。
　一方、ラフィアは「ラフィア椰子」。こちらはマダガスカル
原産だ。繊維質の多い葉を加工して、帽子やバッグになる。
非常に丈夫で、使えば使うほどつやが出るという優れもの。
高級素材として出回っている。どちらの加工品も日本で買
うとなるとけっこういい値がするので、マダガスカルで気に
入ったものがあればぜひ買っておこう。

サイザルのプランテーション

# ナチュラル・コスメ

マダガスカルには女性にとってうれしいおみやげがたくさんある。化粧品もそのひとつ。豊かな自然から生まれた、体に優しいものばかりだ。

植物由来のマッサージオイル（左）、マダガスカル産素材を使用したホホバオイル

バオバブとアロエのクリーム

イラン・イランの香水

植物エキス配合のオメオファルマの石鹸

イラン・イランの石鹸

---

### マダガスカルのオーガニックコスメ

## オメオファルマ Homeopharma

マダガスカル各地の街角で「Homeopharma」と書いてある緑の看板を目にすることがある。これは「オメオファルマ」といって、ヘルスケア製品やオーガニックコスメを扱うドラッグストアだ。成分はすべて天然のもので、1500種類もの植物を用いているという。エッセンシャルオイルやアロマティックバーム、オーガニックティーなどが人気で、おみやげにピッタリなバオバブの石鹸もある。ショップではオイルを使ったマッサージも受けられる。

マダガスカルでは昔から植物を使って病気やけがを治してきた。それは現在でも同じで、町を歩けば、道端に漢方薬のような乾燥した植物が薬として売られている。この伝統と科学を融合させたのが「オメオファルマ」の創始者ジャン・クロード・ラツィミヴァリ氏。彼は12歳の頃から植物の治癒力について研究し、マダガスカル全土はもちろんインドやヨーロッパでも学んだという。その長い研究の末、1992年の創業にいたった。

現在「オメオファルマ」はドラッグストアだけでマダガスカル全土に130店舗を展開、プランテーションは70haあり、政府機関からも公認を受けている。

---

41

# 工芸品

多少重荷になるものの、かわいらしい工芸品もあるので買ってみるのもいいだろう。バオバブのオブジェなどはとても人気がある。

木彫りのバオバブ。国内線には持ち込めないので注意

キツネザルが彫り込まれたマラカス

素朴な色使いの小箱

手作りのハンコ。絵柄はバオバブやキツネザルなどで、どれもかわいらしい。下部の白い部分に名前を入れてもらえる。アナラケリー・マーケット（→P.59）前の階段などで売っている。

ザフィマリニ族の木彫りの入れ物

ゼブ牛をモチーフにした置物

# 宝石＆貴石

中央高地のアンツィラベなどの町は、宝石が取れることで有名。そのせいか町には宝石を売る小さな店がいくつも並んでいる。加工していないものもあるので、原石を買ってアクセサリーを作るのもいい。

アンモナイトの化石

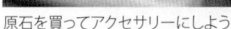
宝石のアクセサリーが格安で手に入る

原石を買ってアクセサリーにしよう

貴石のゲーム盤

※宝石やアンモナイトの化石を買う際には、持ち出し許可証を必ずもらっておこう。最近は空港での検査が厳しくなっており、没収という場合もあり得る。チョウやパリサンドル製品（黒檀など）も対象になっている。

# 食品

有名なのはやはりバニラとチョコレート。特にバニラは世界一の品質を誇る。それ以外にもバオバブのシロップや、サボテンのジャムなど珍しいものもあるので試してみよう。

バニラの生産地として世界的に有名

マダガスカルにしかないワイルドペッパー

代表的なカカオの産地なのでさまざまなチョコレートブランドがある

マダガスカルのラム酒カンパニー、ザマDzamaのフレーバーアソート

珍しいグレイワイン。アンチラベやフィアナランツアが著名なワインの産地

栄養価が高いことでも知られるバオバブフルーツを使ったジャム

43

# Lemurs *of Madagascar*
## マダガスカルの キツネザル

マダガスカルには、固有の動物が数多く生息している。
なかには森林伐採による自然破壊が進み絶滅してしまった種も少なくない。
キツネザルはこの地で生き残り、繁栄を続けてきた。
地球上に現存する彼らの大部分がこの地に生息しているともいわれ、その数は30種類以上にも及ぶ。
ここでは、"キツネザルの楽園"マダガスカルでよく見られる、おもな種類を紹介しよう。

シマシマしっぽがキュート
### ワオキツネザル
### *Ring-tailed Lemur*

尾が白と黒の輪をつなげたような模様をしていることから「輪尾（ワオ）」キツネザルと呼ばれる。体長より少し長めの尾をもち、タマリンドの実を好んで食べる。昼行性で、8〜10月が出産期。体長は40〜45cm。おもに落葉樹林、トウダイグサ属とディディエレア属の乾燥林地帯に生息する。ベレンティー保護区で数多く見られる。

横っ飛びがユニーク
### ベローシファカ
### *Verreaux's Sifaka*

体は白と黒、褐色の毛で覆われている。手足が発達しているため、枝から枝へと軽快に飛び移る。地上で横向きに素早くジャンプする飛び方が独特だ。果実、若葉などを食物にしている。昼行性で、出産期は6月末〜8月初め。体長は40〜50cm。北部と西部、南部の落葉樹林に分布している。ベレンティー保護区で多く見られる。

**キツネザルとは？** キツネザルはサルの仲間であり、キツネの仲間ではない。霊長類を大きく分類すると、オランウータンやチンパンジーなどの真猿類、メガネザルやキツネザルのように木の上で生活する原猿類とふたつに分けられる。日本では「キツネザル」と呼ばれているが、国際的には「レムール」、「リーマー」などと呼ばれる。現地ではガイドが英語の動物名を使うので、英語名を覚えておくと便利だ。

## クロキツネザル
### Black Lemur

オスとメスで体毛の色が異なる。メスは首の周りに白い長めの毛をもち、顔の部分は黒い毛で、体は明るい茶色。オスは全身が黒色。昼間から夕方に活動し、果実を好んで食べる。体長は40〜45cm。北西部に生息しており、ノシ・ベでも見られる。

メス　　　　　　オス

## シロクロエリマキキツネザル
### Black-and-white Ruffed Lemur

耳と下首回りを白い毛が覆い、頭部から尾にかけて黒い毛が覆う。手や足にも白い毛の部分がある。目はオレンジ系の色をしている。キツネザルのなかでは大きめで、体長は約55cm。北部、東海岸の多雨林地帯に分布している。

## チャイロキツネザル
### Brown Lemur

マダガスカルでよく見られる種類のキツネザル。昼夜行性。数頭〜数十頭ほどの群れで生活し、1日中を樹上で過ごす。果実と葉が食物の大部分を占める。体長は40〜50cm。

## インドリ
### Indri

現存するキツネザルのなかで最大といわれている。尾は5cmほどと短く、黒と白の毛で体中覆われている。歌をうたうようなきれいな鳴き声が特徴だ。昼行性で、つがいとその子供からなる5頭ほどの群れで生活をしている。体長は60〜70cm。多雨林地域に生息する。ペリネ自然保護区で多く見られる。

## ハイイロジェントルキツネザル
### Gray Gentle Lemur

竹林でよく見られる。尾は長く、体毛は灰色または灰褐色。小ぶりで、活発に活動し、3〜5頭の家族群で暮らす。竹や竹の新芽などを主食とするので「バンブーキツネザル」とも呼ばれる。昼行性。体長は約30cm。東海岸に分布。

## アイアイ
### Aye-aye

黒い毛で覆われ、目が赤褐色。夜行性で、長い指をもつ。指のなかでも中指だけが非常に長く、引っかき棒の役割を果たしている。この指を使い、木の中にいる昆虫の幼虫などを捕らえる。果実なども食べる。マダガスカルでは、その容姿から、忌み嫌われている存在だ。体長は約40cm。東海岸の多雨林に分布。

## コクレルシファカ
### Coquerel's Sifaka

マダガスカル北西部に生息するシファカ。主食は葉や木の芽で、季節によって異なるものを食べる。体長は40〜50cmなのに対して、尻尾の長さは50〜60cmもある。

## カンムリシファカ
### Diademed Sifaka

白と茶色の鮮やかな毛皮で覆われているシファカ。絶滅の危険性の高い種類。東部の熱帯雨林に複雄複雌の群れを作って生息している。体長は42〜55cm。インドリに次いで大きな種類だ。

## カンムリキツネザル
### Crowned Lemur

額のV字型の模様が和名の由来。オスの額は黒い模様でメスはオレンジ。果実、花、木の実、無脊椎動物を主食とする。体長は31〜36cmと小さい。マダガスカル北部、アンカラナ特別保護区などに生息する。

## マングースキツネザル
### Mongoose Lemur

オスはほおに赤っぽい毛が生えているのに対し、メスのほおは黒っぽい毛が生えている。密猟により絶滅の危険性がある種類だ。マダガスカル北西部とコモロの一部に生息する。乾季には夜行性の傾向が強まり、雨季には昼行性の傾向が強くなる。

## アカハラキツネザル
### Red-bellied Lemur

背中は栗色の毛に覆われる。オスは眼の下に白い皮膚が見えるがメスはほとんど見えない。また、オスの腹部は赤茶色で、メスはクリーム色をしている。ラヌマファナ国立公園など、東部の熱帯雨林に生息する。

## シロアシイタチキツネザル
### White-footed Sportive Lemur

生息地の減少で、絶滅の危機にあるキツネザル。おもにユーフォルビアなどの葉を主食とし、体長は約25cm、体重は約500gと小さい。マダガスカル南部、ディディエレア属の森林に生息する。

◆ 参考文献 ◆『マダガスカルの動物』山岸哲編　裳華房
『世界の霊長類』ジョン・R. ネイピア、プルー・H. ネイピア著　伊沢紘生訳　どうぶつ社
『Lemurs of Madagascar』Conservation International 『Madagascar Wildlife』Hilary Bradt
『レッド・データ・アニマルズ〈6〉アフリカ』小原秀雄／浦本昌紀／太田英利／松井正文　講談社

# そのほかの動物たち

### リーフカメレオン
*Leaf Chameleon*

### パンサーカメレオン
*Panther Chamelon*

### ミニマヒメカメレオン
*Breookesia Minima*

### スパイニーテイルドリザード
*Spiny-tailed Lizard*

### スティックスネーク
*Stick Snake*

### マダガスカルヒルヤモリ
*Madagascar Day Gecko*

### ホウシャガメ
*Radiated Tortoise*

### テンレック
*Tenrec*

### フルーツバット
*Fruits Bat*

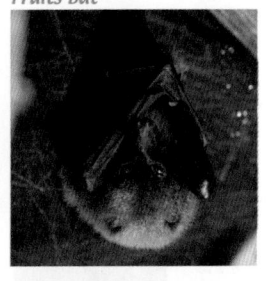

### マダガスカルコノハズク
*Malagasy Scops Owl*

### オニジカッコウ
*Giant Coua*

### マダガスカルサンコウチョウ
*Madagascar Paradise Fly Catcher*

# バオバブ辞典

バオバブBaobab（学名Adansonia）は全部で10種あり、そのうち8種（未確認のアルバAlbaを除く）がマダガスカルで見られる。それぞれ自生する地域がかぎられていて、どこでも見られるというわけではない。ここでは、それぞれの特性と見ることのできる場所を紹介しよう。

## ❀ディギタータ
### Digitata

アフリカ大陸で広く見られるバオバブ。マダガスカルのものは導入種で、人為的に持ち込まれたものとみられている。ずんぐりしていて、古いものには縦ひだが入る。マダガスカルではマジュンガとディエゴ・スアレスなどで見られる。

## ❀グランディディエリ
### Grandidieri

有名な「バオバブの並木道」のバオバブ。天に向けて真っすぐに伸びるイメージだが、乾燥地ではずんぐりむっくりの樽形になる。枝は上に向かって伸びる。おもに、ムルンダヴァからムルンベにかけての西海岸に見られる。

## ❀ザー
### Za

幹がいささか浅黒いのが特徴で、南部に広く自生している。樹形はずん胴であったり樽形であったりさまざま。枝はしばしばたれ下がり、樹高の半分ほどにまでたれ下がることも。ベレンティー保護区へ行く途中やムルンダヴァなどでよく見られる。

## ❀フニィ
### Fony

幹はおもに徳利形。枝はたれ下がらず、上に向かって伸びる。葉がギザギザしていて、外皮が剥けやすいのが特徴。分布的にはマダガスカル西部に広く見られる。ムルンダヴァの「愛し合うバオバブ」はフニィ。

## ❀ペリエリ
### Perrieri

あまり大きくならず、樹形もバオバブらしくない。バオバブのなかで最も堅い葉をもち、実は細長い。マダガスカル北部にのみ自生し、ディエゴ・スアレス郊外で見られる。

## ❀スアレゼンシス
### Suarezensis

幹は円柱形であまり太くならないが、バオバブのなかで最大の種子をもつ。枝はたれ下がらず、しばしば字形に水平に伸びる。ディエゴ・スアレスで見ることができる。

## ❀マダガスカリエンシス
### Madagascariensis

幹の形はさまざまで岩上ではずんぐり、林の中ではほっそりとしている。マダガスカル北部に分布し、ディエゴ・スアレスなどでも見られる。

## ❀ブジィ
### Bosy

幹が白く、白樺のよう。もともとは「ザー」の変種として記録されていたが、後に独立種として認められた経歴をもつ。マダガスカル北西部のラヌマラザ川とサンビラノ川流域に分布する。

©橋詰二三夫

◆ 参考文献 『森の母バオバブの危機』写真・文　湯浅浩史　NHK出版
　　　　　 『バオバブ　ゴンドワナからのメッセージ』近藤典夫編著　信山社

# Antananarivo
# & Central Madagascar

## アンタナナリボとマダガスカル中央高地
### ～サザンクロス街道の町～

アンタナナリボの中心街はふたつの丘に挟まれている

びっしりと家が並ぶアンタナナリボの町並み

# Antananarivo &

## アンタナナリボとマダガスカル中央高地

# Central Madagascar

マダガスカル中央高地は、首都アンタナナリボを中心に南北に広がる平均高度800～1800mの高原地帯。高原の北部にそびえるマダガスカル最高峰のツァラタナナ山Tsaratanana（標高2876m）をはじめ、島のほぼ中央にアンカラチャ山塊Ankaratra（標高2642m）、高原の南部にはブビ山Boby（標高2658m）が位置するなど、高い山々が集中している。一方、浸食によってできた平坦な高原や沼地も多く、地形が起伏に富んでいるのもこの地方の特徴だ。また、地域によっては火山現象も見られ、アンツィラベAntsirabe、ベタフBetafo、ラヌマファナRanomafanaなどは、温泉が湧き出る観光名所になっている。

　この地方では農業が盛んで、山の斜面を耕して作った棚田や広大な畑で、米や野菜を栽培している。また、高原地帯特有の寒暖の激しい気候を利用して、ワイン用のブドウや紅茶なども生産している。11月から4月は雨季だが、東部に比べて降雨量は少なく、平均気温は最高約28℃、最低約10℃、年間平均気温は約18℃と、比較的過ごしやすい気候だ。5月から10月の乾季のうち、特に7、8月は1年で最も寒くなる。

　フランス植民地時代、フランス人はマラリアにかかる心配の少ないこの中央高地を好んだため、大きな町がいくつか形成された。アンタナナリボ、アンツィラベ、フィアナランツアFianarantsoaなどには、当時をしのばせるフランス風の建物が随所に残っている。

　一方、都市を少し離れると土造りの家々が並ぶ村が点在している。中央高地には、マダガスカルを統一に導いた最も人口の多いメリナ族Merinaとベツィレウ族Betsileoが多く居住。どちらもインドネシアから渡ってきたマレー系民族なので、このエリアにはアフリカ的というよりもアジア的な雰囲気が漂う。この地を旅すると、"アフリカに最も近いアジア"がより強く感じられるはずだ。

# マダガスカル中央部

Ankazobe

Anjozorobe

Fenoarivo Be

アンブヒマンガ
Ambohimanga

Ankavandra

Tsiroanomandidy

アンタナナリボ
Antananarivo

イヴァトゥ国際空港

アンダシベ
Andasibe

Analavory

ムラマンガ
Moramanga

ペリネ特別保護区
Réserve Spéciale
de Périnet

*Lac Itasy*

Soavinandriana

*Lac Mantasoa*

*Ikopa*

*Lac Tsiazompaniry*

ミアンドリヴァズ
Miandrivazo

Ankaratra
2642m

Ambatolampy

*Mahajilo*

ベタフ
Betafo

アンドライキバ湖
*Lac Andraikiba*

アンツィラベ
Antsirabe

*Mania*

チチヴァ湖
*Lac Tritriva*

イビティ
Ibity 2254m

Malaimbandy

Finandrahana

アンブシチャ
Ambositra

Nosy Varika

アントゥエチャ
Antoetra

ザフィマニリ村
Zafimaniry Villages

ムルンダヴァへ

*Matsiatra*

ラヌマファナ国立公園
Parc National de Ranomafana

*Mananantanana*

フィアナランツア
Fianarantsoa

ラヌマファナ
Ranomafana

Mananjary

*Zomandao*

サハンバヴィ Sahambavy

シデクサム Sidexam

ラザニベツィレウ
Lazan'i Betsileo

アンバラヴァウ
Ambalavao

ピック・イマリヴラニチャ
Pic Imarivolanitra
2658m

アンドリンギチャ国立公園
Parc National d'Andringitra

マナカラ
Manakara

イサル国立公園
Parc National de l'Isalo

イフシ
Ihosy

Ivohibe

Vohipeno

インド洋
*Océan Indien*

ラヌヒラ
Ranohira

トゥリアーラへ

Farafangana

N

*Manampatrana*

Betroka

0　　　　50　　　100km

Vangaindrano

Midongy Atm.

ベレンティー保護区、
タウランニャロ(フォール・ドーファン)へ

A

B

1

2

3

# Antananarivo

アンタナナリボ

マダガスカル最大の都市である首都アンタナナリボ（略して**タナナリヴTananarive**、**タナTana**）は、南北に延びる国土のほぼ中央、標高1400m以上の高原に位置する。そのため朝晩は少し肌寒く感じ、日中は18℃前後の気温で非常に過ごしやすい。マダガスカルの大部分が熱帯性気候なのにもかかわらず、ここだけは別天地のようだ。

「千人の兵士の町」という意味をもつこの都市は、17世紀末から18世紀初頭、後にマダガスカルの統一を果たすメリナ王朝初代の王**アンドリアンジャカAndrianjaka**により建設された。1794年にメリナ王朝の首都と定められ、それ以来マダガスカルの中心都市として存在している。町の南東に位置する丘の上には、翼を広げた大きなワシの彫刻が飾られた巨大な門など、メリナ王朝の城砦や宮殿跡などが残る。奥には、**女王ラナヴァルナ1世Ranavalona I**が建設した、フィレンツェ様式の4つの塔とアーケードを配した**女王宮The Rova**がある。

1.アンタナナリボを見下ろす高台に立つ女王宮（左上）
2.町から少し出れば素朴な風景が広がっている 3.おしゃれなおみやげを売る店が増えつつある 4.レミュール・パークまで足を延ばせばキツネザルにも会える
5.おいしいフランス料理をリーズナブルに味わうことができる

　町の中心にはふたつの丘があり、丘を含めて町が広がっているため、坂道が多く、あちこちに階段が設けられている。町の中心には人工の**アヌシ湖Lac Anosy**があり、10月中旬から11月中旬にかけては、東側の湖畔に並ぶジャカランダの木が紫色の花を咲かせて周囲に彩りを添える。マーケット周辺へ行くと、多くの人々でごったがえしており、活気あふれる市民生活が垣間見られる。低層階の建物が多い中心から少し離れると、近代的なオフィスビルなどもちらほらと立ち、さらに車を数km走らせて町を抜けると、あたり一面緑の田園風景が広がる。

　アンタナナリボは、政治的だけでなく経済的にもマダガスカルの絶対的な中心で、年々発展し都市化し続けている。それとともに車両の数も増え、渋滞が引き起こされるようになった。また、地方から職を求めて流入する人が増え、ホームレスの増大、治安の悪化、インフラの未整備によって引き起こされる公害などが問題になっている。

　最初はアンタナナリボの喧騒に面食らうが、しばらく滞在するうちに、活気あふれる町に魅了されていく旅行者も多い。地方では見られない都会的なマラガシー文化や最先端の若者カルチャーに触れ、ショッピングやエステ、フランス植民地時代の名残でもある洗練されたフランス料理を堪能する——それがアンタナナリボならではの楽しみ方だ。

アンタナナリボ

## スーパーマーケット

### ●ショップライト

独立大通りからほど近い所にあるスーパーマーケット。生鮮食品のほか、総菜コーナーやベーカリーがあり、外食に疲れたときは利用価値大。おみやげにいい香辛料や真空パックされたバニラ、チョコレートなども置いている。タナ・ウォーターフロント（**地図** P.55-B1）にも店舗がある。

**地図** P.58-B1
**開** 月～木 8:30～19:30、金・土 8:00～19:30、日 8:30～15:00 **休** 無休 **CC** MV

アクセスが便利

### ●ジャンボ Jumbo

アンタナナリボ市内から2kmほど北にある大型スーパー。食料品から生活用品、本や電化製品など何でも揃う。市内からはタクシーでAr1万～。

**地図** P.55-A1外
**住** Jumbo Score, Enceinte Cora, Ankorondrano
**TEL** (020-22)684-56
**開** 8:30～19:30（日～13:00）
**休** 無休 **CC** MV

店内はとても広い

### ●リーダー・プライス
Leader Price

オート・ヴィルにある高級感のあるスーパーマーケット。フランスからの輸入商品が多い。パッケージがおしゃれで買い物もしやすい。

**地図** P.58-B2
**住** Lalana Rabehevitra
**開** 8:00～20:00
**休** 無休 **CC** MV

富裕層が買い物にくる

# オリエンテーション ORIENTATION

アンタナナリボの町は、中心部となる独立大通りAve. de l'Indépendanceを挟むように左右にふたつの小高い丘があるのが特徴的だ。丘の高低差はおよそ150m。町の中には多くの坂道や階段道が入り組み、現地の人でも息を切らして階段を上っている姿がしばしば見られる。丘の斜面には、瓦葺きの屋根に木造りのバルコニーを備えたヨーロッパ風のマンションがびっしりと並んでおり、その風景は一瞬アフリカにいることを忘れさせる。

アンタナナリボ市内は、バス・ヴィル Basse-Ville（低い町）とオート・ヴィル Haute-Ville（高い町）のふたつに大きく分けられる。前者の中心は、銀行や郵便局、航空会社などが集中している独立大通りだ。この一帯は**アナラケリー Analakely**と呼ばれていて、何でも揃う**アナラケリー・マーケット Marché d'Analakely**もあり、市内で最大の繁華街だ。マーケットの後ろには長い階段があり、**アンブンドゥルナ Ambondrona**と呼ばれる密集住宅街に続いている。

アナラケリー・マーケットから南西方向の階段を上っていくと、高級ホテルが並ぶオート・ヴィルに出る。石畳が美しく、眺めもよい。**独立広場 Place de l'Indépendance**から西へ向かうと、官公庁や各国の大使館が増えてくる。この一帯は**イスラカ Isoraka**といい、おしゃれなレストランやショップが増えているエリアだ。イスラカ地区の南側にはアヌシ湖が広がる。

ちなみに、アンタナナリボでは、所在地、住所などを道路名や番地で表す概念が乏しく、タクシーの運転手や町の人に住所だけを伝えて道を尋ねてもなかなかわからない。そういう場合は、地域の名前や目印になる官公庁やホテルの名前を告げれば、すぐに教えてもらえる。それに、町自体が小さいので、旅行者が行こうとするような場所なら誰でも知っているといっても過言ではない。

## COLUMN

### アンタナナリボで格安フレンチ

首都アンタナナリボにはさまざまな国の料理を出すレストランが勢揃いしている。もちろんマダガスカル料理もおいしいが、この国で楽しむべきは格安で楽しめるフランス料理。前菜、メイン、デザートのコースがAr5万程度から楽しめる。フランスの植民地だった歴史をもつマダガスカルではフランス文化が浸透し、現在でも多くのフランス人が居住している。マダガスカルならではの食材を使ったメニューを出す店もあるのでぜひ試してみよう。

鴨肉をパイナップルとローストした料理

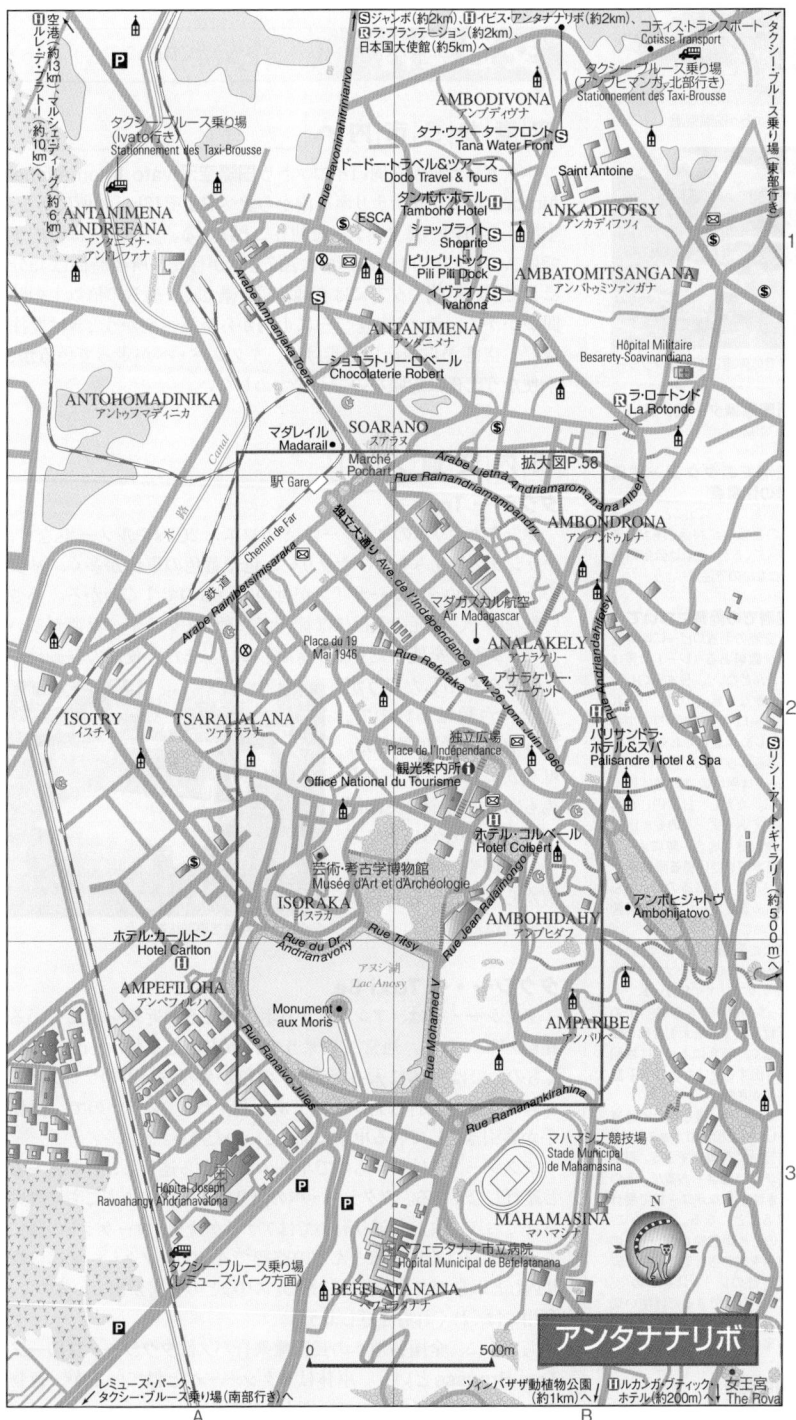

空港（約13km）、マルシェ・ディーグ（約10km）へ
P
Ⓗ ル・レディ・ブラド（約6km）へ

タクシー・ブルース乗り場（Ivato行き）
Stationnement des Taxi-Brousse

ANTANIMENA ANDREFANA
アンタニメナ・アンドレファナ

ANTOHOMADINIKA
アントゥフマディニカ

Rue Rainandriananampandry

Ⓢ ジャンボ（約2km）、Ⓗ イビス・アンタナナリボ（約2km）、
Ⓡ ラ・プランテーション（約2km）、
日本国大使館（約5km）へ

コティス・トランスポート
Cotisse Transport

タクシー・ブルース乗り場
（アンブヒマンガ、北部行き）
Stationnement des Taxi-Brousse

AMBODIVONA
アンブディヴナ

タナ・ウオーターフロント
Tana Water Front

ドードー・トラベル&ツアーズ
Dodo Travel & Tours

Ⓢ ESCA

タンボホ・ホテル
Tamboho Hotel Ⓗ

ショップライト Ⓢ
Shoprite

ピリピリ・ドック Ⓢ
Pili Pili Dock
イヴァオナ Ⓢ
Ivahona

Saint Antoine

ANKADIFOTSY
アンカディフツィ

AMBATOMITSANGANA
アンバトゥミツァンガナ

Hôpital Militaire
Besarety-Soavinandiana

ラ・ロートンド
Ⓡ La Rotonde

ANTANIMENA
アンタニメナ

ショコラトリー・ロベール
Chocolaterie Robert

Arabe Ampanjaka Toera

Canal

マダレイル
Madarail
SOARANO
スアラノ

Marché
Pochart

駅 Gare

Chemin de Fer

Arabe Rainitsimisaraka

鉄道

Arabe Lietna Andriamaromanana Albert

拡大図P.58

AMBONDRONA
アンブンドゥルナ

独立大通り Ave de l'Indépendance

マダガスカル航空
Air Madagascar

Place du 19
Mai 1946

Rue Refotaka

Av. 26. Jona Juin 1960

ANALAKELY
アナラケリー

アナラケリー・マーケット

ISOTRY
イストゥイ

TSARALALANA
ツァララララナ

独立広場
Place de
l'Indépendance
観光案内所
Office National du Tourisme

パリサンドラ・
ホテル&スパ
Palisandre Hotel & Spa

Ⓢ リシーアート・ギャラリー（約500m）へ

ホテル・コルベール
Hotel Colbert Ⓗ

芸術・考古学博物館
Musée d'Art et d'Archéologie

ISORAKA
イソラカ

ホテル・カールトン
Hotel Carlton Ⓗ

AMPEFILOHA
アンペフルハ

Rue du Dr
Andrianavony

Rue Tsiry

Rue Jean Ralaimongo

AMBOHIDAHY
アンブヒダフ

アンボヒジャトヴ
Ⓢ Ambohijatovo

アヌシ湖
Lac Anosy

Monument
aux Moris

AMPARIBE
アンパリベ

Rue Ranaivo Jules

Rue Mohamed V

Rue Ramanenkirahina

Hôpital Joseph
Ravoahangy Andrianavalona

P
P

マハマシナ競技場
Stade Municipal
de Mahamasina

MAHAMASINA
マハマシナ

N

P

ベフェラタナ市立病院
Hôpital Municipal de Befelatanana

BEFELATANANA
ベフェラタナナ

P

アンタナナリボ

0          500m

A          B

タクシー・ブルース乗り場（東部行き）

1

2

3

レミューズ・パーク／
タクシー・ブルース乗り場（南部行き）へ

ツィンバザザ動植物公園
（約1km）へ

Ⓗ ルカンガ・ブティック・
ホテル（約200m）へ

女王宮
The Rova

イヴァトゥ国際空港

空港に停車しているタクシー

**新国際線ターミナル**
→P.192

**空港でのタクシー利用時の注意点**

到着ロビーに出ると、タクシーの運転手が料金表を持って寄ってくるが、これは公定料金ではないので注意しよう。

**空港での両替について**

空港の到着ロビーには両替所が数軒ある（レートの差はほとんどない）。日本円のレートはかなり悪いので、できればユーロや米ドルを日本であらかじめ用意しておくといい。どちらにしても、空港の両替レートは悪いので両替は最小限に。ただし、日本円しか持っておらず、そのまま地方に乗り継ぐ場合、町によっては日本円を受け取る両替所がないところもあるので、あらかじめまとまった金額を両替しておこう。

また到着ロビーにはATMもある。クレジットカードやトラベルプリペイドカードでキャッシングができるが、Ar50万程度までと最大引き出し額が低く、場合によっては数回引き出すことになるので手数料がかさむ。

また、使い残した現地通貨がUS$50相当以上ある場合、出発時に再両替できる。日本円がない場合もあるが、そのときは米ドルかユーロで受け取ることになる。ちなみに、このとき両替時のレシートの提示を求められることもある。再両替のレートは悪いので、アリアリはできるだけ使い切るようにしたい。（→P.207両替事情）

**国内交通**
→P.199

# 交通案内　TRANSPORTATION

## 空港から市内へ

マダガスカルの玄関口**イヴァトゥ国際空港Ivato International Airport**は、アンタナナリボ市内から北へおよそ13kmの所にある。空港から市内へはタクシーを使うことになる。タクシーは市内まではAr5万（19:00〜翌6:00はAr7万）が目安。所要時間は45分ほどだが、早朝や夕方には交通渋滞が著しく、通常の倍以上の時間がかかる。ラッシュアワーに市内から空港へ向かうときは要注意だ。空港から2kmほど歩けば、タクシー・ベが走っているが、不便なうえ夜は危険なのでおすすめしない。

## 市内交通入門

### タクシー Taxi

アンタナナリボのタクシーは、シトロエン 2CVsやルノー 4sなど、クラシックな丸みを帯びたクリーム色や黄色の車体が多く、屋根の上に黄色いタクシーサインが付いているのですぐわかる。小さい町なので、地元の人はほぼ徒歩で移動しているが、坂道が多いためタクシーを使いたくなる場面も多い。また、夜間の移動はタクシーを利用したほうが安全。台数は多いので、ひろうのは比較的簡単だ。町なかにはタクシー乗り場もある。料金は交渉制で、町なかならばAr1万〜。夜間や、高級ホテル前からタクシーを利用する場合は高くなる。

タクシーは料金を事前に聞こう

### タクシー・ベ Taxi Be

タクシー・ベは、アンタナナリボ市内とその近郊を結んでいる路線バスのこと。通常22人乗りで、市内を走るものと市外へ行くものとでは車体に入ったラインの色が異なる。車のフロントガラスには番号と行き先が書いてあるが、わかりにくいので、運転手や客引きをしている車掌に聞くといいだろう。

タクシー・ベは早いもので早朝の4:30から運行し、日が落ちると運行しなくなる。タクシー・ベの乗り場は市内のあちこちに設けられており、独立大通り沿いではアナラケリー・マーケットの隣にある。運賃は市内のほとんどの路線でAr400。タクシー・ベに乗り込むと車掌がお金を集めに来る。スリなどの被害が出ているので、利用にはくれぐれも注意しよう。

ちなみに、全国各地への長距離乗合バスは**タクシー・ブルースTaxi-Brousse**という。車体はタクシー・ベと似ているが、荷物をたくさん載せているので区別がつくだろう。

アンタナナリボの中心、独立大通り

# 歩き方　WALKING AROUND

## 独立大通りを行く

　アンタナナリボの中心は、鉄道駅から南東に延びている**独立大通り Ave. de l'Indépendance**だ。まずはこの大通りを、鉄道駅を起点にして歩いてみよう。

　広々とした芝生の中央分離帯をもつこの目抜き通り沿いには、ビジネスマンや観光客向けのホテルをはじめ、マダガスカルで一番大きい本屋の🄢**マダガスカル書店Librairie de Madagascar**、**マダガスカル航空Air Madagascar**、みやげ物店、ツアーオフィスなどがある。民芸品や果物などを売る人々が歩き回り、食べ物の屋台や電話屋なども並んでいる。近くには大型スーパー🄢**ショップライトShoprite**やオーガニックコスメのチェーン店🄢**オメオファルマHomeopharma**もある。

　500mほど進むと道が半分ほどの幅に狭まってくる。その先にはオレンジ色の屋根瓦が特徴的な**アナラケリー・マーケット**があり、このマーケットを中心に東側の丘と西側の丘に向かって長い階段が延びている。マーケットの先には郵便局や銀行、さらに進むと宝石店やみやげ物店なども軒を連ねる。

## 階段を上がる

　アナラケリー・マーケットから南西に延びている長い階段を、がんばって上がってみると、階段沿いに、みやげ物や手彫りのスタンプを売る露店が並んでいる。階段を上がりきって町を眺めると、東側の階段を含めておよそ300mの長さの階段が見渡せる。夕方だと、西日が東側の小高い丘を照らしてすばらしい眺めだ。

　階段を上がりきった所には**独立広場**があり、広場を抜けると正面に🄷**ル・ルーヴル・ホテル＆スパLe Louvre Hotel & Spa**が見える。左側に進むと郵便局や🄷**ホテル・コルベールHotel Colbert**がある。また、独立広場の一角には**オルタナOffice Régional du Tourisme d'Antananarivo**のオフィスがある。アンタナナリヴの地図や各種観光情報が入手できるので、気軽に立ち寄ってみよう。

　また、🄷**ル・ルーヴル・ホテル＆スパ**と**アフリカ銀行Bank of Africa**の間の通りを西へ行くと**イスラカIsoraka**へ出る。ホテルやレストランに加え、雑貨店やブティックなど、おしゃれなスポットが増えてきている注目のエリアだ。

### アンタナナリボの治安
　観光客が大勢に取り囲まれて貴重品を取り上げられる、子供の物乞いから財布をすられる、といった事件が多いので気をつけよう。特に、独立大通り周辺や、アナラケリー・マーケットから独立広場へ続く大階段は要注意。また、昼間はにぎわっている通りも、日が暮れると途端にひと気がなくなるので、夜にひとりで出歩くのは極力避けたほうがよい。

### アンタナナリボの観光情報
●**オルタナORTANA**
（Office Régional du Tourisme d'Antananarivo）
🗺️地図 P.58-B2
☎️TEL (020-22)270-51、034-20-270-51
🌐URL www.tourisme-antananarivo.com
🕘 9:00～17:00　休 無休

### 独立広場への階段は注意！
　治安の悪化にともない、独立広場へと続く階段やアナラケリー・マーケット周辺では、昼夜を問わず、観光客目当てのスリ、集団強盗などが頻発している。日本人観光客の被害者も急増しているので、たとえひとりでなくとも、このあたりをうろつくのは控えよう。

独立広場に続く階段

独立大通りのシンボル、スアラノ駅

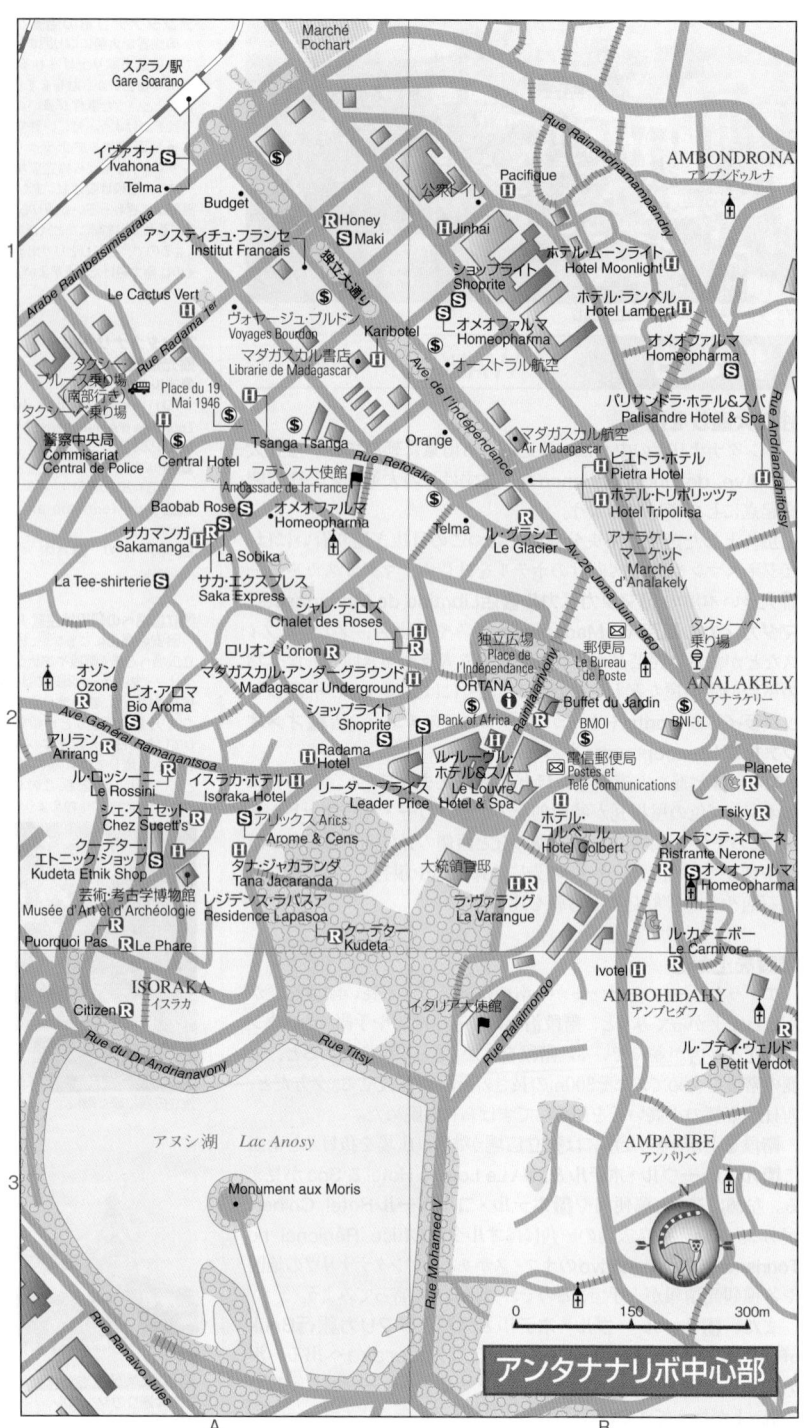

スアラノ駅
Gare Soarano

イヴァオナ
Ivahona

Telma

Budget

アンスティチュ・フランセ
Institut Francais

Le Cactus Vert

Arabe Rainilbetsimisaraka

Rue Radama 1er

タクシーベ
ブルース乗り場
（南部行き）
タクシーベ乗り場

警察中央局
Commisariat
Central de Police

Place du 19
Mai 1946

ヴォヤージュ・ブルドン
Voyages Bourdon

マダガスカル書店
Librarie de Madagascar

Tsanga Tsanga

Central Hotel

Baobab Rose

サカマンガ
Sakamanga

La Sobika

La Tee-shirterie

サカ・エクスプレス
Saka Express

シャレ・デ・ロズ
Chalet des Roses

ロリオン L'orion

オゾン
Ozone

ビオ・アロマ
Bio Aroma

マダガスカル・アンダーグラウンド
Madagascar Underground

Ave. Général Ramananntsoa

アリラン
Arirang

ル・ロッシーニ
Le Rossini

シェ・スュセット
Chez Sucett's

クーデター
エトニック・ショップ
Kudeta Etnik Shop

芸術・考古学博物館
Musée d'Art et d'Archéologie

Puorquoi Pas

Le Phare

ショップライト
Shoprite

Radama
Hotel

イソラカ・ホテル
Isoraka Hotel

リーダー・プライス
Leader Price

アリックス Arics
Arome & Cens

タナ・ジャカランダ
Tana Jacaranda

レジデンス・ラバサア
Residence Lapasoa

クーデター
Kudeta

ISORAKA
イソラカ

Citizen

Rue du Dr Andrianavony

Rue Titsy

アヌシ湖　Lac Anosy

Monument aux Moris

Rue Ranaivo Jules

Marché
Pochart

公衆トイレ

Pacifique

Honey
Maki

Jinhai

ショップライト
Shoprite

オメオファルマ
Homeopharma

Karibotel

独立大通り

Ave. de l'Indépendance

オーストラル航空

Orange

Rue Refotaka

フランス大使館
Ambassade de la France

オメオファルマ
Homeopharma

Telma

ル・グラシエ
Le Glacier

独立広場
Place de
l'Indépendance

ORTANA

Bank of Africa

ル・ルーヴル・
ホテル＆スパ
Le Louvre
Hotel & Spa

ホテル・
コルベール
Hotel Colbert

大統領官邸

ラ・ヴァラング
La Varangue

Rue Rainandriamampandry

AMBONDRONA
アンブンドゥルナ

ホテル・ムーンライト
Hotel Moonlight

ホテル・ランベル
Hotel Lambert

オメオファルマ
Homeopharma

パリサンドラ・ホテル＆スパ
Palisandre Hotel & Spa

Rue Andriandahifotsy

マダガスカル航空
Air Madagascar

ピエトラ・ホテル
Pietra Hotel

ホテル・トリポリッツァ
Hotel Tripolitsa

アナラケリー・
マーケット
Marché
d'Analakely

Ave. 26 Jona Juin 1960

タクシーベ
乗り場

郵便局
Le Bureau
de Poste

Buffet du Jardin

BMOI

電信郵便局
Postes et
Télé Communications

ANALAKELY
アナラケリー

BNI-CL

Planete

Tsiky

リストランテ・ネローネ
Ristrante Nerone

オメオファルマ
Homeopharma

ル・カーニボー
Le Carnivore

Ivotel

AMBOHIDAHY
アンブヒダフ

ル・プティ・ヴェルド
Le Petit Verdot

イタリア大使館

Rue Ralaimongo

AMPARIBE
アンパリベ

Rue Mohamed V

N

0　　150　　300m

アンタナナリボ中心部

A　　　　　　　　B

# おもな見どころ　SIGHTSEEING

## ■■■ 人々の生活が垣間見られる　　　地図 P.58-B2
## アナラケリー・マーケット
Marché d'Analakely

　独立大通り沿いにある庶民のマーケット。アナラケリーと呼ばれる地区にある。うろこのようなオレンジ色の瓦屋根が連なっているのが特徴で、日中は地元の人々で大変なにぎわいをみせる。野菜やフルーツ、魚、肉などありとあらゆるものが売られており、わずかだがおみやげになるような民芸品も売っている。

スリには要注意！

## ■■■ メリナ王朝の宮殿跡　　　地図 P.55-B3
## 女王宮とその周辺
The Rova & Around

　アンタナナリボで最も高い位置にある**女王宮（ルバ）**。現在の石造の外観は、メリナ王朝の女王ラナヴァルナ2世Ranavalona II 時代にスコットランド人によって建設されたもの。1995年に火事に見舞われたが、日本も参加して修復プロジェクトが進められた。敷地内には1839年にフランスによって建てられた木造の王宮、石造のプロテスタント礼拝堂、王家の墓などが見られる。

　女王宮周辺にはメリナ王朝時代の建物が多く残されており、散歩しながら歴史スポットを訪ね歩くのもいい。高地にあるので景色もよい。すぐ北にあるのが王国時代の**裁判所跡**。さらに歩くと**旧首相官邸Andafiavaratra Palace**が見られる。これは19世紀の首相ライニライアリブニRainilaiarivonyの官邸だった建物だ。現在は博物館として整備され、女王宮から持ち出された王家にまつわる品々が展示してある。さらに道を下っていくと公園があり、

女王宮周辺にはカフェや展望台もある

レストランと観光案内所がある。公園を過ぎると現れるのが、ローマ教皇が訪れたこともある、アンタナナリボで最初のカトリック教会、**アンドゥハル教会Cathedrale Catholoque d' Andohalo**だ。

---

**アナラケリー・マーケット**
開 9:00〜17:00頃
休 無休

**危険情報**
　アナラケリー・マーケット周辺は、スリや、強盗が多いエリア。訪れる際は細心の注意を払って行こう。カメラは観光客だと宣伝しているようなものなので、できるだけ控えよう。

色とりどりのバッグも
手に入る

**女王宮**
開 9:00〜17:00
休 無休
料 Ar1万
※入場にはガイドが必須で3人までAr2万。最後にガイドはチップを要求してくるので、仕事次第で払ってあげよう。

**旧首相官邸**
開 9:00 〜 18:00
休 月
料 Ar1万

**女王宮周辺の治安**
　かつて栄えた女王宮周辺だが、現在はそれほど安全とはいえない。女性の一人歩きは避けたい。Ｈルカンガ（地図 P.55-B3外）より南は人通りも少ないので注意しよう。

旧首相官邸は2019年6月現在、改装中（入場は可）

## ■■■ ジャカランダの名所 ■■■ アヌシ湖
地図 P.58-A3

### アヌシ湖
### Lac Anosy

町の南西にある湖で、アンタナナリボ市民の憩いの場。10月中旬から11月にかけて、湖の周囲に植えられた数十本のジャカランダの木がいっせいに紫の花を咲かせる光景は見事だ。また、中州を歩くシラサギに出合えることも。湖の中央に浮かぶ小島

散歩するだけでも楽しい

に向かって歩道が延びており、フランスが建てた第1次世界大戦の戦没者慰霊塔Monument aux Morisまで行けるようになっている。湖畔には毎朝フラワーマーケットも立つ。

## ■■■ みやげ物店が大集合
地図 P.55-A1外

### マルシェ・ディーグ
### March Digue

市外にある、みやげ物店が軒を連ねているマーケット。マダガスカルのさまざまな民芸品が売られており、おみやげを選ぶのによい。ただし観光客にはかなり値段を

似たような店が何十軒と続く

ふっかけてくるので、あらかじめ相場を調べておいてしっかり値切ろう。交渉次第で2分の1〜5分の1ほどになることもあるので試してみよう。

## ■■■ キツネザルを間近で見られる
地図 P.55-A3外

### レミューズ・パーク
### Lemurs' Park

市内から車で30分ほどの郊外にある、日本人とフランス人が共同経営するキツネザル公園。4haほどの園内には、ワオキツネザル、チャイロキツネザル、シロクロエリマキキツネザル、ハイイロジェントルキツネザル、コクレルシファカ、カンムリシファカなどが放し飼いにされており、敷地内に散らばるキツネザルの居場所を把握しているガイドが、説明しながら案内してくれる。自然保護区を訪れなくてもマダガスカル固有の動植物を見ることができる。

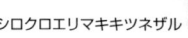
シロクロエリマキキツネザル

---

**マルシェ・ディーグ**
**行き方** 市内からタクシーでAr1万〜1万5000ほど。イヴァトゥ行きのタクシー・ブルースに乗って途中下車することもできる。

**レミューズ・パーク**
**住** RN1 Imerintsiatosika
**TEL** 033-11-252-59
**URL** www.lemurspark.com
**開** 8:30〜17:00　**休** 無休
**料** 大人 Ar4万
　　 子供 Ar2万
**行き方** 市内からタクシーでAr6〜8万。アヌシ湖南のターミナル（地図 P.55-A3）からタクシー・べでAr1200。
　また、レミューズ・パークが送迎、入場料、食事込みの半日ツアーを行っており、催行はふたりからでAr14万／人。ひとりの場合、ふたり分払えば参加可能。予約は2日前までに。

**アンタナナリヴのおもな旅行会社**
●ドード・トラベル＆ツアーズ
**Dodo Travel & Tours**
モーリシャス、セイシェル、レユニオンなど、インド洋を専門に手配する旅行会社。
**地図** P.55-B1
**住** Tana Water Front
Ambodivana B.P. 12125
Antaninarenina
**TEL** (020-22)690-36
**URL** www.dodotravel.com
●ヴォヤージュ・ブルドン
**Voyages Bourdon**
マダガスカル旅行を30年以上手がけてきた老舗。
**地図** P.58-A1
**住** 15 Rue P.Lumumba
**TEL** (020-22)296-96
**URL** www.gondwanaexplorer.com

**日本人スタッフのいる旅行会社**
●アリックス Arics
1997年創業の、日本人経営の旅行会社。日本語の堪能なマダガスカル人スタッフがサポートしてくれる。
**地図** P.58-A2
**住** 5 Rue Raveloary, Isoraka
**TEL** (020-22)360-16
**e-mail** arics@moov.mg

■■■ マダガスカル固有の動物が大集合　　　　[地図] P.55-B3外

# ツィンバザザ動植物公園
**Parc Botanique et Zoologique de Tsimbazaza**

**ツィンバザザ動植物公園**
[住] Tsimbazaza
[TEL] 033-12-506-70
[開] 9:00～17:00
[休] 無休
[料] 大人 Ar1万
　　子供 Ar4000
[行き方] タクシー・べで行く場合は115番に乗る。

アンタナナリボの中心部から車で20～30分の所にある公園で、動物園と植物園が一緒になっている。公園内にはマダガスカルにしかいない固有の動物が集められており、ワオキツネザル、カンムリキツネザル、エリマキキツネザルなどのキツネザル科の動物や、ホウシャガメ、オオシラサギなどを見ることができる。

各キツネザルの檻や柵の前には簡単な説明書きが立てかけてあり、生息地が地図付きで描かれている。国立公園などの森の中ではキツネザルをじっくり観察するのは難しいので、行く前にここを訪れればいい予習になるだろう。

人気のあるワオキツネザル

公園内にはゾウガメもいる

---

## COLUMN

### 日本人旅行者をしっかりサポート！
### マダガスカル・サービス Madagascar Services

　未知の国というイメージが強いマダガスカルも、最近になってようやくその魅力が日本でも知られるようになった。しかしツアーのバリエーションはまだそれほど豊富ではなく、日数・行程・予算などの面でどうしても自分の希望どおりのものが見つからないこともある。そのような場合は、個人で旅行の手配をするしかない。
　スケジュール作りから、ホテルの手配、ツアーのアレンジなどは、現地の旅行会社に相談するとよい。マダガスカルは、インターネットや携帯電話が普及してきたとはいえ、地域によっては依然として通信事情が悪いので、自らホテルに連絡するよりも旅行会社に任せたほうが確実だ。またホテルによっては、旅行会社をとおしたほうが料金が安くなることもある。
　アンタナナリボにはたくさんの旅行会社があるが、なかでもマダガスカル・サービスは、代表者が日本人で日本語を話すスタッフも常駐しているので、スムーズにやりとりができる。豊富な知識と情報量で、日程や予算など旅行者の細かい希望に応えたコース作りが可能だ。空港からホテルへの送迎やレンタカーの手配はもちろん、国内各地へのツアーもアレンジしてもらえる。希望すれば日本語ガイドの手配も可能。さらに代表の浅川さんは、調査や研究、取材旅

行の手配も行っている。また、環境保全活動も行っているので、興味がある人は問い合わせてみよう。

**マダガスカル・サービス**
[地図] 地図外（アンタナナリボ市街地から車で約30分）
[住] Lot IB 176 Antanambao, Ilafy- BP.12083 Antananarivo 101
[TEL] (020-24)263-49/900-08/900-12
　　032-02-139-21（日本語）
　　032-69-164-49（緊急用携帯番号）
[e-mail] mdservis@blueline.mg
　　mdservasa@blueline.mg（日本語）
[開] 月～金 8:00～16:00　土 8:30～12:00　[休] 日
**料金例**
●8日間ツアー（アンタナナリボ、ムルンダヴァ、ベレンティー）2名参加の場合　1名当たり€1000～
●車チャーター（アンタナナリヴ周辺）
普通車 1日€70～　4WD 1日€80～

代表の浅川日出男さん（右）と日本語スタッフのシルヴィアンさん（左）

アンタナナリボ Antananarivo ● おもな見どころ

# HOTEL　ホテル

## ▶ アンタナナリボの高級ホテル
### ホテル・カールトン
#### Hotel Carlton

　客室数171と、アンタナナリボで最大級を誇るホテル。室内の設備は、テレビ、ミニバー、セーフティボックス、コーヒーメーカーなど。また、無料でインターネット接続が可能だ。ビジネスセンター、フィットネスクラブ、プールと設備も十分に整い、銀行、ショップも入っている。

サービスの質も国内最高レベル

**地図** P.55-A3　**住** Rue Pierre Stibbe-Anosy B.P.959
**TEL** (020-22)260-60
**URL** www.carlton-madagascar.com
**料** ⑤€112〜　⑩€180〜280
**TAX** 1泊につき€4.1/室＋20%　**CC** ADMV

## ▶ 設備が充実した老舗宿
### ホテル・コルベール
#### Hotel Colbert

　隣り合うふたつの建物がつながっているため、見た目より客室は多く全117室。丘の上にあるため、客室からの眺めがとてもいい。クラシック音楽が流れる格式高いレストランのほか、バー、プール、スパ、カジノ、両替所、ビジネスセンターと設備も充実。

**地図** P.58-B2
**住** 29 Rue Prince Ratsimamanga B.P.341
**TEL** (020-22)202-02
**URL** www.hotel-luxe-madagascar.com
**料** ⑤⑩Ar33万6000〜
**TAX** 1泊につき Ar6700/室　**CC** AMV

## ▶ フランスのホテルグループ
### イビス・アンタナナリボ
#### Ibis Antananarivo

　アコーホテルズのイビスブランドがマダガスカルに進出。全174室と、アンタナナリボで最も規模の大きなホテルのひとつだ。市街地からはやや離れるが、周囲にはショッピングセンターやレストランもある。充実の設備と安心のセキュリティもうれしい。

**地図** P.55-A1外
**住** Route des Hydrocarbures, Ankorodrano
**TEL** 033-23-555-55　**URL** www.accorhotels.com
**料** ⑤⑩€98〜　**TAX** 1泊につき€4.08/室　**CC** MV

## ▶ 見晴らしのいいホテル
### パリサンドラ・ホテル＆スパ
#### Palissandre Hotel & Spa

　坂道の途中にある、全49室と中規模のホテル。ウッドデッキをもつプールと各種マッサージが受けられるスパがあり、欧米人に人気が高い。設備の整った客室は全室フローリングで、インテリアはシンプルで落ち着いている。バスルームが広く、バスローブも付いている。

広々とした室内に大きなベッド

**地図** P.58-B1
**住** 13 Rue Andriandahifotsy Faravohitra
**TEL** (020-22)605-60
**URL** www.hotel-restaurant-palissandre.com
**料** ⑤⑩€97〜　⑨€185〜
**TAX** 1泊につき Ar7000/室
**CC** MV

## ▶ 便利な立地のシックなホテル
### ル・ルーヴル・ホテル＆スパ
#### Le Louvre Hotel & Spa

　長い階段を上がりきった丘の上にある、洗練されたデザインのホテル。パリのエッフェル塔を建てた会社によって、1930年に5階建てビルに改築されたという歴史をもつ。フローリングの客室は清潔で快適。インターネットを利用できるビジネスセンターがあるほか、Wi-Fi接続も可能。

全室禁煙で快適な客室

**地図** P.58-B2　**住** 4 Rue Tsiranana Antaninarenina
**TEL** (020-22)390-00
**URL** www.hotel-du-louvre.com
**料** ⑤⑩€110〜295　※朝食込み
**TAX** 1泊につき€3/室　**CC** AMV

### ▶ モダンな三つ星ホテル

## ホテル・トリポリッツァ
### Hotel Tripolitsa

2017年にオープンした中国資本の3つ星ホテル。全32室で、独立大通りを見下ろすパノラマルームが人気。設備もモダンで、快適に過ごすことができる。

地図 P.58-B1
住 37 Ave. de l' Independence, Analakely
TEL 032-03-227-27
URL www.hotel-tripolitsa.com
料 S Ar9万5000 D Ar12万5000 ～
TAX 込み CC MV

### ▶2018年にオープン！

## ピエトラ・ホテル
### Pietra Hotel

トリポリッツァ（→上記）の隣に位置する3つ星ホテル。5階のテラスにカフェがあり、独立大通りの大パノラマを楽しむことができる。スイートはキッチン付きでかなり広々。

地図 P.58-B1　住 37 Ave. de l' Independence, Analakely
TEL (020-22)246-85　URL www.hotelpietra.com
料 S D Ar33万600 ～　TAX 1泊につき Ar6000/室
CC MV

### ▶ レストランも評判が高い

## ラ・ヴァラング
### La Varangue

フランス人オーナーのアンティーク趣味が随所に表れたブティックホテル。駐車場にはクラシックカーが停まり、ホテル内はアンティーク家具が揃う。バー、インターネット、小さなガーデンなどの設備も充実だ。シックな内装が格式を感じさせるレストラン（→P.67）は、アンタナナリボの美食スポットとして知られる。

タナでも指折りのおしゃれな客室

地図 P.58-B2
住 17 Rue Printsy Ratsimamanga Antaninarenina
TEL (020-22)273-97、033-05-273-97
URL www.hotel-restaurant-lavarangue-tananarive.com
料 S D €90～160
TAX 1泊につき Ar1000/室
CC MV

### ▶ ゆったりとした贅沢な時間が流れる

## ルカンガ・ブティック・ホテル
### Lokanga Boutique Hotel

女王宮近くの丘の上に2011年にオープンした。1930年に建設された洋館を改装したホテルで、雰囲気や洗練されたセンスなど、どれもすばらしい。客室はわずか5室で、全室がスイート仕様。セーフティボックスやミニバー、無料のWi-Fiなど設備も充実している。眺望が自慢のレストランは月曜以外ならゲスト以外も利用が可能。サンセットの時間がおすすめだ。

眺望がすばらしい

地図 P.55-B3外
住 Lot VW115, Ambohimitsimbina, Haute Ville
TEL (020-22)235-49
URL www.lokanga-hotel.mg
料 S D €125～　TAX 込み CC MV

### ▶ インテリアのセンスが抜群

## サカマンガ
### Sakamanga

古い木造住宅を改築した全46室のホテル。フランス人オーナーが集めたアンティーク家具や民芸品、写真などが飾られ、まるで博物館のような一角もある。客室は料金によってインテリアなどが異なる。オープンエアのくつろぎスペースやレストランも人気。Wi-Fi接続無料。

地図 P.58-A2
住 Rue Ratianarivo Ampasamadinika
TEL (020-22)358-09　URL www.sakamanga.com
料 S D €21～81
TAX 1泊につき Ar2000/室　CC MV

### ▶ 女性におすすめ

## レジデンス・ラパスア
### Residence Lapasoa

イスラカの芸術・考古学博物館の前にある小さなホテル。住宅を改築したもので、マダガスカルの民芸品がさりげなく飾られたアロマの香り漂うすてきな空間だ。全13室の客室はフローリングで、木を利用したインテリアに統一されている。併設するレストランもおしゃれ。

地図 P.58-A2　住 15 Rue de la Réunion Isoraka
TEL (020-22)611-40
URL www.lapasoa.com
料 S D Ar15万7500～24万5000
TAX 1泊につき Ar1500/室　CC MV

### ▶ 空港周辺で最もラグジュアリーなホテル
## ルレ・デ・プラトー
#### Relais des Plateaux

　空港からアンタナナリボに向かうメインロードから脇道に入った所にある、フランス人経営の3つ星ホテル。おしゃれな内装と洗練されたサービスはさすがフランス仕込み。フレンチレストラン、プールなどもあり、ちょっとしたリゾート気分を味わえる。客室もモダンなデザインで、ちょっとした小物にもセンスがうかがえる。スタッフの応対も洗練されている。

ラグジュアリールーム

**地図** P.55-A1外　**住** Lot 66 B Antanetibe, Ivato
**TEL** (020-22)441-18　**URL** www.relais-des-plateaux.com
**料** Ⓢ €128〜　Ⓓ €137〜　※朝食込み
**TAX** 込み　**CC** MV

### ▶ 若者が集うモダンなホステル
## マダガスカル・アンダーグラウンド
#### Madagascar Underground

　アンタナナリボでは数少ないモダンなバックパッカー宿。ロビーにバーがあり、旅行者でいつもにぎやか。

**地図** P.58-B2　**住** 18, Lalana Rainitovo, Antsahavola
**TEL** 034-29-909-07　**URL** madagascarunderground.com
**料** Ⓢ Ⓓ €18 〜 22　ドミトリー €8
**TAX** 込み　**CC** MV

### ▶ 清潔なおすすめ安宿
## ホテル・ムーンライト
#### Hotel Moonlight

✉ 清潔でスタッフも親切。料金も安く、おすすめとしか言いようがありません。人気宿のようで、初回行ったときは満室で泊まれず、次は予約をしました。予約する価値はあります。

（長野県　yunyun '13）['19] 予約必須の人気宿

**地図** P.58-B1　**住** Siab 10 Ambondrona
**TEL** (020-22)268-70　**e-mail** hasinaherizo@yahoo.fr
**料** Ⓢ Ar2万5000〜4万5000　Ⓓ Ar3万8000〜4万5000
**TAX** 込み　**CC** 不可

# COLUMN

## ヒラ・ガシ Hira Gasy

　マダガスカルの伝統芸能といえば、語り、音楽、ダンスを織り交ぜた"田舎風オペレッタ"ヒラ・ガシだ。貧困、愛情、不義などからくる日々の生活の問題と、それに対する解決法やアドバイスが、ウイットやことわざを織り交ぜて語られる。18世紀後半のアンドリアナンブイニメリナ王の時代に発達し、それ以来マダガスカルの伝統となった。

　ヒラ・ガシは、ンピヒラ・ガシMpihira GasyやンピララウMpilalaoなどと呼ばれる巡回劇団によって演じられる。冒頭の語りの部分はカバリー Kabaryと呼ばれ、通常座長にあたる老人が行う。あいさつと神をたたえるこの長い語りが終わると、次は楽隊と踊り手の出番。トランペットやクラリネット、バイオリン、ドラムなどが素朴なハーモニーを奏で、踊り手はアクロバティックなダンスを披露する。少し空手に似たポーズもあったりしておもしろい。

　衣装は華やかな赤を基調としており、踊り手はマラバリー Malabaryと呼ばれる長いガウンをまとってマダガスカルのわら帽子をかぶり、女性はランバLambaという伝統的なスカーフを身につける。

　もうひとつおもしろいのは、ヒラ・ガシがふたつの劇団の競争で行われるということだ。勝敗は観客の反応で決まる。すばらしい劇には喝采が送られるし、そうでないものには批判が飛ぶ。その反応が正直でいい。

●ヒラ・ガシ開催場所
　以前は頻繁に行われていたヒラ・ガシだが、今ではごくたまの土曜または日曜にアンタナナリボ郊外の村で行われるだけになってしまった。開催される場合は、数日前よりラジオや新聞などメディアで告知される。
**料** Ar1000〜

大勢の人が見に来る

## ▶ 広々とした部屋が自慢

# シャレ・デ・ロズ
### Chalet des Roses

　同名の人気レストランとちょうど背中合わせになる場所に、2007年にオープン。フローリングの客室は清潔に保たれ、すっきりとしたインテリアでまとまっている。Wi-Fi接続無料。

マダガスカルテイストの客室

**地図** P.58-B2　**住** 13 Rue de l'Auximad Antsahavola
**TEL** (020-22)642-33
**URL** www.chaletdesroses.com
**料** Ⓢ Ar13万5000　Ⓓ Ar15万4000
**TAX** 1泊につき Ar2500/室　**CC** MV

## ▶ 空港から車で約5分の快適宿

# カメレオン・ホテル
### K.meleon Hotel

　シルバンさんが経営する邸宅型の宿。広々で清潔、リーズナブルとたいへんお得感がある。料理もとてもおいしい。空港送迎無料。

**地図** 地図外
**住** Ivato Airport Lot k7/005 bis　**TEL** 034-04-165-83
**URL** www.cameleonhotel.com
**料** Ⓢ Ar7万〜9万　**TAX** 1泊につき Ar2000/室　**CC** 不可

## ▶ 全22室のシンプルな安宿

# ホテル・ランベル
### Hotel Lambert

　階と日当たりによって料金が変わってくる。エアコンやファン、便座、Wi-Fiはない。

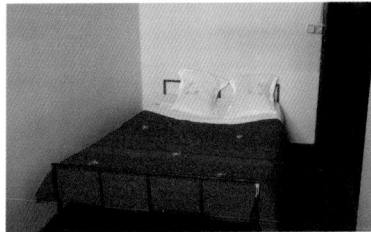
女性にはおすすめしない

**地図** P.58-B1　**住** Lot Siac 3 Ambondrona Fianarantsoa
**TEL** (020-22)229-92
**料** Ⓢ Ⓓ Ar2万〜（トイレ共同）
　　Ⓢ Ⓓ Ar3万〜（トイレ付き）　**TAX** 込み　**CC** 不可

## ▶ アヌシ湖のそばに位置する

# タナ・ジャカランダ
### Tana Jacaranda

　目立たない場所にあるが、料金も安く、利用しやすい穴場の安宿。家族経営のためアットホームな雰囲気が漂い、洗濯、パソコン、Wi-Fi（無料）、朝食などサービスも整っている。スタッフも何かと親切に世話を焼いてくれる。

家族で泊まれるファミリールームもある

**地図** P.58-A2
**住** Antsahamanitra Lot IB 29 bis 24 Rue Rainitsarovy 101
**TEL** (020-22)562-39　**URL** www.tana-jacaranda.com
**料** Ⓢ Ar4万　Ⓓ Ar5万6000（バス・トイレ共同）
　Ⓢ Ⓓ Ar6万8000（バス・トイレ付き）　ドミトリー Ar3万2000
**TAX** 込み　**CC** MV（Ar10万〜）

## ▶ 安いのにきれいで快適

# イスラカ・ホテル
### Isoraka Hotel

　イスラカにある全7室の小さなホテル。床やタイルと壁の色合いがかわいらしい。

**地図** P.58-A2　**住** 11 Ave. Général Ramanantsoa
**TEL** (020-22)355-81/658-54
**e-mail** hotel@isoraka.org
**料** Ⓢ Ar3万5000　Ⓓ Ar5万〜6万
**TAX** 込み　**CC** 不可

## ▶ 郊外にオープンしたブティックホテル

# タンボホ・ホテル
### Tamboho Hotel

　中心部から少し離れた開発地区に位置する。おしゃれでエキゾチックなデザインが人気で、口コミでも評価が高い。周辺には、旅行会社やスーパーマーケットがあり便利。

ロビーラウンジも現代的

**地図** P.55-B1　**住** Tana Water Front, Ambodivona
**TEL** (020-22)693-00
**URL** www.hoteltamboho.com
**料** Ⓢ Ⓓ €133〜　※朝食込み
**TAX** 込み　**CC** MV

# RESTAURANT レストラン

## ▶ マダガスカル料理のセットメニューが人気
### ラ・ロートンド
La Rotonde

🏨 グレゴワールに併設されたレストランで、落ち着いた雰囲気のなかで食事ができる。ラヴィトゥトゥなど4種類の代表的なマダガスカル料理のセットメニュー（Ar2万2000）が人気だ。ライスとデザートが付いてくる。ほかにグリルドフィッシュやゼブ牛の串焼きなどの人気メニューがある。安くておいしいと評判

地図 P.55-B1 🏠 Besarety
TEL (020-22)222-66/674-63
URL www.hotel-gregoire.com
🕐 11:30〜14:30、18:30〜22:00 休 無休 CC MV

## ▶ アンタナナリボのおしゃれレストラン
### クーデター
Kudeta

🏨 レジデンス・ラパスア（→P.63）内にあるモダンな多国籍レストラン。人気はゼブ牛のグリル・フォアグラソース（Ar3万9000）、魚のグリルなど。デザートのホットチョコレートケーキ（Ar2万2000）もおすすめだ。

ローカルアーティストの絵が飾られている

地図 P.58-A2
🏠 15 Rue de la Réunion Isoraka
TEL (020-22)611-40
🕐 12:00〜14:00、19:00〜22:00（日曜はディナーのみ）
休 無休 CC MV

## ▶ 2階建ての洋館を改装した
### ル・ロッシーニ
Le Rossini

南フランスの田舎にあるような小さな洋館を改築したレストラン。フランス人シェフ自慢の料理は、フォアグラ、魚のバジルソースなど、トラディショナルなフレンチ。クレームブリュレなどデザート類も見逃せない。

地図 P.58-A2
🏠 Lot 1B 78 Isoraka TEL (020-22)342-44
🕐 12:00〜14:00、19:00〜22:00 休 無休 CC MV

## ▶ 音楽とタイ料理が楽しめる
### オゾン
Ozone

イスラカ地区にあるタイ料理店。おいしいタイ料理を楽しめる。ナイトスポットとしても人気の店だ。オーナーがタイ人なので、サーブされる料理は本格的で、種類もたいへん豊富。メニューはビール、イカ炒飯（Ar2万2000）、トムヤムクン（2万2000〜2万9000）など。

スポーツバーのような雰囲気

地図 P.58-A2 🏠 IBK 56 Isoraka TEL 033-64-136-46
🕐 10:30〜15:00、18:00〜23:30 休 無休 CC MV

## ▶ あたたかみを感じさせるフレンチビストロ
### ル・プティ・ヴェルド
Le Petit Verdot

女王宮に続く坂道沿いにあるビストロ。店内はアットホームな雰囲気でくつろげる。前菜Ar8000〜1万8000、メイン2万〜、デザートAr8000〜1万6000。そのほか、日替わりメニューやランチセットもある。どれもていねいに調理されていておいしく、そしてリーズナブルだ。ワインも豊富に取り揃えている。日替わりメニュー（Ar1万〜）のチキン

地図 P.58-B3 🏠 27 Rue Samuel Rahamefy Ambatonakanga
TEL (020-22)392-34、034-11-806-71
🕐 月〜金 12:00〜14:00、18:00〜23:00
土18:00〜23:00 休 日 CC V

## ▶ 本格イタリアンが味わえる
### リストランテ・ネローネ
Ristorante Nerone

イタリア人が経営するイタリア料理店。店内はそれほど広くないが、きれいにテーブルがセットされており、ディナータイムはキャンドルがともりロマンティック。自家製パスタを使ったカルボナーラや、4種類のチーズがのったピザが人気だ。デザートも見逃せない。予算はひとりAr3万6000ほど。

地図 P.58-B2 🏠 Rue Ratsimilaho Ambatonakanga
TEL (020-22)231-18
🕐 11:45〜14:45、18:45〜22:45 休 無休 CC MV

### ▶ イスラカの隠れた名店
## シェ・スュセット
### Chez Cusetts

クレオールのオーナーが営む創業20年の老舗。クレオール料理に加え、ゼブ牛のステーキもおすすめ。サービスも洗練されている。

地図 P.58-A2　住 23 Rue Raveloary, Embassy District
TEL (020-22)261-00
開 12:00～14:30、19:00～22:30（日曜はディナーのみ）
休 無休　CC 不可

### ▶ イスラカにある韓国料理店
## アリラン
### Arirang

内装のきれいな韓国料理店。在住日本人の利用も多いようで、日本語メニューも置いている。おすすめはサムギョプサル（Ar2万8000～3万2000 ／ 2人）やビビンバなど。

地図 P.58-A2　住 IA 62 Isoraka
TEL (020-24)271-33、032-02-323-90
開 11:00～14:30、18:00～22:00　休 日　CC 不可

### ▶ 白亜のコロニアル建築が美しい
## ラ・プランテーション
### La Plantation

H イビス・アンタナナリボ（→P.62）の隣にあるおしゃれなフランス料理店。コロニアル建築のおしゃれな店内でおいしいフランス料理を味わうことができる。ランチセットがお得。

地図 P.55-A1外
住 Ankorondrano, Tsaralalana　TEL 032-11-720-42
e-mail laplantation.contact@gmail.com
開 12:00～14:30　休 日　CC MV

### ▶ 気軽にピザを食べるなら
## サカ・エクスプレス
### Saka Express

サカマンガ（→P.63）から少し坂を下ったところにあるサカマンガ経営のレストラン。安くておいしいピザ（Ar1万1000～）が有名で現地の若者をはじめ、観光客にも大人気。ちゃんと石釜で焼いていて、具もたっぷりなのでおいしい。ラヴィトゥトゥピザなどもある。

ラヴィトゥトゥのピザ

地図 P.58-A2
住 Ampasamadinika
TEL (020-24)334-39
URL sakamanga.com
開 11:00～21:00　休 なし　CC 不可

### ▶ おいしい肉が食べ放題！
## ル・カーニボー
### Le Carnivore

肉をおなかいっぱい食べたいという人におすすめのブラジル料理店。3つのコースがあり、それぞれ食べ放題の対象がかぎられる。肉、前菜食べ放題にデザートが付くコンプリートコース（Ar6万2500）がおすすめ。ラウンジバーもある。

アンタナナリボで最先端のレストラン

地図 P.58-B3
住 66 Rue Ratsimilaho Ambatonakanga
TEL (020-22)241-98
開 18:30～24:00　休 無休　CC MV

### ▶ タナで指折りの高級フレンチ
## ラ・ヴァラング
### La Varangue

おしゃれなブティックホテル（→P.63）にはいっているエレガントなフランス料理店。マダガスカルでは最も高級な店のひとつで、現地の富裕層や外国人でにぎわう。ランチがお得でメインとコーヒーだとAr5万、前菜、メイン、デザートのコースだとAr8万5000。

マダガスカルならではの食材も使用

地図 P.58-B2
住 17 Rue Printsy Ratsimamanga
TEL (020-22)273-97/251-74
URL www.hotel-restaurant-lavarangue-tananarive.com
開 12:00 ～ 14:00、19:00 ～ 21:30　休 なし　CC MV

### ▶ 予算で選べる人気レストラン
## ロリオン
### L'Orion

華僑3世の一家が経営するインターナショナルレストラン。美味なるフランス料理、日本人にはうれしい中国風鍋など、バリエーション豊かなメニューが揃う。1階はBentoというよりカジュアルな定食屋でこちらも人気だ。予算はひとりAr5万程度。

鴨肉のグリル（Ar2万4000）

地図 P.58-A2
住 Ave. des Palmiers, Antsahavola 101
TEL 034-84-129-29　開 11:30 ～ 14:30、18:00 ～ 22:30
休 なし　CC MV（Ar5万～）

# SHOPPING　｜ショッピング｜

## ▶ おみやげを買うなら
### リシー・アート・ギャラリー
Lisy Art Gallery

マダガスカル全土の民芸品を取り扱っているみやげ物店。サイザル製品や木工芸品など、幅

広い品揃えで品質もよく、値札が付いているので安心して買い物ができる。

ほとんどの民芸品が揃う

地図 P.55-B3外　住 Rue VVS Antanimora
TEL (020-22)277-33、034-03-541-50
e-mail lisy.gallery@gmail.com
開 8:30～18:00
休 日　CC MV

## ▶ センスのよいギャラリーショップ
### クーデター・エトニック・ショップ
Kudeta Etnik Shop

イスラカで人気のフレンチレストラン R クーデター Kudeta（→P.66）が手がけるギャラリーショップ。マダガスカルとバリ島のアート作品やインテリア雑貨はどれもセンスがよく、ギ

フトとしても最適だ。スタッフもとても親切に応対してくれる。

2階もある

地図 P.58-A2　住 16 Rue de la Reunion Isoraka
TEL (020-22)611-40
開 9:30～12:30、13:30～17:30
休 日　CC AMV

## ▶ マダガスカルのチョコレートといえば
### ショコラトリー・ロベール
Chocolaterie Robert

マダガスカル特産のカカオを用いたチョコレートがずらりと並ぶ。人気の板チョコは甘過ぎず、濃厚な味わいでおいしい。店内ではホットチョコレートが飲める。

各種チョコレートが並ぶ

地図 P.55-A1　住 472 Bd. Ratsimandrava
TEL 032-11-201-74
開 10:00～18:00（日 ～14:00）
休 無休　CC MV

## ▶ おしゃれな雑貨店
### イヴァオナ
Ivahona

鉄道駅にはさまざまなショップが集まっているが、なかでもこの店は女性好みのかわいらしい雑貨が揃っている。石鹸やTシャツはもち

ろん、紅茶、バニラ、ラフィアの雑貨などがあり、パッケージも洗練されている。おみやげ探しには最適の店だ。

ウオーターフロント（地図 P.55-B1）にも出店

地図 P.58-A1　住 Soarano
TEL 032-07-090-93　e-mail info@ivahona.com
開 9:00～18:00　休 無休　CC MV

## ▶ マッサージサロンもある
### ビオ・アロマ
Bio Aroma

エッセンシャルオイルやコスメ製品、ヘルスケア製品などを取り揃えているアロマショップ。すべてマダガスカル産で、天然の素材を用いている。2階にはマッサージサロンがあり、オイルを使ったリラクシング・マッサージ（55分Ar4

万5000～）などが受けられる。ちなみにオーナーはフランス人とスイス人のカップル。

おみやげにもぴったり

地図 P.58-A2　住 54 Ave. General Ramanantsoa
TEL 034-21-295-53
URL www.bioaromamada.com
開 8:00～18:00　休 日　CC MV

## ▶ スパイス専門店
### ピリピリ・ドック
Pili Pili Dock

スパイスをおみやげにしたいなら、品揃えが豊富でおすすめなのがこちら。タナ・ウオーターフロント内にあり、ほかにもショッピングに最適な店が揃っている。天然素材を使った石鹸もある。

地図 P.55-B1
住 Tana Water Front　TEL 032-11-254-49
開 9:00～18:00（日 ～13:00）
休 なし　CC MV

# Ambohimanga

アンタナナリボの北に位置するアンブヒマンガは、豊かな森に囲まれた丘の上にある村だ。アンブヒマンガは、マダガスカル語で「青い丘」「美しい丘」という意味をもつ。ここは、16世紀、部族間の争いに勝って初めてマダガスカルを統一したメリナ王国の首都であった。1794年にアンタナナリボに首都が移されるまで、代々4人の王がここで暮らしていた。丘の頂上には、4人目の王が住んでいた王宮と後の女王の別荘が残されており、この王領地は2001年にユネスコの世界文化遺産に登録された。

タクシー・ブルースの発着所

王は民衆から神のように崇拝される存在であったため、王が住んでいたアンブヒマンガの丘は今でも神聖な丘とされている。王宮の裏側からは、アンタナナリボとあたり一面の田園が見渡せる。丘の上に吹き抜ける風を受けながら、当時のメリナ王国の栄華に思いをはせてみたい。

## おもな見どころ　　SIGHTSEEING

■■■ 王の暮らしを知る
### ルバ
Rova

アンブヒマンガの丘の頂上には王宮跡とそれを取り囲む城壁が残り、現在は博物館になっている。王宮は、占星術に従って位置づけられた7つの門がある2重の堀で守られており、中心にはマダガスカルを初めて統一したメリナ王国4代目の王アンドリアナンプイニメリナ Andrianampoinimerina（1787〜1810年）が暮らしていたパレスが残っている。このパレスはわずかひと部屋という驚くほど質素なものであるが、中央の大黒柱は高さ15mの紫檀（ローズウッド）、壁はすべて黒檀（エボニー）を使って建てられている。この大黒柱を東海岸からアンブヒマンガに運ぶのに2000人の奴隷が動員され、移送中に100人が死亡したといわれている。パレス内は土間で、小さなかまどの跡と、高さ3mほどの王のベッドと女王のベッドがある。屋根の隅にはV字に組まれた飾りがあり、これが権力の象徴になっている。また、屋根の下には王の身の安全を図るために隠れ場所が作られていた。パレス横の石段を上った所には、王が沐浴に使った浴槽と儀式に使った石が残されている。

パレスの隣には、その後政権を握った女王ラナヴァルナ1世 Ranavalona I が避暑に訪れたときに使っていた住居が残っている。ガラス張りの会議室や室内の豪華な調度品には、ヨーロッパの影響が見られ、当時の外交関係が思い起こされる。

**アンブヒマンガへの行き方**
　アンタナナリボからは21kmの距離。北方面行きタクシー・ブルース乗り場（地図 P.55-B1）からタクシー・ブルースが出ている。所要約45分、Ar1200。タクシーで行く場合はホテルでチャーターできる。半日でAr7万ほど。アンタナナリボ市内で自転車を借りて訪れる人もいる。

### ルバ
**TEL** 034-05-520-46
**URL** www.macp.gov.mg
**開** 9:00〜17:00
**休** 無休
**料** Ar1万（ガイド料込み）
※パレス内部は写真撮影禁止。

黒檀で造られたパレス

# Antsirabe

アンツィラベ

アンツィラベの
市外局番

**44**

**アンツィラベへの行き方**
●タクシー・ブルース
　アンタナナリボの南部行き
タクシー・ブルース乗り場か
ら5:00〜19:00に10本ほど
運行。所要約3時間、Ar1万
〜1万2000。フィアナランツ
アからは6:00〜11:00に3〜5
本運行しており、所要6〜7
時間、Ar1万〜。アンツィラ
ベにはタクシー・ブルースの
発着所が3ヵ所あり、南部、
北部、西部とやってくる方面
によって到着場所が異なるの
で注意しよう。

町の中心に位置するラヌマファナ湖

　アンタナナリボの南169km、標高約1500mの高原地帯に位置するアンツィラベは、人口約25万人を擁するマダガスカル第3の都市だ。日本では、アンツィラベの産院で奉仕活動をしている邦人シスターをモデルにした、曽野綾子の小説『時の止まった赤ん坊』でその名を知る人も多いだろう。かつて東海岸から西へ運ばれた塩の交易路の拠点として栄えたため、「大きな塩の町」という意味の名前がつけられたという。町として建設され始めたのは1872年。ノルウェー人宣教師が、涼しく快適な気候で温泉が湧き出るこの地は健康によい所だと目をつけたのだ。フランス植民地時代には温泉リゾート地として発展し、多くの住居、ホテルが建てられた。そのため、アンツィラベにはフランスの避暑地を思わせる雰囲気が今も漂う。最近は、アンタナナリボに住むマダガスカル人の気軽な旅行先としても人気だ。

　町を歩くと、プスプスと呼ばれるカラフルな人力車を多く目にするが、その数は6000台以上とマダガスカルで一番多いといわれている。産業の中心は、ビール、たばこ、縫製など。農業も盛んで、特に野菜はマダガスカルの主要産地である。また、ピンクサファイアなどが発掘される鉱山が近くにあることから、宝石の町としても有名で、丸く加工された宝石がみやげ物店に並んでいる。

メインストリートに立つ大聖堂

郊外に出るとのどかな景色が広がっている

# 歩き方　WALKING AROUND

アンツィラベの町は、**ラヌマファナ湖Lac Ranomafana**（「温かい水の湖」という意味）の東に広がる。坂が多いアンタナナリボと違い、フラットに延びる道路の多くは舗装され、道幅も広い。市民の足となっているプスプスが多いのがうなずける。中心部は歩いても回れるが、プスプスや貸自転車を利用するのも手だ。

まず、鉄道駅から真っすぐ延びるのが**グランデ大通りAve. Grande**。中央分離帯に立つ独立記念碑には、マダガスカルの18の民族が描かれている。グランデ大通りと交差する**ジャン・ラライムング大通りAve. Jean Ralaimongo**は、町のメインストリートだ。この通りには、市役所、郵便局、銀行をはじめ、ホテル、レストラン、ホテリー（大衆食堂）、みやげ物店、インターネットカフェなどが並ぶ。通りのほぼ真ん中に立つひときわ大きな建物が、約50年の年月をかけて1948年に完成した**大聖堂Cathédral**だ。ステンドグラスがきれいな教会で、ミサにはパイプオルガンの音色が美しく響く。そこから少し南に、小さな屋内マーケットの**アンツェマケリー Antsemakely**がある。その先を右折し、**ル・ミール・ド・ヴィリエ通りRue Le Myre de Villiers**の坂を上りきった所が、町最大の**サブツィ・マーケットMarché de Sabotsy**だ。

そこから北へ向かい、**温泉通りAve. des Thermes**の坂を東へ下っていくと、右側にラヌマファナ湖が見えてくる。湖畔には**温泉Thermes**と**プールPiscine**がある。

アンツィラベは近郊にも見どころが多いので、効率よく回るためにガイドを雇うのも手だ。市内の旅行会社やホテルなどで手配しよう。

### プスプス

人数や荷物の量によっても料金は異なるが、地元の人が乗車する場合は1kmでAr500〜1000が相場。ツーリストはこれより高くなる。

客待ちしているプスプス

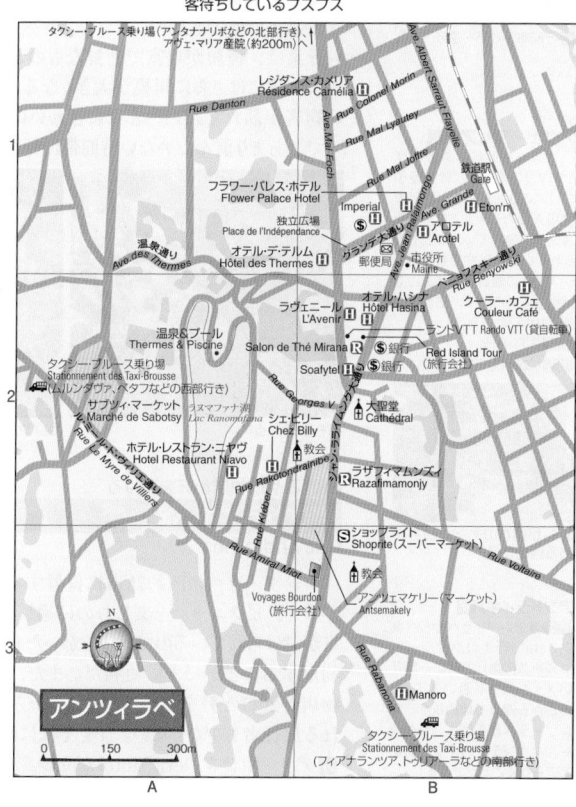

アンツィラベ

## 温泉＆プール

**住** Ave. des Thermes
**開** 7:30～12:00、14:00～16:00
**休** 無休
**料** 15分 Ar4000

### ✉ アンツィラベの温泉

　娯楽というよりは療養所といった感じでした。スタッフがバスタブに湯を張ってくれ、それから入浴しましたが、バスタブは広めの部屋の隅に透けているカーテンで区切られているだけです。ジャクージ付きだったので気持ちよかったし、体があたたまりました。
（長野県　yunyun　'13）['19]

### レンタカー

　**H** アロテル（→P.74）などのホテルでチャーターできる。料金はドライバー付きで1日Ar13万～15万が相場。

### 貸自転車

　Rando VTTのほか、ホテルのなかには斡旋しているところもある。
● ランドVTT
　Rando VTT
**地図** P.71-B2
**TEL** 032-04-900-21
**料** 自転車 Ar1万～2万

### アヴェ・マリア産院

　アンツィラベにあるアヴェ・マリア産院は、曽野綾子の『時の止まった赤ん坊』の登場人物のモデルとなったシスターが働いていたことで知られている。現在でも日本人シスターの牧野さんがここで活動しているので、訪れてみるのもいいだろう。
**地図** P.71-B1外
**TEL** (020-44)481-98

れんが造りのあたたかみのある建物が目印

### アンドライキバ湖

**行き方** アンツィラベからベタフBetafo行きのタクシー・ブルースに乗り、湖に一番近いメインロード沿いで下車。そこから徒歩約1km。アンツィラベから徒歩、タクシー、マウンテンバイク、馬などでも行くことができる。

---

# おもな見どころ　SIGHTSEEING

**■■■ 旅の疲れが癒やせる**　**地図** P.71-A2

## 温泉＆プール
### Thermes & Piscine

　町の中心、ラヌマファナ湖のほとりにある硫黄泉の温泉。白壁に赤い三角屋根が印象的な建物で、内部にはバスタブ付きの部屋がいくつか設けられている。入浴時間は15分以内。石鹸などはないので、入浴の際は、タオルや石鹸、シャンプーなどを持参すること。また、ホースの水圧を使ったマッサージ（有料）があるほか、隣接して温泉プールもある。

ヨーロッパ風の建物が目印の温泉施設

**■■■ 食料品から衣料品まですべて揃う**　**地図** P.71-A2

## サブツィ・マーケット
### Marché de Sabotsy

　野菜、果物、肉、干し魚、米などの食料品から雑貨、漢方薬、衣料品まで何でも揃う、アンツィラベ最大のマーケット。なかでも野菜は、種類が豊富で新鮮なものが並ぶ。毎日開かれているが、土曜にはさらに規模が大きくなるため、郊外からも大勢の買い物客が訪れてたいへんなにぎわいになる。通路が極めて狭いので、あまり混んでいない時間帯に行きたい。

花も手に入る

色鮮やかな野菜が揃う

**■■■ みやげ物店が軒を連ねる**　**地図** P.73-B1

## アンドライキバ湖
### Lac Andraikiba

　アンツィラベの西約7kmに位置する火口湖。湖の周囲には緑が多く、ピクニックを楽しむのに適している。湖畔にはシャワー室が設けられているので、汗をかいたあとや湖で泳いだあとなどに利用することができて便利だ。また、化石や宝石を売るみやげ物店が20ほど軒を連ねていることから、ショッピング目当てに訪れる旅行者も少なくない。すぐそばには、唯一の宿泊施設である **H** デラ・ホテル Dera Hotel が立つ。

美しいアンドライキバ湖

■■■ マダガスカル版ロミオとジュリエットの伝説の湖　　地図 P.73-A2

## チチヴァ湖
### Lac Tritriva

　アンツィラベから約18km、アンドライキバ湖からは約12kmの所に位置する火口湖。水深約80m、エメラルドグリーン色をしたこの美しい湖には、雨季に水位が下がり、乾季に水位が上昇するという不思議な現象が起きる。またここには、マダガスカル版ロミオとジュリエットの伝説がある。昔、愛する恋人たちが両親に結婚を反対されたため、ふたりは湖に身を投げた。その後、湖を望む岩の根本から2本の木が生え、やがてその木は寄り添うように絡み合った。恋人たちの魂が、この木に宿ったものと言い伝えられている。

■■■ 宝石が眠る山　　地図 P.73-B2 外

## イビティ
### Ibity

　アンツィラベの南約25km、**イビティ山Mont Ibity**を中心とするなだらかな山々が連なる地域がイビティだ。アンツィラベは宝石の産地として有名だが、実はアンツィラベ産の多くがここで産出されたもの。おもな宝石は、アメジスト、水晶、トルマリンなどで、採掘現場を見学することもできる。ただし、採掘場所がわかりにくいうえ、地面のところどころに採掘後の大きな穴が開いていて危険なので、見学の際にはアンツィラベからガイドをともなって行ったほうがいい。

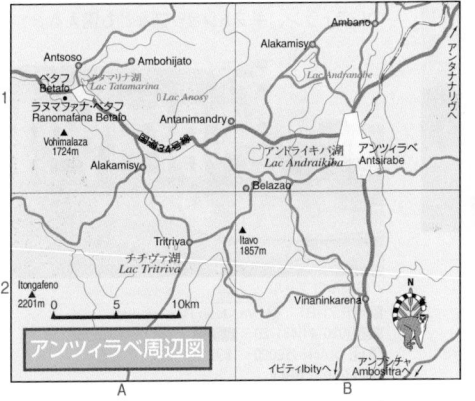
アンツィラベ周辺図

### チチヴァ湖
**料** Ar5000
**行き方** タクシー・ブルースはほとんど通らないため、車をチャーターしたほうがいい。ただしアンドライキバ湖とチチヴァ湖を結ぶ道は、雨季になると車が通れないこともある。マウンテンバイクでアンドライキバ湖、チチヴァ湖、ベタフを回ることもできる。

### イビティ
**行き方** アンツィラベから車で約40分。

### アンツィラベから川下りツアー
　アンツィラベは、ミアンドリヴァズ Miandrivazo から西海岸のベル・ツィリビヒナ Belo Tsiribihina へのツィリビヒナ川下りツアーの拠点。ミアンドリヴァズまでは車で行き、そこから丸太をくり抜いたピローグと呼ばれるカヌーで流れが緩やかな川を下る。途中、川岸の砂地でキャンプをする。通常2〜3泊かけた川下りのあと、ベマラハ国立公園を訪問し、最後はムルンダヴァで解散というのが一般的な短期コース。町を歩いていると、ガイドやツアーメイトを探している旅行者から声をかけられることも。費用は全7日間の行程で€300〜700ほど（宿泊、食料、入場料、ガイド料などを含む）。料金は参加人員によって変わる。

米を種類別に天日干しする

**ベタフ**

行き方 アンツィラベから、タクシー・ブルースが7:00～18:00の間にほぼ毎時間出ている。所要約45分、Ar1500。

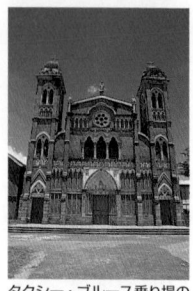

タクシー・ブルース乗り場の隣にあるサレズィアン教会

■■■ 温泉の湧くのどかな町

## ベタフ
### Betafo

地図 P.73-A1

水田が広がるベタフの光景

アンツィラベの西約22kmにあるベタフは、水田や野菜畑が広がる農業の盛んな町。赤れんが造りの素朴な家が建ち並ぶこの町でひときわ目を引いているのが、1928年建造の荘厳なる建物、**サレズィアン教会 Église Salezien** だ。ここが町の中心となり、北へ10分ほど歩くと**タタマリナ湖 Lac Tatamarina**に出る。湖を望む小高い丘には、**ヴァキナカラチャ Vakinakaratra族の王**（1740～1800年）の墓がひっそりとたたずんでいる。また、ベタフにはアンツィラベほど知られていないが、温泉が湧き出ている。

# HOTEL&RESTAURANT　ホテル & レストラン

▶ 湖を眺望できる老舗ホテル

## オテル・デ・テルム
### Hôtel des Thermes

アンツィラベで最も歴史あるホテル。ラヌマファナ湖を眼下に望むコロニアル調の建物で、建物を取り囲むように手入れの行き届いた庭園が広がっている。テニスコート、プール、9ホールのミニゴルフ場、レストラン、バー、ギフトショップがある。郊外の見どころへは、ホテルで車をチャーターして回ると便利。

落ち着いた雰囲気の室内

地図 P.71-B1　住 B.P. 72 Ave.
TEL (020-44)487-62
URL www.sofitrans-sa.com
料 S D Ar12万1000万
TAX 込み
CC MV

▶ 設備が充実した快適ホテル

## アロテル
### Arotel

メインストリートに面した便利な立地で、隣に市役所、向かいには郵便局がある。ロビーはガランとしているが、全45室の客室は清潔で広く、テレビ、電話、エアコン、バスタブを完備している。また敷地内にテニスコートやプールがあるほか、フレンチが自慢の R レザガップ Les Agapes、軽食を供すクロッキン・バー Croc'Inn Bar などのレストラン、ギフトショップなども備える。

アロテルのプール

地図 P.71-B1　住 Ave. Jean Ralaimongo
TEL (020-44)481-20　e-mail arotel.resa@moov.mg
料 S D Ar15万2000～18万
TAX 込み　CC V

## ▶ 清潔な人気ホテル
# フラワー・パレス・ホテル
### Flower Palace Hotel

アンツィラベでは比較的新しいホテル。ここは宿泊者の評価が高い。というのも、清潔で広々とした客室、モダンなバスルーム、無料のインターネット設備、フレンドリーなスタッフなど、満足できる滞在が可能なためだ。また、町の中心という便利な立地にあるため、ビジネスはもちろん、観光にもおすすめ。

便利な場所にある人気ホテル

地図 P.71-B1
住 Place de l'indépendance Antsirabe 110
TEL 034-14-870-01
e-mail flowerpalace@hotmail.fr
料 S Ar9万　D 10万
TAX 込み　CC MV

## ▶ ホームステイ気分で滞在できる
# レジダンス・カメリア
### Résidence Camélia

緑の芝生と色とりどりの花々が美しい中庭をもつ一軒家で、フランスの田舎の家にホームステイしているような雰囲気で滞在できる。客室の間取りはすべて異なっているが、どの客室もインテリアのセンスのよさがうかがえる。11室のうち2室はトイレ・シャワー共同、4部屋は新しく増築されインターネット接続も可能。中庭に面するレストランも評判がいい。

センスのよい部屋

地図 P.71-B1
住 Ave. de la Gare
TEL (020-44)488-44
料 S D €32 〜
TAX 1泊につき€2.82/室
CC 不可

## ▶ メインストリートの中心にある
# オテル・ハシナ
### Hôtel Hasina

全34室のリーズナブルなホテル。近所には銀行、レストランやカフェが数多くあるので、ホテル内にレストランがなくても不便を感じない。クリーム色を基調とした客室はシンプルで清潔感が漂う。

4階建てのオテル・ハシナ

地図 P.71-B2
住 Ave. Jean Ralaimongo
TEL (020-44)485-56
e-mail hotelhasina@moov.mg
料 S Ar4万5000〜　T Ar6万
TAX 込み　CC 不可

## ▶ コロニアルスタイルの人気宿
# クーラー・カフェ
### Couluer Café

アンツィラベの鉄道駅のそばに位置するリーズナブルな人気宿。手入れの行き届いた芝生のガーデンに、れんが造りの美しいコロニアルコテージが並ぶ。客室は全15室で、ダブル、ツイン、ファミリー、スイートの4タイプ。いずれも木材を多用したおしゃれな内装で、スペースも広々。スイートには暖炉が付き、味わいのある雰囲気となっている。フランス料理、マダガスカル料理が楽しめるレストラン、ギフトショップも併設している。

温かい雰囲気のレストラン

地図 P.71-B2
住 Route d'Ambositra
TEL (020-44)485-26、032-02-200-65
URL www.couleurcafeantsirabe.com
料 S D €42
TAX 込み　CC MV

## ▶ 4部屋のみの小さなホテル
## ラヴェニール
L'Avenir

　4部屋のみのこぢんまりした宿。建物はかなり古いものの、赤れんが造りの外観がなかなかいい雰囲気。シャワーとトイレが両方ある部屋はないが、各部屋には洗面台が付いている。通りに面した部屋は窓が大きく明るい。

**地図** P.71-B2
**住** Rue Stavanger Lot 22 J 40
**TEL** 033-02-495-39
**料** ⒟Ar4万5000　**TAX**込み　**CC**不可

## ▶ 夜はライブで盛り上がる
## ラザフィマムンズィ
Razafimamonjy

　広東料理を中心としたチャイニーズレストラン兼ピッツェリア。バーカウンターが備えつけられ、地元の人や旅行者でいつもにぎわっている。ワイン、ビール、リキュールなどドリンクの種類が多く、メニューも豊富だ。月曜以外の19:00頃からはライブ演奏も行われる。メニューは、ピザ以外にもチキンやシーフード、チャイニーズヌードルなどとても幅広く、味もよい。インターネットカフェを併設しており、こちらも夜遅くまでやっている。

**地図** P.71-B2　**住** Ave. Jean Ralaimongo
**TEL** (020-44)483-53
**開** 11:00〜23:00　**休** 無休　**CC** 不可

## ▶ シンプルな安宿
## ホテル・レストラン・ニヤヴ
Hotel Restaurant Niavo

　ラヌマファナ湖のほとりに立つホテル。老朽化が進んで、お世辞にもきれいとはいえない。トイレ、水シャワーが付く部屋と、水シャワーのみの部屋がある。窓が小さく、少々薄暗いのが難。全10室。

**地図** P.71-A2　**住** Rue Le Myre de Villiers
**TEL** (020-44)484-67
**e-mail** hotelniavo@gmail.com
**料** ⒟Ar3万5000〜4万5000　**TAX**込み　**CC**不可

## ▶ にぎやかな人気安宿
## シェ・ビリー
Chez Billy

　ビリーさん率いるマダガスカル人一家が元気にもてなしてくれる人気の安宿。規模は小さいながらも、レストラン、バー、ツアーやレンタカーの手配など、充実したサービスを誇る。ホテル内は世界中からの旅行者でにぎわい、異文化交流を楽しみたい人におすすめだ。客室の設備は料金相応といったところだが、掃除は行き届いているので快適。ダブルルームのほかに、ファミリールームなど4人まで泊まれる部屋もある。にぎやかな雰囲気のレストランでは、1日中食事をとることができ、朝食も格安。

**地図** P.71-A2　**住** Lot 01C13 Antsenakely 110
**TEL** (020-44)484-88　**URL** www.chez-billy.com
**料** ⒮⒟Ar5万6000　**TAX**込み　**CC**不可

---

## COLUMN

# マダガスカルのカメレオン

　世界に生息する200種のカメレオンのうち、世界最重量のパーソンカメレオン、世界最小のミニマヒメカメレオンなど、その約半数がマダガスカルで見られる。なかでもマダガスカル北部から北東部にかけて生息するパンサーカメレオンは、その鮮やかな色彩が美しく、世界中の爬虫類愛好家に人気がある。白、赤、黄、オレンジなど、同じ種類のカメレオンとは思えないほど住む地域によって体の色が異なるのが特徴。ノシ・べも多く見られ、イランイランの栽培地ではマダガスカルの空の青さを体現したような真っ青なパンサーカメレオンに出合うことができる。
　カメレオンはおもに昆虫を食べるため、害虫駆除に役立ってはいるが、実は多くのマダガスカル人にとっては恐怖の対象。「つかむと腕が腐る」「いじめると呪いがかかる」などの迷信が今でも信じられている。一方でノシ・ファリーと

いう小さな島では、勇者として称えられていたりもする。マダガスカルの人々にとってカメレオンは実に複雑な感情を呼び起こす生き物なのだ。村人はいう。「彼らは探すと見つからない。だがふとした瞬間に近くにいる」。人間との適度な距離感を保ちつつ、マダガスカルのカメレオンは暮らしている。　　　　（寺下利枝）

カラフルな色のパンサーカメレオン

# Ambosistra

アンブシチャは、標高
1350mにある人口約3
万人ののどかな町だ。町な
かにこれといった観光名所
はないが、週2回開かれるマ
ーケットの開催日は、メイ
ンストリートが大勢の人で
埋まり、活気にあふれる。

アンブシチャの町並み

また、ここは昔ながらのスタイルで生活を営む**ザフィマニリ**
**Zafimaniry**と呼ばれる民族集団の村を訪れる起点となる町。そ
のザフィマニリのもつ高い彫木技術が2003年にユネスコの無形文
化遺産に登録されてからは、この村を訪れる観光客の数も増加し

町の中心にそびえる大聖堂

ている。ザフィマニリの影響も
あり、アンブシチャは木工製品
の町として知られている。なか
でも、寄木細工とザフィマニリ
の人たちが作る木彫りの椅子が
有名だ。中央高地の家の特徴で
あるラヴァランガナLavarangana
と呼ばれる彫刻の施されたベラ
ンダ付きの家も立つ。

## 歩き方　WALKING AROUND

　タクシー・ブルース乗り場は町の南北にひとつずつあり、
北方面から来たタクシー・ブルースは北の乗り場に、南方
面からは南の乗り場に到着する。そのふたつのタクシー・ブ
ルース乗り場を結んでいる通りがメインストリートだ。その
メインストリートの中心、なだらかな丘の上に建っている大
聖堂周辺には、郵便局、銀行、ホテル、レストランなどが
あり、木工製品を売るみやげ物店も多い。アンタナナリボよ
り安く購入できるだろう。また、週に数回マーケットが開か
れ、路上には雑貨や食料品などを売る露店が立ち並ぶ。市内
は歩いて回れる距離だが、
プスプスが走っているので
利用するのもいいだろう。

カラフルな布が売られている

ベネディクティーヌ修道院のチーズ

アンタナナリボ
★
アンブシチャ

### アンブシチャの
### 市外局番
## 47

**アンブシチャへの行き方**
●タクシー・ブルース
　アンツィラベから5:00〜
18:00の間に約10本運行。所
要約2時間、Ar1万〜1万
2000。フィアナランツアから
8:00〜16:00の間に3〜5本の
運行で、所要約3時間、Ar1
万〜。

**ベネディクティーヌ修道院**
**Benedictine Monastry**
　カトリック修道院のシスタ
ーたちが作ったチーズ、ジャ
ム、ヨーグルト、刺繍製品な
どを販売している。修道院の
一角で細々と売っているだけ
だが、いまやアンブシチャ名
物といわれるほどの逸品に。
圏月〜土　　6:30〜12:00、
　　　　　　14:00〜17:00
　　日　　　7:30〜12:00、
　　　　　　14:00〜17:00
休無休

# おもな見どころ  SIGHTSEEING

地図 P.51-B2

■■■技術力の高い工芸品を生み出す

## ザフィマニリ村
### Zafimaniry Villages

**ザフィマニリ村**
※アントゥエチャ村の入口の小屋で入場料を払う。
**行き方** アンブシチャとザフィマニリ村の中心となるアントゥエチャの間を、タクシー・ブルースが水曜に往復している。アンブシチャ発7:30前後、アントゥエチャ発12:00前後。所要約2時間、Ar5000。また、アンブシチャの各ホテルでツアーへの申し込みができる。

さまざまな模様のセーザ・ザフィマニリ

アンブシチャの南東約50kmの山あいの村々には、電気もなく昔ながらの生活様式で暮らすザフィマニリと呼ばれる人々が住んでいる。ザフィマニリは、約18といわれるマダガスカルの主要民族には数えられていないが、今ではすっかり有名だ。彼らは、農作業のかたわら身近にあった木に彫刻を施すようになった。その彫木技術のすばらしさはいまや誰もが認めるもので、2003年にはユネスコの無形文化遺産に登録されたほどだ。生活の糧に作られていた工芸品はほどなく人気が高まり、今では工芸品を買い求めるためだけに村を訪れる人もいる。とりわけ、幾何学模様の施された折りたたみ椅子、セーザ・ザフィマニリ Seza Zafimaniry が人気だ。

26あるザフィマニリの村落のゲートウェイとなるのは、アンブシチャから約46km南にあるアントゥエチャ Antoetra の村。この地域で典型的なパリサンドラ（紫檀）の木材で造られた家々が並び、窓や扉には幾何学模様の彫刻が施されている。床を支える柱にネズミ返しが付いている高床式の小屋は、食料の貯蔵庫だ。また、村長の家では周辺の村から集められた木工品を販売している。

幾何学模様の彫刻が施された窓

## COLUMN

## ザフィマニリの村落を訪ね歩く

アントゥエチャと周辺の村々は小道でリンクされているので、それらの村落を訪ね歩くトレッキングが楽しめる。奥に行けば行くほど、田んぼや森に囲まれたのどかな村の暮らしに触れられ、また、運がよければ彫木しているところを見学することができる。

トレッキングのルートはさまざまだ。アントゥエチャから一番近いイファシナ Ifasina 村までは、なだらかな傾斜の田んぼのあぜ道を約1時間30分歩く。きれいな景色が楽しめるサカイヴォ Sakaivo 村までは、山を越えて約3時間30分だ。サカイヴォ村からさらに奥にある標高1700mのファライリヴ Falairivo 村までも3時間30分。日帰りや2泊3日、あるいは長いものになると1週間かけて村々を訪ね歩き、最後はアンブシチャに戻るルートもある。自分の体力と相談してコー

スを決めるといい。なお、宿泊は村人の家にホームステイ。冬は寒くなるので防寒着が必要だ。道に迷いやすく、また各村には独特の習慣があるので、ガイドを雇う必要がある。アンブシチャの■グランド・ホテルや■ホテル・マニアでは、英語ガイドのアレンジが可能（1日Ar5万ほど）。また、アントゥエチャ村にも片言の英語ガイドがいる（1日Ar2万5000ほど）。アントゥエチャのロッジ、■ジットゥ・パパヴェルが催行するトレッキングツアーは、1泊2日で€110（1名当たり）程度。

アントゥエチャの村　　この地域の伝統的な家

# HOTEL ホテル

▶ 清潔な快適ホテル
## ホテル・マニア
### Hotel Mania

　メインストリートに面した4階建ての新しいホテル。全11室の客室はとても清潔で、インテリアの随所にザフィマニリ村特有の彫刻が施されている。昼食と夕食は事前に予約が必要。

アンブシチャの老舗宿

住 17 Rue de Commerce　TEL (020-47)710-21
e-mail toursmania@moov.mg　料 S D Ar6万1000～
TAX 込み　CC 不可

▶ アンブシチャのおすすめ宿
## ラルティザン・ホテル
### L'Artisan Hotel

　石畳の広場を中心に、美しい伝統彫刻を施された12棟のバンガローが点在。バンガロー内はやや暗く狭いが、清潔で雰囲気がよく、楽しく滞在できる。ホテルタイプの客室も12室ある。随所に見られる美しい装飾や伝統ダンスの披露など、マダガスカルの文化を体験したい人にはうってつけの宿泊施設だ。食事の評判もよい。

住 Chez Victor Manarintsoa　TEL 034-04-642-53
e-mail artisan_hotel@yahoo.fr　料 S D Ar6万～9万6000　TAX 1泊につき Ar2000/室　CC 不可

▶ 伝統文化を味わおう！
## モーテル・ヴィオレット
### Motel Violette

　町の中心から1km東にあるモーテル。レストラン棟のテラスからは、美しい田園風景の向こうに広がるアンブシチャの町を見渡せる。バンガローには、ザフィマニリ特有の幾何学模様が入った家具が置かれている。レストランあり。

住 Madiolahatra　TEL 034-36-879-79
e-mail motel-violette@moov.mg
料 S D Ar6万～7万
TAX 1泊につき Ar3000/室　CC 不可

▶ ザフィマニリ村へのツアーを催行
## グランド・ホテル
### Grand Hotel

　約110年の歴史をもつ老舗ホテル。客室は増改築が行われているが、なかには古い部屋もあるので、部屋を見てから決めたほうがいい。1階にはフランス料理とマダガスカル料理のレストランがある。

古いが、味のある外観が人気

住 Andrefatsena a 50m de la Poste
TEL (020-47)712-62　e-mail contact@grandhotel-ambositra.com　料 S D Ar6万
TAX 込み　CC 不可

▶ ザフィマニリ村の入口にある
## ジットゥ・パパヴェル
### Gîte Papavelo

　マダガスカルの旅行会社が経営する、2005年にオープンしたロッジ。素朴な田舎村に掘立小屋が建っているといった風情。しかし中に入ると、机、椅子、タンスなどの家具にザフィマニリ伝統の緻密で美しい彫刻が施されており、たいへん趣のある内装となっている。マダガスカルの文化に触れることができると、観光客に人気があるのもうなずける。ザフィマニリの村落を巡るトレッキングツアーをアレンジしてくれるので、ここで申し込もう。

シンプルだが快適な部屋

住 Antoetra　TEL 034-85-327-02
URL papavelotrekking.com
料 S D Ar4万5000
TAX 込み　CC 不可

アンブシチャ Ambositra ●おもな見どころ／ホテル

# サザンクロス街道を行く！
―総距離941km、アンタナナリボ〜トゥリアーラ間を走る国道7号線 Route National 7―

アンタナナリボ郊外の棚田

マダガスカルは国土が日本の約1.6倍と広く、いまだ悪路の多い陸路を使って国内を移動するとなるとかなりの時間がかかるので、ほとんどの旅行者が点と点を結ぶ飛行機を使って旅をする。しかし、アンタナナリボ〜トゥリアーラ間を結ぶ総距離941Kmの国道7号線（サザンクロス街道）は、目まぐるしく変わる景色やそこに暮らす人々の生活風景など、実にさまざま場面に遭遇することができるおすすめルートだ。時間に余裕があれば、ぜひ陸路でこの区間を旅してもらいたい。

移動には、地元の人と触れ合うチャンスが大きいタクシー・ブルースを利用するか、アンタナナリボの旅行会社でドライバー付きの車をチャーターする。車のチャーター料は燃料費、ガイドを含めて1日€130〜150ほどと安くないが、絶景ポイントの撮影などのために好きな所で停まってくれるので、予算のある人にはおすすめ。途中の町に立ち寄ったり、国立公園などの見どころを観光したりしながらドライブを楽しむと、少なくとも5泊6日は必要だ。

町から町への移動中は、次々と変化していく風景に目が釘づけになる。アンタナナリボのある中央高原からフィアナランツアくらいまでは、山の傾斜を利用した棚田が続く。その後カーブが続く山あいを走っていると、街道沿いに突然集落が現れる。土壁造りの家がほんの数軒建っているだけの場合もあれば、小さな村（といっても距離にして数十m）を形成していて、雑貨屋や飲食店があるところも。電気が

道端で見かけた母親と子供

通っていないこうした村は、日が沈むとどこもひっそりと静まり返る。家の隙間からもれるろうそくの明かりでようやく人の気配が感じられる、といった具合だ。村人たちは薪をくべて暖を取り、炭で調理をする。狭い家の中で毎日煮炊きをすることによって、健康を害する女性も多いという。

マダガスカルにおいてサザンクロス街道は、畑仕事に向かう人が使う通勤路であり、切り出した木を運ぶ流通路でもあり、周辺に住む人々の生活基盤となる道だ。ゼブ牛の群れを追う村人が横断したかと思うと、馬車や牛車、自転車、屋根に荷物を満載したタクシー・ブルースなどとすれ違う。商売用の荷物を抱えた人が大勢いていたら、週に1度開かれる市場に向かう集団だ。また、険しい峠をひとりで歩いている女性に遭遇することもあり、驚かされる。しかし、そういう一見何もないような場所でも、国道7号線から奥へ入っていくと集落があるのだ。

アンバラヴァウを過ぎると、ごつごつした岩山が現れる。平原にそびえる巨大な一枚岩は、"マダガスカルのエアーズロック"と称されている。そこを過ぎると、道の両側にアフリカのサバンナを思わせる草原が広がる。どこを見渡しても一面草原。目の前にあるのは、大地をふたつに分かつように真っすぐ延びるアスファルトの道だけ。何ともシュールな風景だ。やがて、イサル国立公園の砂岩の山塊が見えてくる。これらの壮大で多様な風景は、サザンクロス街道のハイライトだ。

日が沈むと、澄み切った夜空に南十字星がひときわ美しく輝く。明日はどんな風景と出合えるのだろうか……。

ダイナミックな景色が続く

# Ranomafana

フィアナランツアの北東約62kmに位置するラヌマファナは、温泉の湧き出る町だ。そこから、マダガスカル語で「お湯」を意味するラヌマファナという名前がついた。町にはナムルナ川が流れ、周囲の山と相まって景観がたいへんよく、のんびりと温泉につかりながら数日間滞在したくなるところだ。町の大部分を占めているのが、熱帯雨林に覆われた**ラヌマファナ国立公園 Parc National de Ranomafana**。木々がうっそうと茂る山あり谷ありの起伏に富んだ公園で、ここでしか見られないゴールデン・バンブー・レムールをはじめ、数多くの希少動物が生息している。

国立公園の熱帯雨林

## 歩き方　WALKING AROUND

フィアナランツアから車で来ると、まず最初にラヌマファナ国立公園の入口とMNPオフィスを目にする。ここから国道沿いに約7km山を下った所が、郵便局や温泉などがある町の中心。マーケット開催日以外は人どおりが少なく、町の中心といえどもひっそりとしている。ラヌマファナは、国立公園を散策する以外は温泉に入ったりプールで泳ぐくらいしかすることがないので、のんびり過ごすにはもってこいだ。町なかの移動手段は徒歩。

国立公園の入口にあるMNPオフィス

## おもな見どころ　SIGHTSEEING

■■■ 新種発見で世界的にも有名に　地図 P.51-B2
### ラヌマファナ国立公園
#### Parc National de Ranomafana

1991年に国立公園に指定された面積約4万haの熱帯雨林。2007年には、マスアラ国立公園など5つの国立公園とともに、「アツィナナナの熱帯雨林」として世界遺産に登録された。標高は約600〜1417m、年間200日も雨が降り、その降雨量は約2300〜4000mmにも及ぶ。1986年、パトリシア・ライト博士Patricia Wright（現ストーニー・ブルック大学教授）によって発見された新種のキツネザル、ゴールデン・バンブー・レムール Golden Bamboo Lemurをはじめ、アカハラキツネザル Red-bellied Lemur、チャイロネズミキツネザル Brown Mouse Remur、アヴァヒ Avahi、アイアイ Aye-Ayeなど計13種類のキツネザルのほか、68種類の固有種を含む115種類もの鳥類、13種類のカメレオンを含む36種類

●アンタナナリボ
★
ラヌマファナ

ラヌマファナの
市外局番
## 75

**ラヌマファナへの行き方**
フィアナランツアからタクシー・ブルースが運行。5:00〜12:00の間に1日3〜4本ほど。約1時間、Ar1万〜。

**フィアナランツアへ**
ラヌマファナ発のタクシー・ブルースがないため、フィアナランツアへ行く場合は町を通過するタクシー・ブルースをつかまえなければならない。通過する時間が不定なうえ便数も少ないので、路上で数時間待つことを覚悟しておこう。

**ラヌマファナ国立公園**
圏 8:00〜16:00　休 無休
料 Ar5万5000／日
※ガイドは Ar3万〜9万
（1〜4人）。

ラヌマファナ国立公園の入口

**おもな散策エリアと所要時間**
エデナ Edena　　2時間
ヴァリブルメナ Varibolomena
　　　　　　　　　3時間
ヴァトゥ Vato　　4時間
ヴァルフアカ Valohoaka
　　　　　　　6〜7時間
※2019年1月現在、ナイトサファリは公園近くの公道にて、ガイド同行の場合のみ許されている。

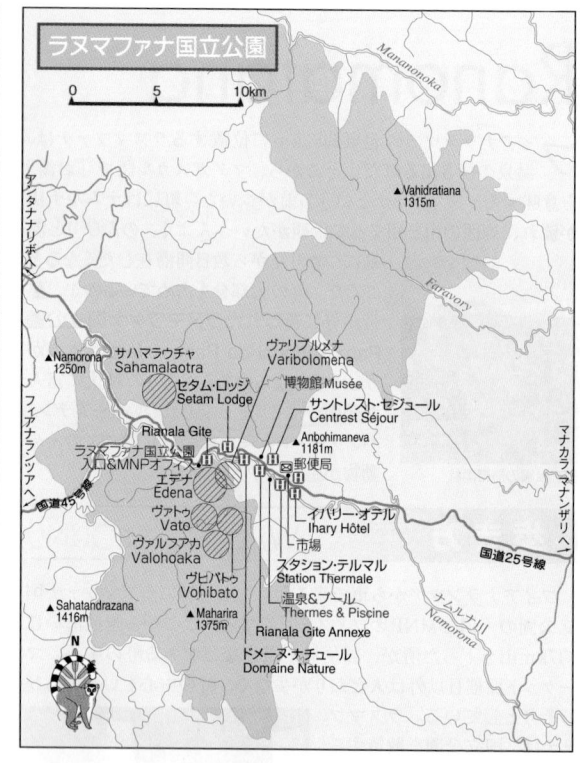

ラヌマファナ国立公園

0　　　5　　　10km

Mananonoka

▲Vahidratiana
1315m

Faravory

マナカラ、マナンザリへ→

▲Namorona
1250m

サハマラウチャ
Sahamalaotra

ヴァリブルメナ
Varibolomena

セタム・ロッジ
Setam Lodge

博物館 Musée

サントレスト・セジュール
Centrest Séjour

Rianala Gite

ラヌマファナ国立公園
入口&MNPオフィス

エデナ
Edena

ヴァトゥ
Vato

ヴァルフアカ
Valohoaka

ヴヒバトゥ
Vohibato

▲Anbohimaneva
1181m

郵便局

イバリー・オテル
Ihary Hôtel

市場

スタション・テルマル
Station Thermale

温泉&プール
Thermes & Piscine

国道25号線

ナムルナ川
Namorona

▲Sahatandrazana
1416m

▲Maharira
1375m

Rianala Gite Annexe

ドメーヌ・ナチュール
Domaine Nature

N

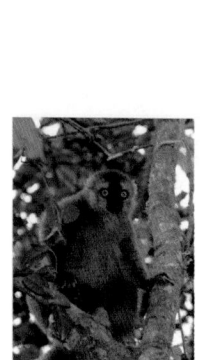
アカビタイチャイロキツネザル

**博物館**
開 8:00 〜 17:30
休 無休
料 無料

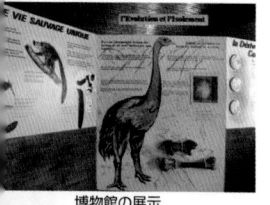
博物館の展示

の爬虫類、14種類のカエル、350種類のクモを含む昆虫、チョウなど、実に多くの種類の生物が生息している。

　広い公園内は、往復2時間で行ける所から、6〜7時間または数日かけて行く所など、数種類のエリアに分けられている。長時間歩けばそれだけいろいろな動物を見られるチャンスも増えるが、通常は最短エリアでもアカビタイチャイロキツネザルやアカハラキツネザルには遭遇できる。年間をとおして地面はぬかるみがちでヒルも多いので、トレッキングの際にはそれなりの服装を心がけたい。キツネザルは雨が降るとじっとして動かないため、乾季で観光客も少なくなる9〜11月がキツネザルを見るベストシーズンだ。時間帯は早朝がベスト。また、この国立公園では夜行性動物の観察できるナイトサファリができるのもうれしい。入園する際は入口のMNP（Madagascar National Park）オフィスで入園料を支払うが、その際に散策するエリアを決め、ガイドを斡旋してもらう。

■■■ 動植物をもっと理解するために　　　　　地図 P.82

## 博物館
### Musée

　ラヌマファナ国立公園内に生息している動物、植物、昆虫、爬虫類などを、イラストや写真、標本などで紹介している。解説はフランス語。館内にはギフトショップも併設。

■■■トレッキング後は温泉でリラックス　地図 P.82

## 温泉&プール
### Thermes & Piscine

**温泉&プール**
🕐 8:00～12:00、13:00～18:00
🈁 水(プールは毎日オープン)
💴 温泉　Ar5000
　　プール　Ar5000

　町の中心部、🅗スタシォン・テルマルStation　Thermaleの脇道を通り、ナムルナ川Namoronaに架かる橋を渡った所に温泉がある。国立公園でトレッキングを楽しんだあと、汗を流すのにもってこいの場所だ。温泉はすべて個室で計12室。うち8室は有料で4室が無料になっている。有料と無料の差は風呂を見れば一目瞭然、有料のほうが圧倒的に清潔だ。隣接して屋外の温泉プールもある。

屋外にある温泉プール

# HOTEL　｜ホテル

▶ 2005年オープンのロッジ
## セタム・ロッジ
### Setam Lodge

　階段を上った高台に、山の斜面を利用して建てられたロッジ。20室すべてバンガロータイプで、白いタイルの床は裸足でも歩けるほど清潔。白木の家具を配し、全体的に明るい。開放感のあるレストランはグレードが高く、雰囲気もよい。

きれいで明るい室内

地図 P.82　🏠 56, Avenue du 26 Juin, Ranomafana
TEL (020-22)324-31
URL www.setam-madagascar.com
💴 Ⓢ Ⓓ Ar20万
TAX 1泊につき Ar4000/室　CC 不可

▶ 清潔で広い客室が快適
## サントレスト・セジュール
### Céntrest Séjour

　高台にあり眺望がいい。全18室の客室は広々としていて気持ちがよく、リラックスできる。手入れされた中庭に面したレストランがある。公園の入口からは約6kmで、徒歩約1時間。

地図 P.82　🏠 Ranomafana Centre 312
TEL 034-16-524-33　e-mail centresrsejour@gmail.com
💴 Ⓢ Ⓓ Ar17万～17万5000　TAX 込み　CC 不可

▶ ナムルナ川沿いのホテル
## イハリー・オテル
### Ihary Hôtel

　2003年にタクシー・ブルース乗り場の近くにオープン。川がすぐ目の前に流れていて景観がいい。全14棟のバンガローは、石の床にれんがの壁とシンプルだが快適。公園入口からは約7.5km。

地図 P.82　🏠 Ranomafana
TEL 033-12-857-22　e-mail iharyhotel@gmail.com
💴 Ⓢ Ⓓ Ar6万～10万　TAX 込み　CC 不可

▶ 川音が聞こえる渓谷に建つ
## ドメーヌ・ナチュール
### Domaine Nature

　渓谷の斜面に建つ木造のバンガロー。樹木に囲まれた自然あふれる環境にあり、眼下を流れるナムルナ川の川音が心地よい。全18室のバンガローは伝統的なマラガシ茅屋だが、設備はモダンでインテリアもすてきだ。公園入口から約3km。

緑に囲まれたバンガロー

地図 P.82　🏠 Ranomafana Ifanadiana
TEL 032-07-611-18、033-05-558-61
URL domainenaturemada.com
💴 Ⓢ Ar10万9000　Ⓓ Ar11万8000
TAX 1泊につき Ar4000/室
CC 不可

# Fianarantsoa

フィアナランツアの駅

**フィアナランツア**

**18**30年、ラダマ1世Radama Iの妻ラナヴァルナ1世Ranavalona Iによって建設されたフィアナランツア州の州都。人口は約19万人で、マダガスカル第4の都市だ。アンタナナリボとマダガスカル南部および西部をつなぐちょうど中継点に位置しているため、交通の要所として発展してきた。現在も多くのタクシー・ブルースが各都市を結び、人と物資を運んでいる。町は**キアンジャスア山Mont Kianjasoa**（標高1374m）を背景に形成されており、坂が多いのが特徴。郊外の丘陵地では棚田や茶畑が広がり、平地ではブドウが栽培されるなど農業も盛んで、おもにワインと紅茶の産地として知られている。現在、マダガスカルでは数少ない、乗客専用鉄道の始発・終着駅でもある。

●アンタナナリボ

★
フィアナランツア

## フィアナランツアの市外局番

### 75

**フィアナランツアへの行き方**
●タクシー・ブルース
　アンタナナリボから約10本運行。出発時刻は6:00～8:00と18:00～20:00が目安。所要8～10時間、Ar2万5000～3万。アンツィラベからは6:00～18:00に約6本運行。所要6～7時間、Ar2万～。
　予約制のタクシー・ブルースも運航している（→P.201）。

**市内交通**
　タクシーのほか、タクシー・べTaxi Beと呼ばれるバスが市内を巡回している。

**鉄道について**
→P.199欄外

**観光案内所**
地図 P.85-B1
TEL 034-14-221-73
開 8:00～12:00、
　14:00～18:00
休 土・日

フィアナランツアは坂が多い町

## 歩き方　WALKING AROUND

　フィアナランツアは、商店が建ち並ぶダウンタウンと、銀行や公共施設が集まる新市街、そして大聖堂などが立つ高台のアッパータウンの3地区に大きく分かれている。ダウンタウンのランドマークは鉄道駅。駅から真っすぐ延びる**ドクター・クロワトル大通りAve. du Dr. Cloitre**の最初の路地を右折し、20mほど歩いた左角に**観光案内所Regional Tourist Office**がある。観光案内所を左折すると、**ジェネラル・レクレールク大通りAve. du Général Leclerc**に突き当たる。この大通りと並行する**プリンツィ・ラマハル通りRue Printsy Ramaharo**がメインストリート。通りにはホテル、レストラン、スーパーマーケット、雑貨店などが建ち並んでいるが、それらのオーナーの多くが中国系やインド系だ。

# おもな見どころ　SIGHTSEEING

■■■ マダガスカル唯一のティープランテーション　　[地図] P.51-B2

## シデクザム
### Sidexam

フィアナランツアから東へ約28kmの田舎町、サハンバヴィSahambavyにあるマダガスカル唯一のティープランテーション。フランス植民地時代、この地が紅茶の栽培に適した気候であることからフランス人によって始められたもので、現在はモーリシャスの企業との合弁会社になっている。小高い丘一面に広がる茶畑では、雨季にはほぼ毎日、7〜8月の寒い季節には月に3〜4日の割合で葉の摘み取り作業が行われる。ここでは茶摘みから茶葉の乾燥、選別、パッキングと、商品ができあがるまでの過程を見学

町で買うより安く購入できる　ティーリーフ

でき、テイスティングも楽しめる。紅茶はノーマルタイプとバニラティーの2種類あり、商品の約80%が外国へ輸出されるという。商品の購入も可能。

**シデクザム**

🏠 Sahambavy
📞 TEL 034-05-609-00
🕐 開 月〜金　8:00〜15:00
　　　　土　　8:00〜12:00
❌ 休 日
💰 料 Ar7000
🚌 行き方 フィアナランツア駅前の郵便局前から、サハンバヴィ行きのタクシー・ブルースが7:00〜17:00に運行。所要約45分、Ar2000。終点下車後、道路沿いを東へ約1km歩いた所に「Sidexam」と書かれた看板が出ているのですぐわかる。

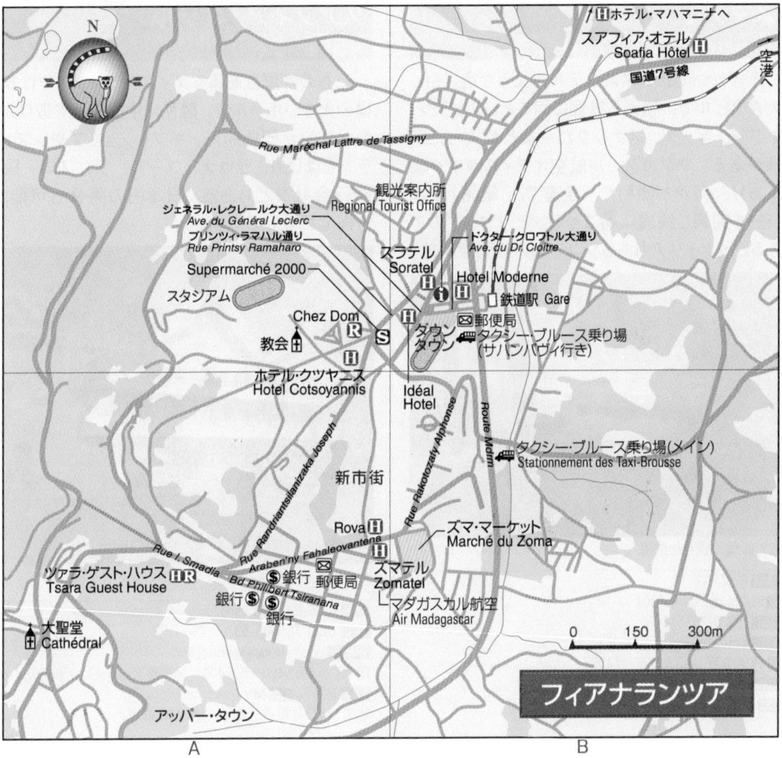

---

### 地図

N

ホテル・マハマニナへ
スアフィア・オテル
Soafia Hôtel H
空港へ
国道7号線

Rue Maréchal Lattre de Tassigny

観光案内所
Regional Tourist Office

1

ジェネラル・レクレール大通り
Ave. du Général Leclerc
プリンツィ・ラマハロ通り
Rue Printsy Ramaharo
Supermarché 2000

スタジアム

Chez Dom

教会

ホテル・クツヤニス
Hotel Cotsoyannis

スラテル
Soratel

ドクター・クロワトル大通り
Ave. du Dr. Cloître

Hotel Moderne

鉄道駅 Gare

郵便局
タクシー・ブルース乗り場
(サハンバヴィ行き)

ダウンタウン

Idéal Hotel

Route Metin

新市街

Rue Rakotozafy Alphonse

タクシー・ブルース乗り場(メイン)
Stationnement des Taxi-Brousse

2

Rova H

ズマ・マーケット
Marché du Zoma

Rue Ramaherilatnafoko Joseph
Araben'ny Fahaleovantena
Rue I. Smadia
Bd Philibert Tsiranana

ツァラ・ゲスト・ハウス
Tsara Guest House

銀行
郵便局
銀行
銀行

ズマテル
Zomatel

マダガスカル航空
Air Madagascar

大聖堂
Cathédral

0　　150　　300m

フィアナランツア

アッパー・タウン

A　　　　　　　　　　　B

**ガイドを探すなら**

　観光案内所、[H]シェ・ドゥン Chez Dom などがガイドのたまり場。ラヌマファナ、ワイナリー、ティープランテーション、アンバラヴァウなどへのガイドを請け負っている。

---

■■■ マダガスカル最大のワイナリー　　　　　　地図 P.51-B2

## ラザニ・ベツィレウ
### Lazan'i Betsileo

　国内最大規模を誇る、マダガスカルを代表するワイン「ラザニ・ベツィレウ」のワイナリー。フィアナランツアから南西へ約15km、アンバラヴァウへ向かう途中のブドウ畑の中にある。ここではワインができあがるまでの工程を順を追って見学できるほか、ワインのテイスティングや購入も可能だ。白、赤、ロゼ、グレイ、スパークリングワインの Vin Mousseux、ブドウの搾りかすから作った蒸留酒 Eau de Vie de Vin などがあり、市場で買うより安く購入できる。ビンテージものはなく、古くても最大4年までしか置かないという。

収穫したブドウを牛車でワイナリーまで運ぶ

---

# HOTEL　　　　　　　ホテル

---

▶ 改装して4つ星になった

## ズマテル
### Zomatel

　こぎれいでビジネスホテルのような宿。白く大きなビルで、横から裏側に回るとレストラン、ギフトショップ、スナックバーなどが入った別棟がある。マダガスカル航空オフィスがすぐ隣にあり、何かと便利だ。全室TV、電話、ミニバーを完備し快適に過ごせる。ビリヤードのできるピッツェリアもある。ユーロのみ両替可能。

広く設備の整った部屋

---

▶ 充実した設備が自慢の中級ホテル

## スアフィア・オテル
### Soafia Hôtel

　83もの部屋数を誇るフィアナランツアでは規模の大きいホテルで、随所に中国様式を取り入れた建物が印象的だ。ギフトショップやレストランをはじめ、サウナ、プール、テニスコート、旅行会社などもある。日本円の両替も可能。一部老朽化している。

大きなプールがある

▶ 宿もレストランも大人気

## ツァラ・ゲスト・ハウス
Tsara Guest House

　マダガスカル人オーナーが経営する、フランスの田舎にありそうなブティックホテル。美しい中庭を取り囲むように部屋が並んでいる。インテリアは、おしゃれでありながらあたたかみも感じられる。ゲストはヨーロッパからの旅行者が圧倒的に多く、本格フレンチがいただけるレストランも人気だ（要予約）。

インテリアがすてき

地図 P.85-A2
住 Lot INI15 Ambatolahikosoa
TEL (020-75)502-06
URL www.tsaraguest.com
料 Ⓢ Ar8万～14万5000　Ⓓ Ar14万3000
TAX 込み
CC MV

▶ 広々した客室は明るく清潔

## スラテル
Soratel

　中国系のホテル。スーパーや雑貨店、レストランなどが建ち並ぶメインストリートに面していて、町を散策するにはとても便利な立地。客室は清潔で、TV、電話、冷蔵庫の設備が揃っているほか、バスタブが全室に付いている。

さわやかな色使いの部屋

地図 P.85-B1外
住 Rue Printsy Ramaharo, Ampasambazaha
TEL (020-75)516-66
URL www.soratel.com
料 Ⓢ Ⓓ Ar6万4000
TAX 込み　CC 不可

▶ メインストリートに面した便利な立地

## ホテル・クツヤニス
Hotel Cotsoyannis

　窯焼きピザが自慢のピッツェリア R ル・クツ Le Cotso の上階に客室がある。にぎやかなメインストリートに面しているものの、通りから少し奥まった所に客室があるので思いのほか静か。全21室。

室内の雰囲気もよい

地図 P.85-A1
住 4 Rue du Printsy Ramaharo Ampasambazaha
TEL (020-75)514-72
URL www.hotel.cotsoyannis.mg
料 Ⓢ Ⓓ Ar12万1500
TAX 込み
CC 不可

▶ いろいろなタイプの部屋がある

## ホテル・マハマニナ
Hotel Mahamanina

　町の中心から北に車で数分の所に立つ、2000年にオープンしたホテル。奥の別館と合わせて全24室ある客室は、シンプルだが清潔。部屋の大きさや設備がそれぞれ違い、バスタブ付きの部屋もある。

広めの部屋もある

地図 P.85-B1外
住 301 Fianarantsoa
TEL (020-75)521-11
e-mail hotel-mahamanina@moov.mg
料 Ⓢ Ⓣ Ar5万～8万8000
TAX 込み　CC 不可

# Ambalavao

●アンタナナリボ
★
アンバラヴァウ

## アンバラヴァウの市外局番
### 75

### アンバラヴァウへの行き方
●タクシー・ブルース
　フィアナランツアから7:00～16:00の間に運行。所要約1時間30分、Ar4000。トゥリアーラ（チュレアール）からは6:30前後に出発し、所要9～14時間、Ar2万5000～3万。

### アンタイムル紙工房
[住] Tsienimparih
[TEL] 034-20-737-85
[開] 月～土　7:30～11:30、
　　　　　13:30～17:00
　　日　　8:00～15:00
[料] 無料

### ゼブ・マーケット
[開] 水　9:00～14:00

フィアナランツアの南西約56kmに位置する、水田とブドウ畑に囲まれた小さくてかわいらしい町。有名な**アンタイムル紙工房**があるので、フィアナランツアから日帰りで、またはラヌヒラやトゥリアーラ（チュレアール）へ行く途中に数時間立ち寄る観光客も多い。また、あまり知られていないが、町の45km南には、各種トレッキングコースが設けられた**アンドリンギチャ国立公園Parc National d'Andringitra**がある。

アンバラヴァウの素朴な町並み

## おもな見どころ　　SIGHTSEEING

■■■花模様の美しい手漉き紙
### アンタイムル紙工房
#### Papier Antaimoro

[H] ホテル・オー・ブガンヴィレ内にある、和紙に似た手漉きの紙を制作する工房。東海岸に居住するアンタイムル族に伝わる紙漉き技術であることから「アンタイムル紙」と名づけられたが、その起源はアラブ人が持ち込んだイスラム教典「コーラン」の紙だといわれている。東海岸周辺で取れるアヴハAvohaという木の皮が原料で、これを煮出して繊維を取り出し、木枠に注ぎ入れて紙を作る。隣接するショップでは、カードや封筒など、さまざまなアイテムを取り揃えている。

花を飾りつける作業

■■■マダガスカル第2の規模
### ゼブ・マーケット
#### Marché de Zébu

　マダガスカルで2番目に大きなゼブ・マーケット。毎週水曜に村の南端の広場で開かれるこの市には、近郊からたくさんのゼブ牛が集まり売買されている。1頭の値段はおよそAr60万。同時に雑貨や衣料品の市も開かれる。

■■■ トレッカーに人気

## アンドリンギチャ国立公園

**Parc National d'Andringitra**

地図 P.51-A3

岩山を背景に原生雨林に覆われた山と丘陵が広がる、総面積3万1160haの国立公園。2007年には、マスアラ国立公園などほかの5つの国立公園とともに、「アツィナナナの熱帯雨林」として世界遺産に登録されている。標高が最も高いのは、マダガスカルで2番目に高い山ピック・イマリヴラニチャ Pic Imarivolanitra（通称：ピック・ボディ）の山頂で2658m。低い谷は標高650mと高低差があるため、植生も変化に富んでいる。

この公園には総距離約100kmのトレッキングコースが設けられている。所要4時間の軽いコースから宿泊が必要なものまであり、体力と時間に合わせて選べる。ピック・イマリヴラニチャの頂上までは往復28km、キャンプサイトで1泊して2日間の行程だ。

公園内には、ゴールデン・バンブー・レムール Golden Bamboo Lemur やアカビタイチャイロキツネザル Red-fronted Brown Lemur など13種類のキツネザルが生息しているが、遭遇できるチャンスはそれほど高くない。その代わり、この公園では中央高地随一の雄大で美しい景色と、ランやワイルドフラワーなどの植物観察が存分に楽しめる。

年間の気温差が大きく、12〜1月の日中は25℃、7〜8月の夜間は−7℃まで下がる。降水量は年間2390mm、特に2月は雨が多い。トレッキングをする場合は、温度調節ができるよう服装に気をつけ、雨具や食料など万全の準備が必要だ。

### アンドリンギチャ国立公園

公園の東端に位置するナムリー・ヴァレー Namoly Valley にメインの入口がある。ウエルカムセンターでは、ガイドやポーターなどのアレンジが可能。宿泊可能なゲストハウスあり。食料は持参する。

**TEL** (020-75)340-81
**URL** www.parcs-madagascar.com
**開** 6:30〜15:30 **休** 無休
**料** Ar4万5000〜/日
**行き方** アンバラヴァウのマーケットの西側から、ナムリー・ヴァレー行きのタクシー・ブルースが週に数便出ている。

### おもなトレッキングコース（距離、所要時間）とガイド料

アサラマニチャ Asaramanitra（6km、4時間）Ar2万〜
イマイツォ Imaitso（14km、8時間）Ar2万〜

# HOTEL ホテル

▶ アンタイムル紙工房のある

## ホテル・オー・ブガンヴィレ
**Hôtel Aux Bougainvillées**

広い敷地には、名前のとおりブーゲンビリアの木がある。アンタイムル紙工房が同じ敷地内に

あるので観光に便利。客室棟はカラフルにペイントされており、部屋はシンプルだが清潔に保たれていて快適。レストランも人気だ。全19室。

ピンクの外観がキュート

**住** Antsinanamanda, Ambalavao **TEL** (020-75)340-01
**e-mail** auxbougainvilleesambalavao@gmail.com
**料** S D Ar7万6000 **TAX** 込み **CC** 不可

▶ シンプルでキュートな女性好みのインテリア

## ラ・レジデンス・デュ・ベツィレウ
**La Résidence du Betsileo**

国道7号線沿いの町の中心にある人気の安宿。赤土色の壁にペパーミントグリーンの窓扉という外観。レストランは、フランスの田舎にあるオーベルジュのように素朴でかわいい。

**住** Rn7, Ambalavao **TEL** 032-28-259-80、033-83-725-54
**e-mail** residencedubetsileo@gmail.com
**料** D T Ar3万5000〜4万5000 **TAX** 込み **CC** 不可

▶ 人気の安宿

## ル・トロピック
**Le Tropik**

全32室のこぎれいな安宿。部屋は数種類あり、家族で泊まれる4人部屋もある。レストランも併設。レンタカーもできる。

**住** Lot IV H 1 B Ambalamafana
**TEL** (020-75)340-55/341-82
**料** S D Ar4万〜7万
**TAX** 込み **CC** 不可

アンバラヴァウ Ambalavao ●イントロダクション／おもな見どころ／ホテル

# Ranohira

ラ
ヌ
ヒ
ラ

●アンタナナリボ

★ラヌヒラ

**ラヌヒラへの行き方**
●タクシー・ブルース
　アンタナナリボから16:00頃までに10〜14本運行。所要15〜16時間、Ar4万。フィアナランツアからは6:00〜18:00の間に5〜6本運行。所要10〜10時間、Ar2万5000〜。トゥリアーラ（チュレアール）からは1日数本運行、所要約6時間、Ar2万5000〜。
　なお、通常ラヌヒラ発のタクシー・ブルースはないので、国道7号線上でフィアナランツア行きかトゥリアーラ行きのタクシー・ブルースをつかまえる。または、イラカカまでタクシーで行き（所要約30分、Ar1万5000）、イラカカからトゥリアーラ行きのタクシー・ブルースに乗る。所要約6時間、Ar2万5000。

**イサル国立公園**
開 6:30〜16:30
休 無休
料 Ar6万5000／日
※ガイドは Ar2万〜。

遊牧民のバーラ族

　フィアナランツアからラヌヒラへの道は、マダガスカルで最もドラマチックといわれる地形の変化に富んだルートだ。棚田の広がる丘陵地から360度見渡せる平原へと移り変わり、やがて奇怪な形をした砂岩の山塊が連なる**イサル国立公園 Parc National de l'Isalo**へと続いている。このイサル国立公園は、ユニークでダイナミックな風景が堪能できるということでたいへん人気がある。

　マダガスカル語で「キツネザルと水」という意味のラヌヒラは、背景に広がる壮大な自然とは対照的に、とても小さな町だ。目抜き通りは100mほどしかなく、いくつかのホテル兼レストランと、ホテリー（大衆食堂）やマーケットがある程度で、10分もあれば十分回れてしまうくらいの規模だ。とはいえ、"マダガスカルのグランドキャニオン"といわれるイサル国立公園の起点となる町とあって、ここには多くの旅行者が訪れる。2001年6月21日には、皆既日食の中心地として世界中から脚光を浴びたこともある。

　また、この地域には遊牧民のバーラ族が住んでおり、2週間に一度開かれる大きなマーケットのときには、中央高原地域に住む民族特有の衣装に身を包んだ彼らの姿を目にすることができる。男性は頭に帽子**シャトゥルカ Satroka**をかぶり、肩からパッチワークでできた**ランバ・ベメライ Lanba Bemeray**という布をかけ（寒いときは体に巻く）、閉じた傘を杖のように持つ。一方女性は、細かい3つ編みのヘアースタイルにシャトゥルカをかぶり、**ランバフアニ Lambahoany**という腰布を巻きつけている。

## おもな見どころ　SIGHTSEEING

■■■マダガスカル版グランドキャニオン　　　地図 P.51-A3

### イサル国立公園
Parc National de l'Isalo

　長い年月をかけて風と雨に浸食された砂岩の山塊が見渡すかぎり連なっている、面積8万1540haの広大な国立公園。しばしば"マダガスカルのグランドキャニオン"とたとえられる。標高820〜1240m、テーブルマウンテンのごとき断崖絶壁の岩山がそびえているかと思えば、森林、オアシスのような泉、滝、渓谷、そして洞窟などがあり、またところどころにはまるでオブジェのような奇岩が現れるなど、イサルではさまざまな表情の景色を見ることができる。

イサル国立公園の山塊

植物もさまざまだ。大部分は乾燥した草原だが、谷間の水辺には屋根を葺くのに使われるパンダヌス（タコノキ）やシダ、水分の少ない岩場に根を張るアロエやサボテンなどが見られる。なかでもパキポディウムPachypodiumは、幹が壺状になっていて奇妙な形をしているため、通称「ミニ・バオバブ」や「ゾウの足」とも呼ばれ、旅行者に人気だ。このような不思議な形になったのは、乾燥に適応するよう進化した結果だという。

多肉植物のパキポディウム

　動物では、昼行性のワオキツネザルRing-tailed Lemur、ベローシファカVerreaux's Sifaka、アカビタイチャイロキツネザルRed-fronted Brown Lemur、夜行性のハイイロショウネズミキツネザルGray Lesser Mouse Lemur、フトオコビトキツネザルFat-tailed Dwarf Lemur、コクレルオオネズミキツネザルCoquerel's Giant Mouse Lemur、アカオイタチキツネザルRed-tailed Sportive Lemurなどのキツネザルが生息している。しかし、比較的森が開けているため、夜行性のキツネザルを見るのは難しい。鳥類は固有種のベンソン・ロック・トラッシュBenson Rock Trushなど82種を数える。

固有種の野鳥天国

キャンプ場もある

**おもな散策エリアの距離、徒歩所要時間（片道）**
ナチュラル・プール：約6km（うち3kmは車でも可）、1時間30分
リトルフロッグ滝：約6km（うち4kmは車でも可）、1時間30分
マキ＆ラッツ・キャニオン：約10km（または車で17km）、4時間
※料金はそれぞれAr3万〜（車代を除く）。

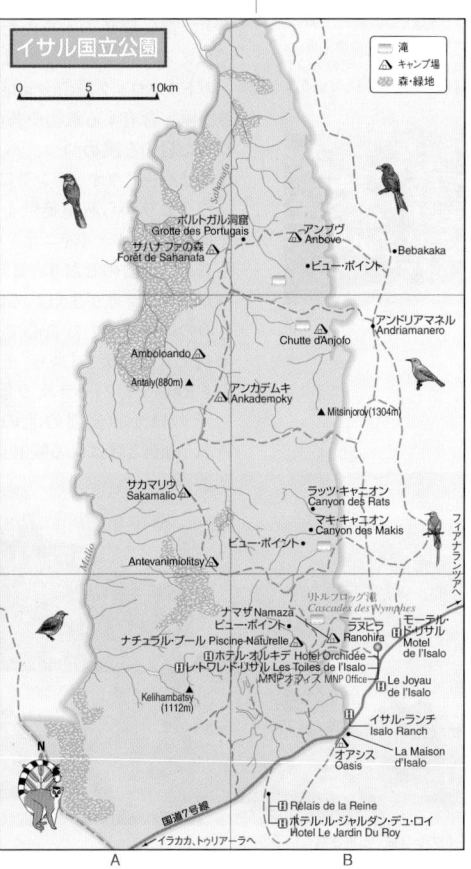

イサル国立公園

0　　5　　10km

□ 滝
△ キャンプ場
▲ 森・緑地

1

ポルトガル洞窟
Grotte des Portugais
サハナフの森
Forêt de Sahanafa
アンボヴ △ Anbove
・Bebakaka
・ビュー・ポイント

アンドリアマネル
Andriamanero
Chutte d'Anjofo
Amboloando △

Antaly(880m) ▲
アンカデムキ
Ankademoky
▲ Mitsinjoro(1304m)

2

サカマリウ
Sakamalio
ラッツ・キャニオン
Canyon des Rats
マキ・キャニオン
・Canyon des Makis

ビュー・ポイント・
Antevanimiolitsy△

フィアナランツォアへ

ナマザ Namaza
ビュー・ポイント・
ナチュラル・プール Piscine Naturelle △
リトルフロッグ滝
Cascades des Nymphes
ラヌヒラ
Ranohira
モーテル・ドリサル
Motel de l'Isalo
田ホテル・オルキデ Hotel Orchidée
田レトワル・ドリサル Les Toiles de l'Isalo
MNPオフィス MNP Office
Le Joyau de l'Isalo

3

Kelihambatsy
(1112m)

イサル・ランチ
Isalo Ranch

オアシス
Oasis
La Maison d'Isalo

国道7号線
田 Relais de la Reine
田 ホテル・ル・ジャルダン・デュ・ロイ
Hotel Le Jardin Du Roy
←イラカカ、トゥリアーラへ

A　　　　　B

91

## ラ・メゾン・ディサル博物館
La Maison d'Isalo

　周辺から切り出された石でできた建物で、公園内の環境や生物、バーラ族などに関する展示を、写真やイラストレーションを使ってわかりやすく説明している。
📖 8:00〜17:00
🈴 無休
🈯 無料

## イラカカ
Ilakaka

　ラヌヒラから南西へ約25kmの町。近年、空前の宝石ラッシュに沸いている。1997年にイラカカの大地から巨大なサファイヤが発見されてから、全国から採掘者が、またタイやスリランカからは買いつけ業者が殺到した。たった30人の集落が、宝石ラッシュでたちまち人口数万人の大都市へと変貌した。町には、さまざまな商店やレストラン、バー、ナイトクラブなどができた。治安が悪いため、町の入口で警官が常時検問をしている。

イラカカの町

### ◆イサル国立公園でのトレッキング

　入園する場合は、町にあるMNPオフィスで手続きをする。日帰りから、公園内のおもな見どころを回る数日間のコースまで、旅行者の希望に合わせたトレッキングが楽しめる。ちなみに、公園内をくまなく回ると6泊7日かかる。徒歩が基本だが、場所によっては車で行ける所もあるので、体力と日程を考えてうまく車を使用するといいだろう。ベストシーズンは、雨がほとんど降らない6月から8月。その期間は気温も15℃前後と過ごしやすい。雨が多い12月から3月は、道はぬかるみ気温も40℃前後まで上がり、長時間のトレッキングはかなりきつい。帽子、日焼け止めは忘れずに。

ナチュラル・プールでは泳ぐこともできる

### ◆イサル国立公園のおもな見どころ

　ナチュラル・プールPiscine Naturelleは、乾燥した岩山の間に突然現れるオアシスのような場所。プールを囲むように樹木が茂り、深い緑色の水をたたえている。水温は低く、トレッキングでほてった体を冷やすにはもってこいだ。

　リトルフロッグ滝Cascade des Nymphesは、谷間の奥にある小さな滝。含有する鉱物や苔の影響で赤や黄、緑がかった岩が層になった岩山を眺めつつ、パンダナスの茂る川を遡るとたどり着く。ここはバードウオッチングに最適な所だ。

　ラヌヒラから断崖絶壁を左側に見ながら3時間（約9km）平原を歩くと、マキ・キャニオンCanyon des Makisという渓谷にたどり着く。名前のとおり、ここにはワオキツネザル（通称マキ）やベローシファカが生息している。野生なのでかなり警戒心は強いものの、持ち前の好奇心で遠巻きながら人間の様子をうかがう姿は何ともほほ笑ましい。また、隣のラッツ・キャニオンCanyon des Ratsではバーラ族の墓が見られる。

　そのほか、公園の北の端にはポルトガル洞窟Grotte des Portugaisと呼ばれる幅30m高さ3mの洞窟や、国道7号線沿いには、冠を付けた女王のように見えることからイサルの女王La Reine de l'Isaloと呼ばれる砂岩、砂岩の壁に窓のように穴が開いていることからイサルの窓La Fenetre de l'Isaloと呼ばれるポイントなどがある。イサルの窓はサンセットのビューポイントになっていて、日没前はたくさんの旅行者が集まる。

"イサルの窓"と称されている砂岩

92

# HOTEL ホテル

町の中心部にはエコノミーな宿が多く、バンガ
ロータイプの高級ホテルはほとんどが郊外にある。
自家発電の高級ホテルは別として、22：30 ～翌日
早朝は電気がカットされるホテルもある。

▶ イサルの最高級ホテル
## ホテル・ル・ジャルダン・デュ・ロイ
Hotel Le Jardin Du Roy

町から南西へ約10km、大山塊の広がる自
然のなかに、周囲と同化するように建つ総石
造りの高級リゾート。全15室の客室のうち、
スタンダードはメゾネット形式でバスタブも
付く。自家発電のため24時間電気の使用が
可能。プールや乗馬の施設もある。ディナー

はコースのみ。
同じ敷地内には、
H ルレ・ド・ラ・
レーヌ Relais de
la Reine という高
級ホテルがある。
料金は S D T
Ar30万6000。

客室はおしゃれな雰囲気

地図 P.91-B3
住 Ranohira
TEL (020-22)351-65
（予約先はアンタナナリボのMadagascar Discovery Agency）
URL www.lejardinduroy.com
料 S D T Ar39万6000
TAX 込み CC MV

▶ 開放的なロケーション
## モーテル・ド・リサル
Motel de l'Isalo

町から約1.5km離れた平原に立つ、あたたか
な雰囲気が印象的な石造りのバンガロー。ホ
テル周辺には建物がほとんどないので、開放
的な空間だ。はるか前方には、イサル国立公園
の砂岩を望
むことがで
きる。全62
室。

しっかりした
造りの部屋

地図 P.91-B3　住 Ranohira
TEL (022-22) 315-04
URL www.motel-isalo.com 料 S D T Ar10万
TAX 1泊につき Ar2000/室 CC 不可

▶ 伝統家屋のバンガロー
## イサル・ランチ
Isalo Ranch

アフリカンスタイルの素朴でかわいらしいバ
ンガロー。テントサイトも設けている。また、
約5km離れたラヌヒラの町まで無料バスが走っ
ている。イサル公園内の観光用に、4WD車の
アレンジも可能。

地図 P.91-B3　住 313 Ranohira　TEL (020-26)011-11
URL www.isalo-ranch.com 料 S D Ar16万
TAX 1泊につき Ar2000/室 CC 不可

あたたかみを感じさせる室内

▶ こぎれいな安宿
## レ・トワレ・ド・リサル
Les Toiles de l'Isalo

こぎれいな敷地内にかわいらしいバンガロー
が並び、室内は清潔で、気持ちがいい。バー、
レストラン、プールなど、安宿ながら設備も充
実している。

地図 P.91-B3　住 12 Rue Fredy Rajaofera, Ranohira
TEL (020-22)245-34
e-mail toilesdisalo@moov.mg
料 S Ar8万5000～10万5000　D Ar9万～14万
TAX 1泊につき Ar2000/室 CC 不可

▶ お気に入りの部屋がきっと見つかる
## ホテル・オルキデ
Hotel Orchidée

れんが造り、鉄筋コンクリート、石造りと
素材の違う建物が5棟あり、それぞれ間取りと

料金が異な
る。新棟と
旧棟があり、
新棟の部屋
は、広々と
して快適。

石造りの棟の
部屋

地図 P.91-B3　住 Ranohira　TEL 032-06-918-75
URL hotel-orchidee-isalo.com
料 S D Ar7万6000～13万　TAX 込み CC 不可

ラヌヒラ Ranohira ● おもな見どころ／ホテル

# ファマディハナ Famadihana

マダガスカル人の先祖に対する思いは半端じゃない。なにしろ生きているときと同様に、あるいはそれ以上に死後のほうに重点が置かれているのだから……。

例えば、墓は住居よりも立派に作られ、生前はボロボロの服を着ていても遺体を包む布には高級な絹が使われるなど、マダガスカル人は死後のためにもお金を使う。彼らにとって「死」は終着地点ではなく、この世に存在し続ける最も高い位で、それが「先祖」という考え方なのだ。だからマダガスカル人の人生最後の目的とは、永遠の安住が得られる「名誉ある先祖」になることなのだという。

先祖は、生きている人たちの日常生活のなかに深く関わり続ける。それを最も表現しているのが「ファマディハナ」だ。ファマディハナは、おもに中央高地の民族で行われるもので、先祖を敬い、感謝の心を込めて盛大に執り行われるマダガスカルで最も有名な儀式である。これと似たような儀式がインドネシアなどでも行われていたという事実は、マダガスカルのインドネシア起源説を裏付ける要素となっている。

石造りの大きな墓から一族のすべての遺体を運び出し、遺体を包んである布を新しい布に替え、先祖との再会を祝って宴会を開き、再び遺体を元の墓へ戻すというもので、この儀式は数年に1度、親戚や村人たちを集めて大々的に行わ

ランバメナに包まれた先祖の遺体

れる。相当に費用がかかるため、3年に1度のこともあれば10年に1度というように、一族によって開催する間隔が異なってはいるが、開催時期は乾季の5月から10月と決まっている。

6月のある日、アンツィラベ郊外のファマディハナに出かけてみた。水田に囲まれた小高い丘の一角に、石造りの大きな墓があった。中をのぞくと、いくつかの石の棚が設けられており、その棚の上にここ100年の一族の遺体が安置されていた。

一体ずつ大きな布ですっぽり包まれているそれらの遺体を、親戚の人たちですべて外へ担ぎ出し、ござの上へと並べた。20体ほどある。白かったであろう布は茶色に変色し、骨だけとなった遺体はずいぶんと小さくなっていた。

古い布はそのままに、その上からランバメナ Lambamenaという新しい白い布で遺体が包み直された。一般的に、遺体には何も印を付けず、墓に安置されている位置などで誰の遺体かがわかるようになっているというが、私が訪れた一族のところでは、布の上からボールペンで名前を書き入れていた。驚いたのは、別々に包まれていた夫婦の遺体を、1枚の布で包んだことだ。

男性たちが布を替えている間、女性たちは宴会の準備に忙しい。大勢の人が集まるため、かなりの量の食事を用意しなければならないのだ。夕方、墓の側の広場で宴が始まり、歌や踊りで盛り上がった。そして翌日、遺体は元の墓へと戻された。

私が見たファマディハナは2日間行われたものだが、3日間が最も一般的。ただし簡素化して1日で終わらせてしまうところもあれば、もっと長く続ける一族もあるという。いずれにしてもファマディハナは、どんなに貧乏であっても、死ぬまでに絶対やらなければならない儀式なのだという。

宴会のごちそう作りに忙しい女性たち

# Nosy Be
# & Northern Madagascar
## ノシ・べとマダガスカル北部

ノシ・べ、マディルケリーの風景

ディエゴ・スアレス郊外、アンカラナ特別保護区で見られるツィンギー

# Nosy Be &

## ノシ・ベとマダガスカル北部

# Northern Madagascar

**首**都アンタナナリボに次ぐ観光地として知られるノシ・ベを含むマダガスカル北部は、比較的季節の違いがはっきりしている。といっても四季ではなく、ふたつの季節に分けることができる。12月から4月が夏季で、北西のモンスーン（季節風）が大雨をもたらし雨季となる。一方5月から10月までは冬で、比較的乾燥していて過ごしやすい季節となる。特にノシ・ベ近郊では、この時期に最も快適な滞在が期待できる。

　ノシ・ベを代表とする北西岸のいくつかの島は、太古の火山活動によって生まれたものだ。だからこの地域の沿岸は平坦な砂浜が続くわけではなく、ギザギザしていて変化に富んでいる。ノシ・ベより北にある島は観光的にはほとんど知られていないが、ヤシの木の緑と青い海の美しさは、まさに“楽園”といえるほどの魅力がある。

　本島の北部は、最初にアラブ人が入植した所だ。北端のアンバー岬周辺には多くの入江があり、景観に目を引かれる。また東岸には、マダガスカルで3番目に大きな港町、ディエゴ・スアレスDiego Suarez（アンツィラナナAntsiranana）がある。フランスの植民地時代、ここはフランス海軍の最重要基地だった。

ディエゴ・スアレス近郊のバン・ド・シュークル（右の島）

　内陸にはアンバー山国立公園Parc National de Montagne d'Ambreやアンカラナ特別保護区Réserve Spéciale de l'Ankaranaがあり、さらに南方にはツァラタナナ山塊Tsaratanana Massifが鎮座している。2000mを超える山々

の連なりは、畏敬の念を抱かせるほどに迫力がある。

　とにかくマダガスカル北部では、次から次へと思いもよらない景色が展開する。エメラルド色の美しい海、変化に富んだ沿岸、生態系豊かな森林、山塊などなど。人間を簡単には寄せつけないような自然に覆われているかと思うと、肥沃な大地が広がっていたりする。それら「思いがけない

ノシ・べにあるリゾートホテル

景色」のひとつとして、豊かな富をもたらす香料植物の畑も見逃せない。ツァラタナナ山塊の周囲は肥沃な土地として知られており、この地方では世界生産量の約30％を占めているともいわれるバニラの栽培が盛んだ。おそらく、この地域の湿気を帯びた暑い気候がバニラに合っているのだろう。ほかにコーヒーやクローブ、ココナッツなどの栽培も行われている。

## マダガスカル北部

0　25　50km

アンバー岬
Cap d'Ambre

ディエゴ・スアレス湾
Baie d'Diego Suarez

Antsahampano

ディエゴ・スアレス（アンツィラナナ）
Diego Suarez(Antsiranana)

アヌルンタニー半島
Saikanosy Anorontany

Jotfreville
(Ambohitra)

インド洋
Océan Indien

モザンビーク海峡
Canal du Mozambique

アンバー山国立公園
Parc National de
Montagne d'Ambre

▲Montagne d'Ambre
1475m

Nosy Lava

Irodo

レッド・ツィンギー
Les Tsingy Rouges

Anivorano

Archipel des Mitsio

Nosy Mitsio

コンスタンス・サルバンジナ
Constance Tsarabanjina

Réserve Spéciale
d'Analamerana

Irodo

Nosy Tsarabanjina

アンカラナ特別保護区
Réserve Spéciale de l'Ankarana

ル・ザヒル・ロッジ
Le Zahir Lodge

Antsohimbondrona

ノシ・べ
Nosy Be

Baie d'Ambaro

Ambilobe

Daraina

Iharana
(Vohémar)

エル・ヴィル
Hell-Ville

Nosy Faly

Beramanja

ノシ・イランジャ
Nosy Iranja

Nosy Komba

Ambarakaraka

Milanoa

Fanambana

アンキフィ
Ankify

Ambanja

Mahavavy

Fanambana

Tsaratanana
2876m

Réserve Naturelle Intégrale
de Tsaratanana

Marotolana

Réserve Spéciale
de Monongarivo

Bemarivo

サンバヴァ
Sambava

Mzrobzadia

Mangindrano

Parc National
de Marojejy

▲Marojejy
2137m

Lokoho

マハザンガ、アンタナナリボへ

1

# Nosy Be

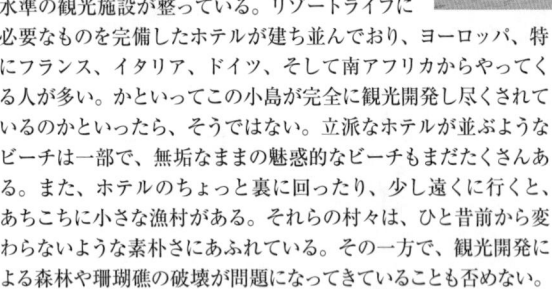

2

ノシ・ベ

ノシ・ベ
★
●アンタナナリボ

**マ**ダガスカル本島の北西部沿岸沖、アンキフィ Ankify から15kmほどの所に、長径約30 km、短径約20kmの山の多い小島ノシ・ベがある。「ノシ」はマダガスカル語で「島」を意味する。マダガスカルに観光で訪れた人は必ずこの島に立ち寄るほど、観光地として有名なところだ。

実際ノシ・ベは、マダガスカルのなかでも高い水準の観光施設が整っている。リゾートライフに必要なものを完備したホテルが建ち並んでおり、ヨーロッパ、特にフランス、イタリア、ドイツ、そして南アフリカからやってくる人が多い。かといってこの小島が完全に観光開発し尽くされているのかといったら、そうではない。立派なホテルが並ぶようなビーチは一部で、無垢なままの魅惑的なビーチもまだたくさんある。また、ホテルのちょっと裏に回ったり、少し遠くに行くと、あちこちに小さな漁村がある。それらの村々は、ひと昔前から変わらないような素朴さにあふれている。その一方で、観光開発による森林や珊瑚礁の破壊が問題になってきていることも否めない。

しかしながら、とにかくノシ・ベは、気候が安定しており、海は静かできれいだし、1年中泳ぐことができるなど、魅力にあふれている。**「インド洋のタヒチ」**と呼ばれ、観光客がこぞってバカンスを過ごしにやってくるのもうなずける。

**ま**たノシ・ベは、**「香料の島」**とも表現される。香水の原料として使われる**イラン・イラン** l'Ylang Ylang が島中で栽

培され、その花が甘く芳しい香りを放っているからだ。バンレイシ科のイラン・イランの花には可憐さがあり、咲きたては緑であとから黄色くなる。イラン・イラン以外にも、コショウやそのほかの香辛料の栽培も盛んに行われており、ココナッツのプランテーションもある。またサトウキビ畑が広がり、サトウキビから作られるラム酒も名産となっている。

ノシ・ベの郡都は**エル・ヴィル Hell-Ville**で、この名はフランス海軍のエル提督にちなんでつけられたものだ。1841年当時、彼はブルボン島（現レユニオン）の総督だったが、ノシ・ベも彼のテリトリーに入っていた。そしてこの辺一帯を支配していたサカラヴァ族の女王を援助したために、彼の名が取られたというわけだ。以前はマダガスカル語名のアンドゥアニー Andoany が使われていたが、現在ではエル・ヴィルが通称となっている。

1.美しい静かなビーチと、気の置けないリゾートがノシ・べの魅力　2.派手な民族衣装を着た女性が多い　3.いい香りのするイラン・イランの花

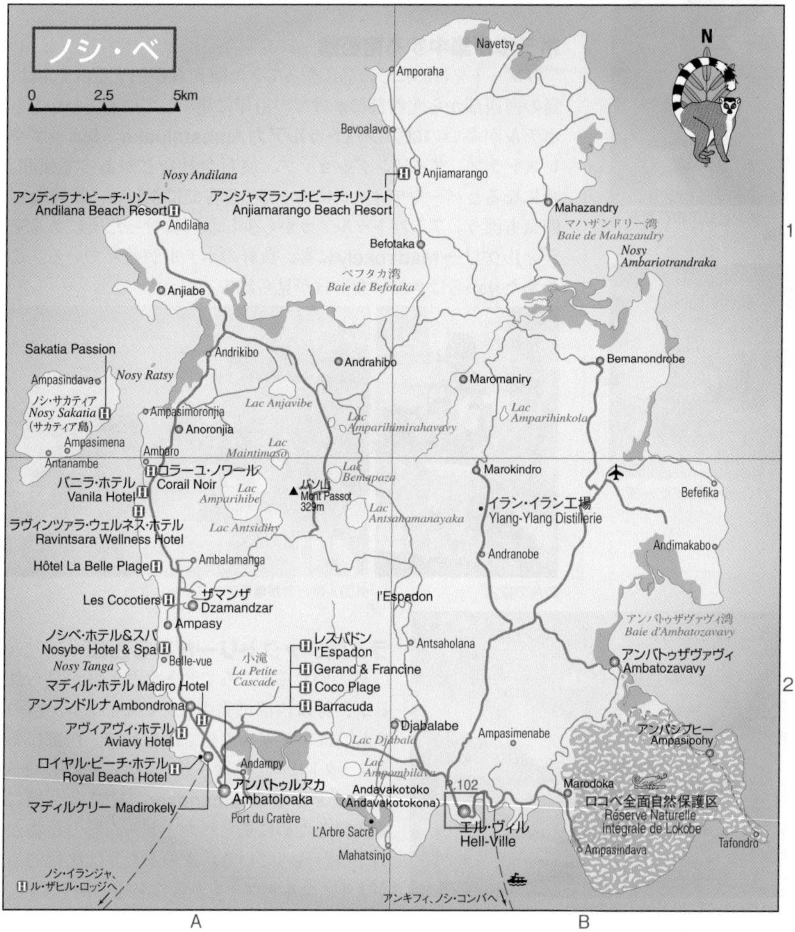

## ノシ・ベ

0　　2.5　　5km

N

Navetsy

Amporaha

Bevoalavo

Anjiamarango

Mahazandry
マハザンドリー湾
Baie de Mahazandry

Nosy Andilana
アンディラナ・ビーチ・リゾート
Andilana Beach Resort
Andilana

アンジャマランゴ・ビーチ・リゾート
Anjiamarango Beach Resort

Befotaka

ベフタカ湾
Baie de Befotaka

Nosy Ambariotrandraka

Anjiabe

Andrikibo

Andrahibo

Bemanondrobe

Sakatia Passion

Maromaniry

Ampasindava
Nosy Ratsy
ノシ・サカティア
Nosy Sakatia
（サカティア島）

Ampasimoronjia
Anoronjia

Lac Anjavibe

Lac Amparihimirahavavy

Lac Amparihinkola

Marokindro

Ampasimena

Antanambe

Ambaro

コラーユ・ノワール
Corail Noir

Lac Maintimaso

Lac Bemapaza

バニラ・ホテル
Vanila Hotel

Lac Amparihibe

パッソ山
Mint Passot
329m

Lac Antsamanayaka

イラン・イラン工場
Ylang-Ylang Distillerie

Befefika

ラヴィンツァラ・ウェルネス・ホテル
Ravintsara Wellness Hotel

Lac Antsidiky

Andimakabo

Hôtel La Belle Plage
Ambalamanga

Andranobe

Les Cocotiers
ザマンザ
Dzamandzar

l'Espedon

アンバトゥザヴァヴィ湾
Baie d'Ambatozavavy

ノシベ・ホテル&スパ
Nosybe Hotel & Spa
Nosy Tanga
Belle-vue

レスパドン
l'Espedon

Antsaholana

アンバトゥザヴァヴィ
Ambatozavavy

マディル・ホテル Madiro Hotel
アンブンドルナ Ambondrona

Gerand & Francine

Coco Plage

アンパシプヒー
Ampasipohy

アヴィアヴィ・ホテル
Aviavy Hotel

Barracuda

小滝
La Petite Cascade

Djabalabe

ロイヤル・ビーチ・ホテル
Royal Beach Hotel

Andampy

Lac Ampasimbilina

Ampasimenabe

マディルケリー Madirokely

アンバトゥルアカ
Ambatoloaka
Port du Cratère

Lac Djabala

Andavakotoko
(Andavakotokona)

R.102

Marodoka

ロコベ全面自然保護区
Réserve Naturelle Integrale de Lokobe

L'Arbre Sacré

エル・ヴィル
Hell-Ville

Ampasindava

Tafondro

Mahatsinjo

ノシ・イランジャ、
ル・ザヒル・ロッジへ

アンキフィ、ノシ・コンバへ

A　　　　　　　　　B

1

2

**ノシ・ベへの行き方**
●飛行機
　ツァラディアがアンタナナ
リボから1日1〜2便運航して
いる。所要約1時間30分、
€107〜。
●船
　本島のマハザンガ（マジュ
ンガ）やアンキフィなどから、
大小さまざまな船が出てい
る。

ブーゲンビリアの花を運ぶ
子供

アンバトゥルアカのビーチ

# オリエンテーション ORIENTATION

## 島のへそにあたるエル・ヴィル

人々でにぎわうエル・ヴィルのマーケット

　ノシ・ベの中心地は、島の南部にあるエル・ヴィル Hell-Ville。生活用品を売る市場や商店、銀行、オフィスなどが集まっている、活気あふれる町だ。ほかの島からの船が着く港もこの町にあるので、いつも人でにぎわっている。最近は欧米人の集まるホステルや、おしゃれなショップ、レストランも増えてきた。残念ながら近くにはビーチがないので、海で泳ぐには町から少し離れた所に行かなければならない。

## ホテルが集中する南西部

　リゾートを目的にこの島にやってきた観光客が泊まるホテルは、島の南西部から北西部にかけての沿岸に集中している。なかでもホテルが多いのは**アンバトゥルアカ** Ambatoloaka。ショップやレストラン、ダイビングショップ、旅行会社などがあって便利。夜になるとバーやディスコにやってくる客でにぎわい、猥雑な雰囲気も漂う。アンバトゥルアカから少し北西に行った所にある**マディルケリー** Madirokely にも、数軒のホテルが並んでいる。このあたりからはきれいな夕日が見られる。

町角の露店

外国人旅行者が集うアンバトゥルアカ

今は使われていないドーム形の建物

## ラム酒ファクトリーがある西部

　島のいたるところでサトウキビ畑が見られるが、特に西部に集中している。ノシ・ベのラム酒はマダガスカルでは有名で、西部にあるファクトリーで生産されている。中心になる村は**ザマンザ** Dzamandzar。村では台風に耐え得るために造られた、ドーム形の建物がいくつか残っている。このあたりは比較的道がよく、エル・ヴィルからの交通の便もよい。

# 交通案内　TRANSPORTATION

## 島内の交通

　島内の移動には、**タクシー**か、**乗合タクシー**を利用する。エル・ヴィルと島内のおもな村は、乗合タクシーが頻繁に行き来している。ただし、北部に行く乗合タクシーは数が少ない。

　エル・ヴィルの乗合タクシー乗り場はマーケットの北東にある。同じ方向に行く人が何人か集まったら出発するのだが、北部行き以外は比較的簡単に人が集まる。エル・ヴィル以外には特定の乗合タクシー乗り場があるわけではないので、好きな所で乗り降りができる。運転手にどこで降りたいのか告げよう。逆に各村からエル・ヴィルに向かうときは、乗合タクシーが通る道で車が通りかかるのを待つ。席に空きがある場合は乗せてもらえる。乗合タクシーの運行は6:00〜17:00。

　また、各ホテルで自転車やバイクをレンタルすることもできる。アンバトゥルアカにも、**自転車**や**バイク**のレンタルショップが何軒かある。

客待ちするタクシー

### ノシ・べから船でアンキフィへ

　ノシ・べから本島のほかの町に移動するには、エル・ヴィルから船で本島の**アンキフィ Ankify**に渡り、そこからタクシー・ブルースを利用することになる。エル・ヴィルの港から出るアンキフィ行きの船は、乗客がいっぱいになってから出発するので、待ち時間は推測できない。朝早いほうが人が集まりやすいので、午前中に移動するようにしたほうがいいだろう。船会社は2社あるが、どちらも値段、サービス、早さに変わりはない。スカーフや帽子などを用意しておくとよい。

　アンキフィに着くと、船着場のすぐ側でタクシーやタクシー・ブルースが待機している。タクシー料金は高いので、しっかりと交渉すること。アンキフィからは、**ディエゴ・スアレス（アンツィラナナ）**や**アンバンザ Ambanja**行きがある。ディエゴ・スアレスへは、アンバンザで車を乗り継いで行く方法もある。その場合には、ボートとタクシー・ブルースのコンボチケット（Ar5万5000）が便利。

エル・ヴィルの船乗り場

派手な伝統衣装を身にまとった女性

### 空港から市内へ
　空港はエル・ヴィルから12kmほど離れている。タクシーで町までAr3万程度。高級ホテルの多いザマンザ近郊まではAr6万。トゥクトゥクだともう少し安くなる。

### タクシーの運賃
　正規のタクシーには料金表があるが、交渉すれば安くなることも。夜は2倍になる。なお、最近はトゥクトゥクの数も増え、こちらはタクシーの半値より少し高いくらいで乗ることができるので便利。
●エル・ヴィルから

| | |
|---|---|
| アンバトゥルアカ | Ar3万 |
| マディルケリー | Ar3万 |
| ザマンザ | Ar3万 |
| アンディラナ | Ar6万 |
| ベフタカ | Ar8万 |

### 乗合タクシーの運賃
●エル・ヴィルから

| | |
|---|---|
| アンバトゥルアカ | Ar3000 |
| マディルケリー | Ar5000 |
| ザマンザ | Ar3000 |

### バイクのレンタル
　アンバトゥルアカにはバイクのレンタル店が点在している。1日Ar3万5000、半日Ar2万5000が相場。

### アンキフィへ
　エル・ヴィルからアンキフィへは、スピードボートで所要約30分、運賃はAr1万5000〜。運航時間は7:00〜16:00。乗客が集まり次第出発。スピードが遅めの通常のボートだと、所要約2時間、Ar8000〜1万2000。

## 観光案内所

地図 P.102-B2
住 Ambonara, Hell Ville
TEL 032-05-837-00
URL www.nosybe-tourisme.com
開 8:00～18:00（土 ～12:00）
休 無休

ノシ・べの観光案内所

## スーパーマーケット

●シャンピオン
Shampion
地図 P.102-A2
開 8:00～19:00（日 ～12:00）
休 無休

# 歩き方　WALKING AROUND

　エル・ヴィルの町は、小さくてとてもシンプルな構造。店やマーケット、乗合タクシー乗り場などがメイン通りの**ジェネラル・ド・ゴール大通り**Bd. General de Gaulleに集中している。メイン通りの始まりは、島の北東にある空港からの道と、西からの道がぶつかった所。道の左右には、安宿や地元の人が利用する食堂、ブティックやみやげ物店、屋台などがぽつぽつと並ぶ。500mほど南に進むと、食料品や生活必需品を売っているマーケットがある。乗合タクシー乗り場は、このマーケットの斜め前にある。

　このマーケットを境に道は3本に分かれる。メイン通りから続いている**独立大通り**Bd. de l'Indépendanceを進むと、みやげ物店、銀行、レストラン、郵便局などがある。そのまま道なりに東の方向に進むと、右側に**広場**Coursが見えてくる。広場の手前を右に入ると、観光案内所がある。スタッフは親切で、いろいろと教えてくれる。広場では、マダガスカルのおみやげとしても代表的な細かい刺繍を施したテーブルクロスを、何本も張ったロープにかけて売っている。

　さらに東へ進むと、港に突き当たる。ノシ・コンバNosy Kombaやアンキフィに行く場合は、この港から船に乗る。

102

# おもな見どころ SIGHTSEEING

### ■■■ノシ・ベ固有の動植物が見られる　　地図 P.99-B2
## ロコベ全面自然保護区
**Réserve Naturelle Intégrale de Lokobe**

　島の南東部にノシ・ベで唯一の保護区がある。ノシ・ベ特有の植物のほか、マダガスカル北部に生息しているクロキツネザルやカメレオン、ボア（大蛇）などが見られる。また鳥の種類も多く、エリア内ではあちこちで鳥がさえずっているのを耳にするだろう。みやげ物店や食堂などもある。入場料は1日Ar5万5000。

### ■■■イラン・イランの精製過程を見学　　地図 P.99-B2
## イラン・イラン工場
**Ylang-Ylang Distillerie**

　ノシ・ベは“香料の島”と呼ばれるように、香水の原料として使われるイラン・イランの産地として有名だ。島のあちこちでイラン・イランを栽培しており、そのオイルを抽出してヨーロッパなどに輸出している。島にある3つの工場のうち、エル・ヴィルから北約10kmの所にある工場は見学が可能。工場の周りはイラン・イラン畑になっており、いい香りが漂う。工場の見学後は、併設されたギフトショップでノシ・ベの特産品やマダガスカル雑貨の買い物を楽しむことができる。

工場内の蒸留タンク

### ■■■真っ白な砂州が2島を結ぶ　　地図 P.97
## ノシ・イランジャ
**Nosy Iranja**

　ノシ・ベに来たらぜひ訪れたいのが、ノシ・ベの西南沖に浮かぶノシ・イランジャ。ふたつの小島からなり、干潮時には約1.5kmの真っ白な砂州が2島を結ぶ。その光景は実に美しく幻想的。小さいほうの南側の島には **H**ル・ザヒル・ロッジが、大きいほうの北側の島には漁村があり、砂州を歩いて2島を行き来することができる。白い砂浜、透明な海、まぶしい太陽、静かな波の音……。まさに“楽園”と呼ぶにふさわしい場所だ。

干潮に向けて徐々にその姿を現すノシ・イランジャの砂州

---

クロキツネザルのメス

**ロコベ全面自然保護区**
**行き方** 島東部の町アンバトゥザヴァヴィ Ambatozavavy からアンバシプビー Ampasipohy へボートで渡り（約40分）、そこから徒歩で行く。アンバトゥザヴァヴィへ向かう道は途中から悪路になるので、4WD車がベター。現地のガイドを手配するか、ガイド付きのツアーに参加するとよい。各旅行会社で半日もしくは1日ツアーを扱っている（→P.105）。

**イラン・イラン工場**
●ドメーヌ・ド・フローレット
　Domaine de Florette
　宿、レストラン、イランイラン工場、スパイスガーデンなどを所有。敷地内を周遊するツアーを催行している。
**TEL** 032-07-529-79
**URL** www.domaine-de-florette.com
**料** ツアー €46（4～7名）

**ノシ・イランジャ**
**行き方** 島の南西部にあるマディルケリーからスピードボートで約1時間20分。エル・ヴィルやアンバトゥルアカにあるツアー会社の日帰りツアーに参加するとよい（→P.105）。

ノシ・ベ Nosy Be ● 歩き方／おもな見どころ

### 地図

ノシ・べ周辺図

Andilana
Baie de Befotaka
Baie de Mahazandry

ノシ・サカティア
Nosy Sakatia
（サカティア島）

Vavanandriana River

ノシ・べ
Nosy Be

Dzamandzar

Lac Ampambihe

Baie d'Ambatozavavy

Ambatozavavy

アンバトゥルアカ
Ambatoloaka

エル・ヴィル
Hell-Ville

アンパングリナナ
Ampangorinana

ノシ・タニケリー
Nosy Tanikely
（タニケリー島）

ノシ・コンバ
Nosy Komba
（コンバ島）

アンキフィ
Ankify

0 　5 　10km

Ambolobozo

Antsahampano

アンバンザへ

---

## ノシ・コンバ

**URL** www.nosykomba.com

**行き方** エル・ヴィルからスピードボートで40分〜1時間。定期便（8:00〜12:00）は片道Ar1万5000だが、チャーターすると往復約Ar10万。ノシ・タニケリーとセットになった1日ツアーに参加するとよい（→P.105）。

● レムール・パーク
Lemur Park
**料** Ar3万5000

## ノシ・タニケリー

**開** 7:00 〜 16:00
**休** 無休
**料** Ar2万

**行き方** スピードボートのチャーターで往復約Ar14万。ノシ・コンバとセットになった1日ツアーに参加するのが便利（→P.105）。

緑が美しいノシ・タニケリーのビーチ

---

■■■ クロキツネザルが生息する　地図 P.104

# ノシ・コンバ
## Nosy Komba

　ノシ・べと本島の間にある火山性の小さな島、ノシ・コンバ。以前は臨時便のボートがノシ・べから運航されているだけの隔離された島で、島内では自給自足の生活が営まれていたが、ノシ・べから近いこともあり、今では多くの観光客が訪れるスポットとなっている。数種類のキツネザルやヘビ、カメやカメレオンなどが見られるレムール・パークLemur Parkが人気。ノシ・べからの船が着く村アンパングリナナAmpangori-nanaには、アクセサリー、

民芸品、刺繍を施したテーブルクロスや子供服、バニラやラム酒など、ノシ・べのおみやげを売る小さい店がたくさん並んでいる。島には安宿もある。

ノシ・コンバのみやげ物店

■■■ スノーケルに最適　地図 P.104

# ノシ・タニケリー
## Nosy Tanikely

　ノシ・コンバの西側にあるとても小さい島。スノーケリングやダイビングを楽しみに訪れる観光客が多い。この島は海の生物の宝庫で、ロブスターやサンゴ、スターフィッシュ、無数のカラフルな魚や生き物が生息している。島の周りは浅瀬になっているので、海の色のグラデーションが美しい。ただし、サンゴの死骸が多いので、海に入るときは注意しよう。島の周囲には白い砂浜が広がり、ビーチ際まで多くの木が生えているので木陰が多く、食事をしたり、のんびり本を読んだりするのにぴったりだ。観光客がごみをそのまま島に残していくケースが多いが、必ず持ち帰ろう。

## おすすめツアー　　TOUR

動物を探しながら森
の中を散策する

ノシ・べでは、観光客が多いこともあって、毎日催行されている観光ツアーが多い。観光地でありながら英語があまり通じないので、ツアーに参加するのがいいだろう。しかし、ツアーのガイドもフランス語のみの場合があるので注意が必要だ。

### ノシ・コンバとノシ・タニケリーの1日ツアー

ふたつの島をボートで訪れるツアー。午前中にノシ・べを出て、ノシ・コンバに1時間ほど寄ったあと、ノシ・タニケリーに向かう。ランチは、ノシ・タニケリーでクルーが用意してくれるマダガスカル料理を味わう。スノーケリングや昼寝を楽しんだあと、再びノシ・べに戻る。ツアーによっては訪れる島の順番が逆だったり、ヨット内でランチを取ったりする場合もある。各ホテルと港までの送迎も付いて、料金はAr13万〜。

### ロコベ全面自然保護区への1日ツアー

ロコベ全面自然保護区を訪ねるツアー。午前中にエル・ヴィルを出発し、アンバトゥザヴァヴィへ向かう。そこから小型のピローグ（小舟）に乗って森の入口であるアンパシプヒーへ。森の中を散策したあと、昼食を食べて戻ってくる。森の中でのガイドは原則としてフランス語。英語のガイドをリクエストすることもできるが、対応できる人はそんなに多くない。各ホテルとエル・ヴィルまでの送迎も付いて、料金はAr12万〜。

## スポーツ＆アクティビティ　　SPORTS & ACTIVITY

すばらしい珊瑚礁があるノシ・べは、ダイビングやフィッシングをするにはうってつけの島だ。深く切り取られた海底渓谷のおかげで、ノシ・べには多種多様の魚が生息している。

フィッシングには、3月初旬〜6月半ば、9月半ば〜12月下旬のふたつの時期が適している。この時期にはフィッシングツアーが毎日のように催行されている。ツアーは、3〜4人乗りのボートを貸し切って海に出るのが一般的。

ダイビングには5〜10月が最適。それ以外の時期は店を閉めてしまうダイビングショップが多い。ダイビングスポットとして人気の島は、ノシ・べの北西にあるノシ・サカティア。ノシ・サカティアの海底はインド洋で最も美しいといわれており、カメや南国特有のカラフルな魚を見ることができる。

フィッシングやダイビングは、おもにアンバトゥルアカやマディルケリーにあるフィッシングショップやダイビングショップで手配する。ホテルでも申し込みができるところがある。

### ノシ・べのおもな旅行会社

●エヴァジオン・サン・フロンティエール
Evasion Sans Frontiére
各種ツアーを扱う。アンタナナリボ、ディエゴ・スアレスにもオフィスがある。
地図 P.102-B2
住 Rue Passot La Batterie, Hell Ville
TEL (020-86)614-41
URL www.evasionsansfrontiere.com

- ●ノシ・タニケリー＆ノシ・コンバ …………… €48
- ●ノシ・イランジャ…… €52
- ●ロコベ保護区…… €38
- ●ノシ・サカティア … €32

※グループツアー参加時のひとりあたりの料金。

●ノシ・べ・プロムナード
Nosy Be Promenade
住 Ambatoloaka
TEL 032-40-078-55

- ●ノシ・タニケリー＆ノシ・コンバ …………… Ar13万
- ●ノシ・サカティア … Ar12万
- ●ロコベ保護区 …… Ar12万

※グループツアー参加時のひとり当たりの料金。

●レ・ジリエンス
Les Ziliens
住 Amnatoloaka
TEL 032-58-202-70

- ●ノシ・タニケリー…… €35
- ●ノシ・サカティア…… €40
- ●ノシ・タニケリー＆ロコベ保護区 ………… €55
- ●サンセットクルーズ … €20

2019年、イタリア人がアンバトゥルアカにオープンしたツアー会社。「ゆったりと独自の体験を」をモットーに少人数制のツアーを催行。

### ダイビングショップ

●トロピカル・ダイビング
Tropical Diving
住 Ambatoloaka
TEL 032-49-462-51
URL tropical-diving.com
料 2ダイブ €72
　 4ダイブ €140 ※機材込み

ノシ・コンバのみやげ物店

# HOTEL ホテル

## ▶ ロマンティックな隠れ家リゾート
### ル・ザヒル・ロッジ
Le Zahir Lodge

　砂洲で結ばれたふたつの島からなるノシ・イランジャ。かつて南アフリカ資本の高級リゾートが営業していたが、マネージメントが変わり、よりリーズナブルに利用できるようになった。10室あるロッジはすべて異なる内装で、ザフィマニリの工芸品など、マダガスカルらしい調度品がうれしい。プールやトロピカルガーデンもリゾート感を盛り上げてくれる。レストランでの地元の食材を使った料理も楽しみのひとつ。バーもあるので、夜も楽しめるはずだ。

[地図] P.97
[住] Madirokely, Nosy Be
[TEL] 032-05-938-80
[URL] www.lezahir-lodge-nosybe.com
[料] S €63〜　D €126〜
※朝食込み（ハイシーズンは最低5泊〜）
※空港送迎€80/人
[TAX] 1泊につき €0.85/室
[CC] V

## ▶ ゴージャスなオールインクルーシブリゾート
### アンディラナ・ビーチ・リゾート
Andilana Beach Resort

　ノシ・ベ北部、アンディラナ・ビーチに位置する豪華リゾート。食事、ドリンク（アルコールを含む）が料金に含まれるオールインクルーシブパッケージを用意しており、滞在中はお金の心配をすることなく、リラックスして過ごすことができる。全204室と規模も大きく、レストラン、バー、プール、ブティックなど、充実のファシリティもうれしい。

のびやかなビーチが自慢

[地図] P.99-A1
[住] Plage de Andilana
[TEL] 034-65-000-10
[URL] andilanaresort.com
[料] S €195〜　D €330〜　※全食事、ドリンク込み
[TAX] 込み
[CC] MV

## ▶ 静かに過ごしたい新リゾート
### アンジャマランゴ・ビーチ・リゾート
Anjiamarango Beach Resort

　島の北端寄りのビーチにあるノシ・べの中級リゾート。DVDプレーヤーやセーフティボックスなど充実した設備のバンガローが敷地に点在。全室2台のベッドのほかに、18歳以下の子

供ならふたり泊まれるソファベッドを備えている。全28室。

トカゲのライトがかわいらしい

[地図] P.99-B1　[住] Anjiamarango Beach
[TEL] 032-02-655-98
[URL] www.anjiamarango-beach-resort.com
[料] S €42〜　D €62〜
[TAX] 込み
[CC] MV

## ▶ センスのよさが光る
### ノシベ・ホテル＆スパ
Nosybe Hotel & Spa

　島の南西部、マディルケリー北のベル・ビューにある3つ星ホテル。各部屋のインテリアはセンスがよく、ベッドや洗面台など随所にあしらわれた花が女性の心をくすぐる。レストランはビーチに面しており、目の前にあるノシ・タンガに沈む美しい夕日を眺めることができる。全50室。

緑のなかにたたずむ客室棟

[地図] P.99-A2
[住] Hell-Ville
[TEL] 034-06-771-89
[URL] nosybehotel.com
[料] S D €99〜
[TAX] 1泊につき €1.41/室
[CC] MV

▶ 設備の整った快適ホテル

## バニラ・ホテル
### Vanila Hotel

　広い中庭のあるリゾートホテル。落ち着いた雰囲気の部屋には、テレビ、エアコン、ミニバー、セーフティボックスが備わっており、快適に過ごせる。敷地内には、プールふたつ、レストランふたつ、バー 4つに加え、マッサージルームや読書室などもあり、設備が充実している。近辺の島々へのツアーやダイビングなどの申し込みもできる。

段々と続くプールがかわいらしい

地図 P.99-A2　住 Bemoko
TEL 032-03-921-01
URL vanila-hotel.com
料 D €126～
TAX 1泊につき €1.5/室
CC MV

▶ テラスからの眺めが美しい

## コラーユ・ノワール
### Corail Noir

　西海岸のアンバロ・ビーチに面した3つ星ホテル。ほとんどの部屋およびバンガローにはパティオかテラスがあり、美しい海を眺めることができる。各部屋はアメニティが充実しており、バスローブやヘアドライヤーも用意されている。スイートはジャクージ付き。プライベートビーチに加えて大きなプールもあるので、のんびりとリゾート気分が味わえる。不定期だが、1月から2月末まではクローズすることも多いので予約の際は要確認。

家具にはローズウッドを使用

地図 P.99-A2
住 Ambaro
TEL (020-86) 920-52、032-62-144-88
URL corailnoirmadagascar.com
料 要問い合わせ
TAX 1泊につき 約Ar5000/室
CC V

▶ ダイビング客に人気

## マディル・ホテル
### Madiro Hotel

　マディルケリーにある3つ星ホテル。プールの周囲に立つ18棟のバンガローは、エアコン、ファン、ミニバー、セーフティボックス、蚊帳付き。シーフードが自慢のレストランでは、マダガスカル料理をはじめフランス料理やイタリア料理がいただける。併設のダイビングショップを通じてダイビングを楽しむ客が多い。

ビーチからは少し離れている

地図 P.99-A2
住 Madirokely
TEL 032-04-750-48
URL www.madiro-hotel.com
料 S D €50～60
TAX 1泊につき Ar5000/室
CC 不可

▶ 評判のトロピカルリゾート

## ラヴィンツァラ・ウェルネス・ホテル
### Ravintsara Wellness Hotel

　リゾートが建ち並ぶノシ・ベ西海岸のなかでも評判のリゾート。人気の秘密はスタイリッシュなデザインの客室とホスピタリティ。ガーデンやレストラン、客室など、管理がよく行き届いているため、気持ちよく滞在できる。ウッディなセミオープンのレストランでは、熟練シェフによるインターナショナルな料理が楽しめる。

ヤシの木が生い茂るトロピカルガーデン

地図 P.99-A2
住 Pk 15 Bemoko-Dzamandzar
TEL (020) 86-066-32、032-07-137-76
URL www.ravintsarahotel.com
料 D €225～　TAX 1泊につき €1.41/室
CC MV

## ▶ ロケーションがいい最新ホテル
### ロイヤル・ビーチ・ホテル
Royal Beach Hotel

マディルケリー・ビーチ前にある3階建ての大型ホテル。全室エアコン、セーフティボックスなど充実した設備をもつ。ロビーエリアはWi-Fi接続も可能。大きな  プール、海を見渡せる2階建てレストランなども居心地がいい。4つ星ホテルだけあり、スタッフの応対もすばらしい。

清潔感のある室内

| | |
|---|---|
| 地図 P.99-A2 | 住 Madirokely |

**TEL** 032-05-322-44、032-05-323-44
**URL** royalbeach.mg　**料** 要問い合わせ
**TAX** 込み
**CC** MV

## ▶ マリンテイストの部屋
### レスパドン
l'Espadon

アンバトゥルアカにある、カジキのマークが目印のホテル。4タイプある部屋は眺めによって料金が異なるが、どの部屋も十分な広さで、エアコン、テレビ、ミニバー付き。ビーチ沿いに立つので、砂浜に気軽にアクセスできるのはうれしい限り。Wi-Fiはロビーのみ。

シーフードのおいしいレストランを併設

| | |
|---|---|
| 地図 P.99-A2 | 住 Ambatoloaka |

**TEL** 032-11-021-21
**URL** www.espadon-nosybe.com
**料** Ⓢ Ⓓ €52〜63
**TAX** 1泊につき Ar1500/室
**CC** V

## ▶ 欧米人のたまり場
### タマーナ・ホステル
Tamana Hostel

2018年にアメリカ人がオープンしたバックパッカーズホステル。気の置けないおしゃれな内装で、ドミトリーも広々。眺めのよい屋上ではヨガも行っている。

三段ベッドのあるドミトリー

| | |
|---|---|
| 地図 P.102-A2 | 住 Hell-Ville |

**TEL** 032-49-977-26　**URL** tamanahostel.com
**料** Ⓢ Ⓓ Ar8〜10万　ドミトリー Ar2万5000〜3万
※朝食込み　**TAX** 込み　**CC** MV

## ▶ 「大きな木」という意味の
### アヴィアヴィ・ホテル
Aviavy Hotel

マディルケリーにある、ビーチに面したホテル。"アヴィアヴィ"とはマダガスカル語で「大きな木」という意味。シャワー・トイレ付きの部屋、トイレ共同の部屋がある。料金のわりに若干設備が頼りない印象だが、ロケーションはよいので人気がある。

オーシャンビューが楽しめる

| | |
|---|---|
| 地図 P.99-A2 | |

**住** Plage Madirokely
**TEL** 034-07-207-87
**料** Ⓢ Ⓓ €40〜70
**TAX** 込み　**CC** MV

## ▶ エル・ヴィルの人気ホテル
### ホテル・ディアマン・ディス
Hotel Diamant 10

エル・ヴィルの中心に位置するホテル。エアコン、ミニバー、テレビを備えており、お湯も十分に出る。スーパーがすぐ近くなので便利。アンダヴァクトゥク湾に面しており、特に夕暮れ時は美しい。全20室。エル・ヴィルにおいては気軽に利用できる数少ないホテルなので、なかなか重宝する。

部屋は清潔で過ごしやすい

| | |
|---|---|
| 地図 P.102-A2 | |

**住** 660405 Rue du Docteur Monceau La Batterie, Hell-Ville
**TEL** (020-86)614-48、032-07-739-14
**料** Ⓓ Ar4万2000〜12万4000
**TAX** 込み
**CC** 不可

## ▶ アットホームで人気
### ホーム・サカラヴァ
Home Sakalava

レストランも営業しているおすすめ宿。内装にこだわったおしゃれな客室が旅行者に人気。手作りヨーグルト付きの朝食もおいしい。レストランもある。

色使いがおしゃれな客室

| | |
|---|---|
| 地図 P.102-A2 | 住 Hell-Ville |

**TEL** 032-21-709-93　**URL** homesakalavanosybe.com
**料** Ⓢ Ⓓ €18〜　※朝食込み
**TAX** 込み　**CC** 不可

# RESTAURANT　｜レストラン｜

### ▶ 洗練されたフランス料理店
## ラ・プランテーション
### La Plantation

　フランス人夫妻が経営するホテル＆レストラン。落ち着いた雰囲気の店内で、新鮮な現地の素材をアレンジしたフランス料理がいただける。前菜、メイン、デザートの付くコース（ランチコースAr3万4000）がおすすめ。Wi-Fi完備。

カニを使った前菜のひと皿

地図 P.102-A2　住 Rue du Fortin　TEL 032-07-934-45
営 11:00～14:30、18:00～22:00（日はディナーのみ）
休 無休　CC MV

### ▶ 朝食におすすめ
## ロアジス
### L'Oasis

　エル・ヴィルでは比較的規模の大きなレストラン。バゲットやペストリー、新鮮なフレッシュジュースなど、朝食に最適なメニューが揃うが、1日中開いているので、休憩にも使える。広いのでイベントも頻繁に催されている。Wi-Fi完備。

地元の人や観光客でにぎわう

地図 P.102-A2　住 Camp Vert, Hell-Ville　TEL 034-75-
119-95　営 月～土 6:30 ～ 21:00、日 6:30 ～ 14:00
休 無休　CC 不可

---

## COLUMN

# ノシ・べ近海のアイランドリゾート

　マダガスカル島の周囲には、手つかずの自然が残る、小さくも美しい島々が点在している。近年の観光開発により、これらの小さな島には無垢な自然を楽しむことのできる快適なリゾートが増えつつある。ここで紹介するのは、ノシ・べ近海のふたつの島にあるアイランドリゾートだ。

　まずはノシ・べの南西約140kmに位置するノシ・サバNosy Sabaにあるリゾート、その名もノシ・サバNosy Saba。120haの島に、キツネザルなどマダガスカル固有の動物たちが生息し、真っ白なビーチと、エメラルドグリーンのラグーンが広がる美しい島だ。マダガスカルでも指折りのスタイリッシュなバンガローに、レストラン、バー、9ホールのゴルフ場など、充実の施設が揃う。

　そしてもうひとつは、ノシ・べの北東に位置するノシ・サルバンジナにあるコンスタンス・サルバンジナ Constance Tsarabanjina。インド洋で高級リゾートを展開するコンスタンスホテルズのオールインクルーシブ・リゾートだ。2013年に大改装を行い、リゾート内にはレストランやバー、ブティック、ライブラリー、スパを完備。アットホームな雰囲気のなか、快適に大自然を堪能できるリゾートだ。

洗練されたデザインの客室と美しい海（コンスタンス）

ノシ・サバのビーチ

H ノシ・サバ　　　　　　　　　　　地図 P.10
TEL 032-03-333-02（アンタナナリボ）
URL www.nosysaba.mg
料 S €150 ～　D €300 ～　※朝食込み
ボート送迎　ノシ・べから往復 €200/人
TAX 込み　CC MV
H コンスタンス・サルバンジナ　　　　　地図 P.97
TEL 034-02-152-29
URL www.constancehotels.com
料 S D €470 ～　※オールインクルーシブ
TAX 込み　※ともに特集記事参照→ P.33～34

# Diego Suarez (Antsiranana)

デ
ィ
エ
ゴ
・
ス
ア
レ
ス
（アンツィラナナ）

**デ**ィエゴ・スアレスはマダガスカル北部の中心として栄える町だ。公式にはアンツィラナナ Antsiranana という名称だが、昔からディエゴ・スアレスの名がよく使われている。この通称名は、1500年頃にこの港を最初に"発見"したとされているポルトガル人ディエゴ・ディアス Diego Diaz と、次に1506年に訪れたヘルマン・スアレス海軍提督 Herman Suarez の名前を組み合わせてつけられた。

　町が面している湾は周囲が156kmもあり、ブラジルのリオに次いで世界で2番目に大きな湾として知られている。しかも大きいだけでなくまれに見る天然の良港なので、フランス植民地時代からずっと注目されてきたところでもある。フランス海軍は1885年から、インド洋の最重要基地としてこの港を使ってきた。しかしマダガスカルの独立後、1973年の新条約締結により、撤退を余儀なくされた。

　長期にわたってフランス海軍基地だったからであろうか、漁業もさることながら、この町の経済を支えている重要な産業として船の修理が挙げられる。技術者もいれば船を修理するドックも十分にあるので、大きさ・種類を問わず、多くの船がマダガスカル中からここへ修理に持ち込まれるのだ。

デ ィエゴ・スアレスは日本とも縁があるところだ。第2次世界大戦下の1942年、日本とイギリスはディエゴ・スアレス湾で交戦した。その慰霊碑（→P.114）が市内に建立されていることは、そんなに知られていない。

ディエゴ・スアレスの町は、植民地時代の名残が感じられると同時に、建物にイスラム世界に共通する様式が見られるなど、イスラム的な雰囲気も漂っている。また、北部アラブ人系コミュニティの中心でもある。かつてヨーロッパ人が初めて訪れる以前から、アラブ人たちがこのあたりを交易の根拠地にしていたからかもしれない。ちなみにここの住民の過半数は、アンタンカラナ族とサカラヴァ族の人々だ。

町から離れると、コーヒーやカカオ、香水の原料となるイラン・イランの栽培地が広がっている。サトウキビや黒コショウも多く見かける。こうした植物の栽培は、北部一帯の経済を支えるものでもある。

気候は北部特有のもので、乾季は20℃前後、雨季は34℃くらいまで気温が上がる。夏は相当に暑いので、真夏にあたる時期の旅行は避けたほうがいいだろう。

1.郊外には田んぼと山の素朴な風景が　2.フランス湾に浮かぶパン・ド・シュークル　3.ディエゴ・スアレスの町並み

★ ディエゴ・スアレス（アンツィラナナ）

● アンタナナリボ

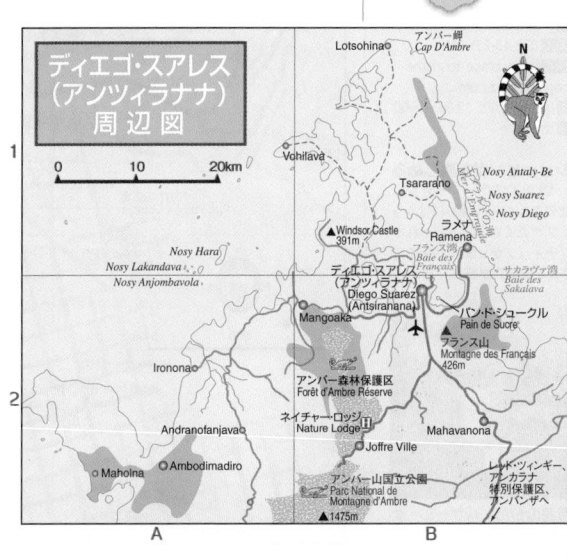

ディエゴ・スアレス（アンツィラナナ）周辺図

## ディエゴ・スアレスの市外局番

**82**

### ディエゴ・スアレスへの行き方

●飛行機

ツァラディアがアンタナナリボから1日1〜2便運航しており、所要約2時間、€123〜。

●タクシー・ブルース

アンタナナリボからの運行もあるが、数日かかる。Ar7万。ノシ・べの対岸アンキフィ、その近くのアンバンザからの運行もあり、所要約7〜8時間、Ar3万〜4万ほど。なお、道はかなり悪い。

予約制のタクシー・ブルースも運航している（→P.201）。

### 空港から市内へ

空港はディエゴ・スアレスの町から約8kmの地点。タクシーで町までAr 1万〜。

### タクシー・ブルース乗り場

ディエゴ・スアレスのターミナルは市街地から5km位南に位置する。市街地まではトゥクトゥクで片道Ar5000程度。

### 市内交通

ディエゴ・スアレスの中心部の移動なら、トゥクトゥクでAr1000〜3000（乗り合い）ほど。

### 観光案内所

地図 P.112-B1
住 Rue Colbert
TEL 032-43-231-61
URL www.office-tourisme-diego-suarez.com
開 9:30〜12:00、13:30〜15:00
休 土・日

### ショッピングも楽しめる

Ⓗル・グラン・ホテル以北のコルベール通りにはショップがたくさん。おしゃれなブティックから民芸品店までさまざまな店が揃う。

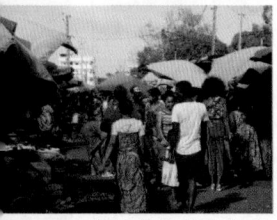

市民の台所、バザール・ケリー・マーケット

## 歩き方 WALKING AROUND

ディエゴ・スアレスの中心部は歩いて回れるほどの小さな町だ。町は南北に走る道を中心に広がっている。まずは、町の真ん中に当たる**フォシュ広場Place Foch**から歩き始めてみよう。この広場は地元の人がくつろげるちょっとした公園になっている。ここから北に向かって走っている道路が**コルベール通りRue Colbert**。この通りを中心に、ホテルやレストラン、観光案内所、銀行、商店などが並んでいる。T字路に突き当たったら、左方向へ進むと小高い丘が現れる。丘には**ジョッフルの像Joffre Statue**があり、海が見渡せる。

フォシュ広場から南へ向かう道はふた股に分かれている。東側の道を行くとレストランやみやげ物店がぽつぽつ並んでおり、途中で**10月14日広場Place du 14 Octobre**のほうへ南下すると、旅行会社やWWF、マダガスカル航空のオフィスがある。

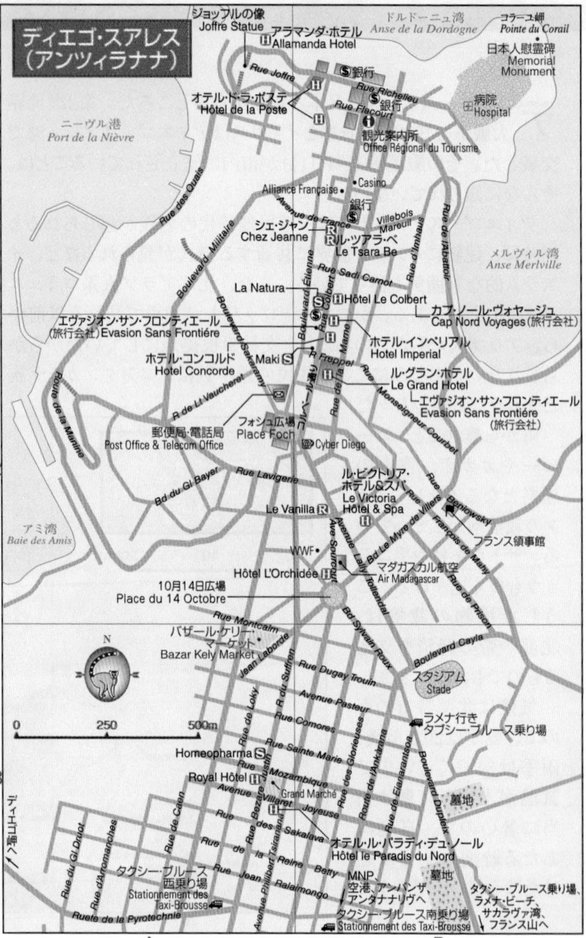

ディエゴ・スアレス（アンツィラナナ）
ジョッフルの像 Joffre Statue
アラマンダ・ホテル Allamanda Hotel
ドルドーニュ湾 Anse de la Dordogne
コラーユ岬 Pointe du Corail
日本人慰霊碑 Memorial Monument
Rue Joffre
銀行
Rue Richelieu
Rue Flecourt
オテル・ド・ラ・ポステ Hôtel de la Poste
病院 Hospital
ニーヴル港 Port de la Nièvre
観光案内所 Office Régional du Tourisme
Alliance Française
Casino
Avenue de France
Villebols Mareuil
Rue des Quais
Boulevard Militaire
シェ・ジャン Chez Jeanne
ル・ツアラ・ベ Le Tsara Be
Rue d'Imhaus
Rue de l'Abattoir
メルヴィル湾 Anse Merlville
Rue Sadi Carnot
La Natura
Hôtel Le Colbert
カプ・ノール・ヴォヤージュ Cap Nord Voyages（旅行会社）
エヴァジオン・サン・フロンティエール（旅行会社）Evasion Sans Frontiére
Boulevard Etienne
Rue Colbert
Rue de la Marne
ホテル・インペリアル Hotel Imperial
ホテル・コンコルド Hotel Concorde
Maki
R. Freppel
ル・グラン・ホテル Le Grand Hotel
エヴァジオン・サン・フロンティエール Evasion Sans Frontiére（旅行会社）
Boulevard Sakaramy
R. de Lt Vaucheret
Route de la Marine
Rue Monseigneur Courbet
フォシュ広場 Place Foch
郵便局・電話局 Post Office & Telecom Office
Cyber Diego
コルベール通り
Bd du Gl Bayer
Rue Lavigerie
ル・ビクトリア・ホテル＆スパ Le Victoria Hôtel & Spa
Rue Beniowsky
Le Vanilla
アミ湾 Baie des Amis
Rue François de Mahy
Bd Le Myre de Villers
フランス領事館
WWF
Ave Sourcouf
Avenue Lally Tollendal
マダガスカル航空 Air Madagascar
Hôtel L'Orchidée
10月14日広場 Place du 14 Octobre
Rue de Prison
Rue Montcalm
バザール・ケリー・マーケット Bazar Kely Market
Jean Laborde
Bd Sylvain Roux
Boulevard Cayla
R. du Suffren
Rue Dugay Trouin
スタジアム Stade
Avenue Pasteur
0 250 500m
Rue Comores
ラメナ行き タクシー・ブルース乗り場
Rue de Loky
Rue des Glorieuses
Route de l'Ankarana
Homeopharma
Rue Sainte Marie
Route de Ejanarantsoa
Boulevard Dupleix
Royal Hôtel
Rue Mozambique
Grand Marché
Avenue Villaret Joyeuse
Rue Bazaard Justin
墓地
ディエゴ湾へ
Rue des Sakalava
オテル・ル・パラディ・デュ・ノール Hôtel le Paradis du Nord
Rue du Gl Druot
Rue d'Arromanches
Rue de Caen
Rue de la Reine Betty
Avenue Philibert Tsiranana
タクシー・ブルース西乗り場 Stationnement des Taxi-Brousse
Rue Jean Ralaimongo
MNP、空港、アンバンザ、アンタナナリヴへ
タクシー・ブルース南乗り場 Stationnement des Taxi-Brousse
タクシー・ブルース乗り場、ラメナ・ビーチ、サカラヴァ湾、フランス山へ
Ruete de la Pyrotechnie
1 2 3 A B

マダガスカル航空オフィスの先には10月14日広場があり、広場から出ている7本の道のうち南西方向の太い道を進むと、地元の人々でにぎわう**バザール・ケリー・マーケット**がある。このあたりにはプスプス（人力車）も走っている。さらに南へ行くと、タクシー・ブルース乗り場がふたつある。

# おもな見どころ　SIGHTSEEING

## ■■■眺めがすばらしい　　　　地図 P.111-B2
## フランス山
### Montagne des Français

　ディエゴ・スアレスの町から南東約7kmの所にある、高さ426mの山。1942年に起こったマダガスカル軍とフランス軍の衝突における死者を追悼して、このように名づけられた。山の中には砦に使われたと思われる洞窟が今でも残っている。

　山の上からの眺めはすばらしく、フランス湾Baie des Françaisや"砂糖の島"という意味の、海に浮かぶ円錐形の島パン・ド・シュークルPain de Sucreが一望できる。山の麓には珍しいバオバブの木が生えている。

フランス山の麓にあるT字形のバオバブ

## ■■■色合いが美しい　　　　地図 P.97
## レッド・ツィンギー
### Les Tsingy Rouges

　ディエゴ・スアレスから南東へ65kmの地点に、赤土の岩が削られてできるレッド・ツィンギーがある。マダガスカルにあるほかのツィンギーと同じように雨風や太陽熱によって浸食され形成されたものだが、オレンジがかったきれいな色が印象的。また、ほかのツィンギーほど先が鋭角にとがっておらず、全体的に線がなだらかで丸みを帯びているのも特徴的だ。まるで地獄のような光景に、訪れる観光客は一様に驚いてしまう。谷底にツィンギーが並ぶ様子を上から見下ろせるほか、近寄って触れられるポイントまで行くことができる。

近づいて見てみよう

この世のものとは思えない風景

### フランス山
📋 Ar1〜3万
🚶行き方 ディエゴ・スアレスからラメナへ行く途中にあり、タクシーで約25分。料金は、待ち時間を含めた4時間貸し切り・往復でAr3万ほど。

### レッド・ツィンギー
📋 Ar2万5000
🚶行き方 ディエゴ・スアレスから車で約2時間。途中未舗装道路を走るので、4輪駆動のチャーターが望ましい。アンカラナ特別保護区に行くツアー（→下記）に参加すると、立ち寄ってくれることが多い。

### ディエゴ・スアレスのおもな旅行会社
●エヴァジオン・サン・フロンティエール
　Evasion Sans Frontière
地図 P.112-B2
住 62 Rue Colbert
TEL (020-82)217-23
URL www.evasionsansfrontiere.com
●サカラヴァ湾、デューンズ湾、ピジョン湾…Ar23万550
●アンカラナ特別保護区東部………………Ar38万6400
●レッド・ツィンギー……………………Ar20万3550
●フランス山…Ar16万9950
※4WD車での2人乗りツアー、ひとりあたりの料金。ガソリン料、入場料、ランチ、ミネラルウオーター込み。
●ディエゴ・スアレス→アンキフィ…4WD一台Ar53万5000
●オテル・ル・パラディ・デュ・ノール（→P.117）
　Hotel le Paradis du Nord
　評判の安宿で、ツアー会社も経営。大手よりはリーズナブルに手配可能。
●サカラヴァ湾、デューンズ湾、ピジョン湾…Ar17万5000
●レッド・ツィンギー…Ar20万
●レッド・ツィンギー→アンカラナ特別保護区→アンバンザ（1泊2日）………Ar29万
※4WD車1台あたりの料金。ガソリン代込み。

風の強い岬に立つ慰霊碑

**日本人慰霊碑**
[行き方] 病院の入口から入り敷地を抜けるとコラーユ岬に出るのだが、案内板も何もない。誰かに「メモリアル・ジャポネMémorial Japonais？」と聞いてみよう。

**ラメナ**
[行き方] ラメナ行きタクシー・ブルース乗り場（[地図] P.112-B3）からタクシー・ブルースでAr4000。タクシーだとAr4万～6万。所要45分～。

**エメラルドの海**
[行き方] ディエゴ・スアレスからツアー（→P.113欄外）が出ている。

**アンバー山国立公園**
　公園の入口にはMNPのオフィスがあり、ここで入園料を払ったりガイドを手配したりする。
[圓] 7:30～16:00
[休] 無休
[料] Ar5万5000／日
※ガイド料は、トレッキングコースとガイドのランクによりAr6万～8万。
[行き方] ディエゴ・スアレスから車で約1時間。タクシーは往復でAr10万ほど。タクシー・ブルース（Ar5000）の場合は、公園入口から4kmほど離れているジョッフル・ヴィルJoffre-Villeまで行き、そこから入口まで徒歩。

---

■■■ 海を望む壮観なロケーション　　　[地図] P.112-B1

## 日本人慰霊碑
### Memorial Monument

　町の北東部に立つ病院の裏側、コラーユ岬に面した風光明媚な場所に、第2次世界大戦中、日本軍がディエゴ・スアレスに出撃した際に戦死した4人の日本人特殊潜航艇乗組員の慰霊碑がある。2014年には修復作業が終了し、歴史スポットとしてぜひ訪れたい場所となっている。

---

■■■ 真っ白なビーチと美しい珊瑚礁　　　[地図] P.111-B1

## サカラヴァ湾とエメラルドの海
### Baie des Sakalava & Mer d'Emeraude

　ラメナRamenaから半島の東海岸に出ると、サカラヴァ湾に真っ白な砂の美しいビーチがある。ウインドサーフィンやカイトサーフィンに適したスポットだ。大きなバオバブの木も見られる。その先にはデューンズ湾Baie des Dunesと呼ばれる白砂のビーチがあるが、ここも人影が少なくピクニックに最適だ。

　またミネ岬Cap Mineを越えて北上すると、世界で1、2を争う美しさだというエメラルド色の海がある。その美しさは息をのむほど。遠浅なので、船からでも珊瑚礁や魚を見ることができる。

緑が美しいサカラヴァ湾

---

■■■ 豊かな自然のなかでトレッキングが楽しめる　　　[地図] P.111-B2

## アンバー山国立公園
### Parc National de Montagne d'Ambre

　ディエゴ・スアレスから南西におよそ40km行った所にある国立公園。アンバー山は、フランスの植民地だった1958年に国立公園に指定された。その後、マダガスカルの現地機関が事業を引き継いで現在にいたっている。

　アンバー山は降水量が多いので、植物の生育がたいへんよい。山の中ではシダ類やタコノキなど、この地方特有の植物が見られる。カンムリキツネザルCrowned Lemur、サンフォードキツネザルSanford's Lemurなど7種類のキツネザルがおり、また植物が密生しているため、爬虫類や昆虫、両生類なども数多く生息している。世界一小さいカメレオンが見られればラッキーだ。点在する美しい滝や、緑色の湖も必見。ぜひトレッキングを楽しみたい公園だ。キャンプ場もある。

大小のさまざまな滝がある

■■■ツィンギー（針山のような特殊な地形）が見られる　地図 P.97

## アンカラナ特別保護区
### Réserve Spéciale de l'Ankarana

　ディエゴ・スアレスからおよそ100km南に位置するこの森には、剣先のようにとがった石灰岩が連なるツィンギーや、たくさんの洞窟がある。ツィンギーは最近も新しく確認され、現在は保護区内の6ヵ所のツィンギーに名称がつけられている。いずれのツィンギーへもトレイルが設けられ、ガイド同伴で訪れることができる。一番大きいグランド・ツィンギー Grand TsingyへのコースはMNPオフィスから往復約28kmもあり、かなりきつい。片道約6kmの地点にあるツィンギー・ベナヴォニイ Tsingy Benavonyにもつり橋が架けられていて十分迫力があるのでおすすめだ。森の中には、カンムリキツネザルやサンフォードキツネザルなど10種類のキツネザル、珍しい鳥や昆虫がたくさん生息している。樹齢約700年といわれるバオバブの木なども見られる。保護区内にはキャンプ場もあり、アイアイ Aye-Ayeなど夜行性の動物やカメレオンを観察するために泊まりがけで訪れる人も多い。また、保護区の外にも質素なバンガローの宿がある。

　保護区内に入るには、必ずMNP公認のガイドをともなわなければならない。ツィンギーの中を歩き回るコースもあるので、丈夫で歩きやすい靴がおすすめ。また、洞窟内の散策に備えて懐中電灯を持っていくこと。

美しい鳥が見られる

**アンカラナ特別保護区**
　ディエゴ・スアレスからマハマシナ Mahamasinaにある東の入口まで、車で約2時間30分。入口にあるMNPオフィスで、入園料を払ってガイドを手配する。西の入口があるマツァブリマンガ Matsaborimangaまでは、道が悪いのでさらに時間がかかる。
🕐7:30～16:00
🈳無休
💰Ar6万5000／日
※ガイド料は、トレッキングコースとガイドのランクにより Ar2万5000～6万。

**MNPのすぐ隣にあるバンガロー**
🏠オウレリアン Aurelien
　14軒の蚊帳付きバンガロー（トイレ・シャワー共同）とレストランがある。明かりはランプのみ。
☎032-02-786-00
💰Ⓢ Ⓣ Ar5～8万
TAX 込み

上から見下ろせるツィンギー・ベナヴォニイ

巨大な洞窟の入口

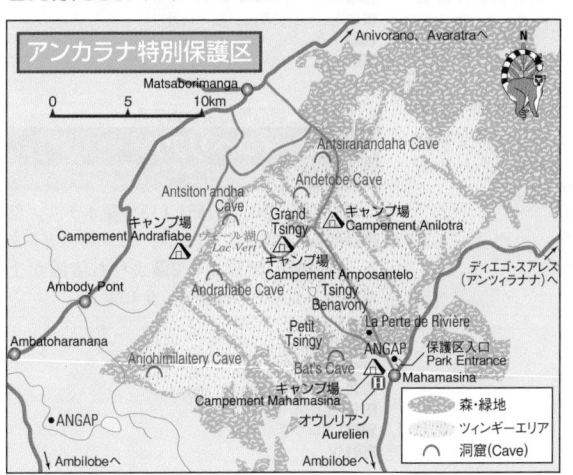

アンカラナ特別保護区

Anivorano, Avaratraへ
N
0　5　10km
Matsaborimanga
Antsiranandaha Cave
Antsiton'andha Cave
Andetobe Cave
キャンプ場 Campement Andrafiabe
レール洞 Lac Vert
Grand Tsingy
キャンプ場 Campement Anilotra
Ambody-Pont
Andrafiabe Cave
キャンプ場 Campement Amposantelo
Tsingy Benavony
ディエゴ・スアレス（アンツィラナナ）へ
Ambatoharanana
Petit Tsingy
La Perte de Rivière
Anjohimilaitery Cave
ANGAP
保護区入口 Park Entrance
Bat's Cave
Mahamasina
キャンプ場 Campement Mahamasina
●ANGAP
オウレリアン Aurelien
Ambilobeへ
Ambilobeへ
森・緑地
ツィンギーエリア
洞窟(Cave)

ディエゴ・スアレス（アンツィラナナ）Diego Suarez (Antsiranana) ●おもな見どころ

115

# HOTEL　ホテル

## ▶ 規模・設備ともに町でいちばん
### ル・グラン・ホテル
### Le Grand Hotel

　町の中心にある大きく立派なホテル。クリーム色が基調の部屋は、落ち着いた雰囲気でくつろげる。エアコン、ミニバー、セーフティボックス、テレビ付き。敷地内には大きなプール、スパ、銀行、ツアーデスク、カジノなどがあり、とても充実している。ふたつあるレストランやバーはおしゃれな雰囲気なので、少しドレスアップして行こう。

室内は広々

地図 P.112-B2
住 46 Rue Colbert
TEL (020-82)230-63
URL www.grand-hotel-diego.com
料 S D Ar37万5000〜
TAX 1泊につき Ar7000/室
CC MV

## ▶ アンバー山国立公園観光に便利
### ネイチャー・ロッジ
### Nature Lodge

　ディエゴ・スアレスから南に30km。アンバー山国立公園までわずか7kmという自然豊かな場所に位置する、その名のとおりナチュラルなロッジ。緑あふれる敷地内に、マダガスカル感あふれる12棟のシャレーが点在している。室内はおしゃれで、全棟にプライベートテラスが付いている。癒やしのローズウッドテーブルで供される料理は、季節の新鮮な素材を使ったヘルシー料理だ。

ぬくもりのある雰囲気のレストラン

地図 P.111-B2
住 Diego Suarez
TEL 034-20-123-06、034-20-123-05
URL www.naturelodge-ambre.com
料 S D €90 〜
TAX 込み
CC V

## ▶ ビーチに面した3つ星リゾート
### アラマンダ・ホテル
### Allamanda Hotel

　中心部から徒歩5分、目の前が海という抜群のロケーション。敷地はそれほど広くなくビーチも狭いが、芝生の庭や海に突き出した桟橋、プール、オーシャンビューのレストランと、リゾートに必要なものがひととおり揃う。

明るく快適な室内

地図 P.112-A1
住 Rue Richelieu
TEL (020-82)210-33
URL www.hotels-diego.com
料 S D Ar24〜30万
TAX 1泊につき Ar7000/室
CC MV

## ▶ ちいさなスパもある
### ル・ビクトリア・ホテル＆スパ
### Le Victoria Hôtel & Spa

スイート2室を含む全20室の3つ星ホテル。部屋は広くてきれい。空港送迎は片道Ar3万、朝食はAr14万。

ロケーションもよい

地図 P.112-B2
住 Rue Rigault
TEL 034-11-225-44
URL hotelvictoriadiego.com
料 S D T Ar10万〜　Su Ar16万
TAX 込み
CC V

## ▶ きれいで居心地のよいホテル
### ホテル・インペリアル
### Hotel Imperial

　町の中心部に立つ新しい3つ星ホテル。部屋は明るく清潔で、エアコン、ミニバーなどがある。3・4階の部屋は1・2階よりも値段が上がるが、見晴らしはよい。全40室。

地図 P.112-B2
住 65 Rue Colbert
TEL (020-82)233-39
URL www.hotelimperial-diego.com
料 S D T Ar10万2000
TAX 1泊につき Ar7000/室
CC MV

### ▶ 市街地では最も安い宿のひとつ

## ホテル・コンコルド
### Hotel Concorde

ロケーションの便利なローカル感のある宿。マダガスカル人客の姿も多い。客室はまずまずきれいで、Wi-Fiも完備。ツアーの手配も可能。全41室。

**地図** P.112-B2
**住** 67 Rue Colbert
**TEL** (020-82)240-32
**料** S D Ar5万〜12万
**TAX** 込み
**CC** MV

### ▶ リーズナブルにステイ

## オテル・ド・ラ・ポステ
### Hôtel de la Poste

町の北外れにある大きめのホテル。少し古さが目立つものの、掃除がきちんと行き届いている旧館と、2008年に海側にできた新館とで計135室。エアコン、テレビ、ミニバーなども揃っている。フロントでは、車のレンタルなども手配してくれる。

**地図** P.112-B1
**住** Boulevard Bazeilles
**TEL** 032-04-785-75
**URL** www.diego-hoteldelaposte.com
**料** S D €20〜39　新館€50〜75
**TAX** 込み
**CC** MV

**H** オテル・ド・ラ・ポステのシンプルな室内

### ▶ おすすめの安宿！

## オテル・ル・パラディ・デュ・ノール
### Hôtel le Paradis du Nord

町の南の端にあるホテル。中心地までは徒歩で15分ほどかかるが、目の前がマーケットでタクシー・ブルース乗り場にも近いので便利。部屋にはエアコン、ファン、テレビがある。親切なオーナーが、ツアーのアレンジなどいろいろと相談に乗ってくれる。全10室。

部屋はとても清潔

**地図** P.112-A3
**住** Avenue Princess Fatima Achimo-Antsiranana 20
**TEL** 032-04-859-64
**URL** www.leparadisdunord-diego.com
**料** S Ar4万2000　D T Ar3万2000〜5万2000
**TAX** 込み
**CC** 不可

# RESTAURANT　レストラン

### ▶ ゼブ牛のマークが目印

## ル・ツアラ・ベ
### Le Tsara Be

自家栽培の野菜やシーフード、ゼブ牛など新鮮な地の食材を使って作る本格的フランス料理店で、在住フランス人の支持を集めている。店内の水槽から取り出して調理するロブスターやゼブ牛のカルパッチョ、キングプロウンのグリルなどが人気。ワインも豊富に揃う。予算はひとりAr4万ほど。

テラス席もある

**地図** P.112-B1
**住** 36 Rue Colbert　**TEL** 032-04-940-97
**開** 7:00〜14:00、18:00〜23:00
**休** 無休　**CC** 不可

### ▶ 安くておいしい食堂！

## シェ・ジャン
### Chez Jeanne

簡素な掘っ立て小屋といった外観のガルゴット（フランス語で食堂の意）。おいしいローカル料理が格安で食べられる。毎週変わるプレートはAr1万3000。ゼブ牛やチキン、シーフードなど数種類から選ぶことができる。プレートの副菜はポテトのフライやソテー、野菜のソテーから選ぶ。英語はほとんど通じない。

エビのトマトソース

**地図** P.112-B1
**住** Rue Colbert
**TEL** なし
**開** 9:00〜22:00　**休** 無休

# Mahajanga (Majunga)

層になった崖が美しいシルク・ルージュ

樹齢700年以上といわれるバオバブの木

ベツィブカBetsiboka川の河口にある町、マハザンガ（マジュンガ）。18世紀から、この町は重要な貿易港として栄えており、東アフリカ、アラブ、西アジアからの船が多く寄港していた。ムスリムやインド人が多く住んでおり、町にはコスモポリタンな雰囲気が漂っている。植民地時代に建てられた建築物や真っ白なモスクが、町のいたるところで見られる。また、特徴的なのがプスプスと呼ばれる人力車が町の中を走っている光景だ。時間が許すならば、異国情緒あふれるこの港町に足を延ばしたい。

## 歩き方　WALKING AROUND

陸路でこの町に来ると、町の東側にある**10月14日通り**Avenue 14 Octobre沿いのタクシー・ブルース乗り場に着く。10月14日通りには多くの店が並び、活気にあふれている。**ガリエニ通り Ave. Gallieni**に入って西へ向かうと、植民地時代に建てられた建物が目につく。やがて、空港方面から続いている**解放通りAve. de La Libération**にぶつかる。ここから南側のエリアに、ホテルやレストランなどが集まっている。

## おもな見どころ　SIGHTSEEING

■■■夕日の絶景スポット　　　　　　地図 P.119-B1 外
### シルク・ルージュ
Cirque Rouge

マハザンガの町から12kmほど離れた所にある圏谷。山地が風と水によって浸食され、半円形状に窪地ができている。山肌は赤土がむき出しになっており、荒涼とした渓谷のようになっている。光の当たり具合によってピンク色に見える所もあり、表情豊かでおもしろい。圏谷は西向きに位置しているので、夕方には夕日を浴びていっそう赤くなる。山に登ることもできるが、足場は崩れやすいので注意。

### マ ハ ザ ン ガ
（マジュンガ）

## マハザンガの
## 市外局番

### 62

**マハザンガへの行き方**
●飛行機
　ツァラディアがアンタナナリボから週に5便運航。所要約1時間、€112〜。空港からはタクシーでAr1万5000。交渉次第で料金が変わる。
●タクシー・ブルース
　アンタナナリボから約12時間、車種によりAr3万〜3万7000。予約制のタクシー・ブルースもある（→P.201）。

**市内交通**
●タクシー
　市内ならAr3000〜。

**シルク・ルージュ**
行き方 タクシーは往復 Ar6万程度。往復の場合は、待ち時間の料金が上乗せされる。ツアーもある。

## ■■■ 豊かな動植物相　　　　地図 P.123-B1
# アンカラファンツィキャ国立公園
### Parc National d'Ankarafantsika

マハザンガから115km離れた所にある、約13万haの広さをもつ国立公園。落葉性の樹木がたくさんある乾燥林で、コクレルシファカCoquwewl's Sifakaを含む8種類のキツネザルが生息し、バードウオッチングにも適している。植物園を訪れるコースや湖へ行くコースなど、いくつかのハイキングコースがある。

コクレルシファカ

公園内の南側に位置するアンピズルア森林地区Station Forestiére d'Ampijoroaでは、この地方特有の植物が数多く見られる。爬虫類は38種類ほど観測されているが、夜行性のものが多いので、観察するにはキャンプをしたほうがいいだろう。

## ■■■ 洞窟探検　　　　地図 P.123-B1
# アンズヒベ洞窟
### Grottes d'Anjohibe

マハザンガから80kmほど北に行った所にある大きな洞窟。鍾乳石や石筍、石柱とひだのある岩肌を見ることができる。町から洞窟までは道が悪いので、4WDで行く必要がある。また、12～4月の雨季はいっそう道が悪くなるので、訪れることができない。

**アンカラファンツィキャ国立公園**
**開** 8:00～16:00　**休** 無休
**料** Ar5万5000／日
※ガイド料はコースによって異なる。MNPのオフィスで入場料と一緒に払うこと。
**行き方** タクシー・ブルースを利用する場合は、マハザンガからアンタナナリボ行きに乗って途中下車する。所要約2時間で、片道Ar1万ほど。タクシーは、1日貸し切りで往復Ar10万～15万。

マハザンガ（マジュンガ）

# HOTEL ホテル

## ▶ 町から1時間のリゾート
### ホテル・アンツァニティア・リゾート
#### Hotel Antsanitia Resort

マハザンガから20kmほど北東のアンツァニティア Antsanitia にあるリゾートホテル。ムリラ川 Riviere Morira の河口近くにバンガローが立ち、広い敷地内にはプールやレストラン、バーがある。ムリラ川クルーズなど、さまざまなツアーを催行している。

**地図** 地図外　**住** Majunga Be
**TEL** 032-03-911-00
**URL** www.antsanitia.com
**料** Ⓢ Ⓓ Ar29万6000～31万
**TAX** 込み
**CC** MV

## ▶ ビーチ沿いにあるホテル
### ザハ・モーテル
#### Zaha Motel

町から車で5分ほど行った所にある、ビーチ沿いのリゾートホテル。バンガロータイプの部屋は広めで、長期滞在者用にキッチンが付いている部屋もある。マハザンガ近郊への各種ツアーを催行しているので、何かと便利。

緑あふれる敷地

**地図** P.119-B1外　**住** Amborovy
**TEL** 034-65-262-63
**e-mail** zahamotel.mjn@sofitrans.mg
**料** Ⓢ Ⓓ Ar10万～15万5000
**TAX** 込み
**CC** 不可

## ▶ サービスの整ったリーズナブルな宿
### ココ・ロッジ
#### Coco Lodge

マハザンガでは最も高級な宿のひとつ。部屋はカジュアルで、調度品もなかなかおしゃれ。ビジネスセンター、コンシェルジュ、ラウンジ、小さなプール、ツアーデスクなど、ファシリティが整っており快適に過ごすことができる。

**地図** P.119-B2　**住** 49, Avenue de France 401
**TEL** (020-62)230-23
**URL** www.cocolodgemajunga-madagascar.com
**料** Ⓢ Ⓓ Ar19万
**TAX** 込み　**CC** MV

## ▶ マダガスカルで唯一のルレ・エ・シャトー
### アンジャジャヴィ・ル・ロッジ
#### Anjajavy le Lodge

マハザンガの北東100kmに位置する隔絶されたリゾート。ローズウッド（紫檀）を使用した高級感のあるロッジは快適そのもの。アンジャジャヴィ村で取れた有機栽培の野菜を使用した食事も評判が高い。マダガスカルで最も洗練されたホテルのひとつだ。

大きなインフィニティプール

**地図** P.10　**住** Majunga
**TEL** 034-44-447-47　**URL** www.anjajavy.com
**料** Ⓓ €399～　※朝・夕食込。宿泊は3泊～
**TAX** 1泊につき €2.2/室　**CC** MV

## ▶ 町の中心部にある
### ホテル・デュ・ヴュー・バオバブ
#### Hôtel du Vieux Baobab

旅行者によく利用されているホテル。テレビ、電話、ファンまたはエアコン付き。レストランではインド料理とヨーロッパ料理を出す。周りにもレストランが多いので、ホテルの前の道はいつもにぎわっている。

**地図** P.119-B2
**住** 15 Ave. de la République
**TEL** (020-62)220-35
**e-mail** hvb@moov.mg
**料** Ⓢ Ar8万2000　Ⓓ Ar8万7000
**TAX** 込み　**CC** 不可

## ▶ 白い建物が目印
### ホテル・アクバル
#### Hôtel Akbar

町の中心にあるホテル。建物が白いのでよく目立つ。部屋は掃除が行き届いているので、快適に過ごせる。トイレ、シャワー、小さい机が付いている。

**地図** P.119-A2
**住** Rue du Marechal Joffre et Ave. Gillon
**TEL** (020-62)222-55
**e-mail** hotelakbar@moov.mg
**料** Ⓢ Ⓓ Ar9万
**TAX** 1泊につき Ar2000/室　**CC** 不可

# Morondava
# & Western Madagascar
## ムルンダヴァとマダガスカル西部

バオバブの並木道で遊ぶ子供たち

# Morondava &
## ムルンダヴァとマダガスカル西部
# Western Madagascar

　ムルンダヴァを中心としたマダガスカル西部は、東部より降雨量が少ないため、南へ行くほど乾燥しており、トゥリアーラ以南は砂漠化している。湿度が低いので、高温のわりには過ごしやすいのが特徴だ。マダガスカルでも最もアフリカらしい表情と、変化に富んだ気候と地形をもつ西部には、見どころがたくさんある。

　まず挙げられるのが、童話『星の王子さま』に出てくるバオバブの木だ。西部で多く見られ、特に西部第2の町ムルンダヴァ北部に集中している。そのムルンダヴァの「バオバブの並木道」は、マダガスカルで一番有名な景色のひとつになっている。樹齢500年以上の木もあるというから驚きだ。また、キツネザルや爬虫類などが生息するキリンディー森林保護区 Réserve Forestière de Kirindy にも、ムルンダヴァから日帰りで行ける。緩やかな流れのツィリビヒナ Tsiribihina 川の川下りもおすすめだ。さらに、ユネスコの世界自然遺産に登録されているツィンギー・ド・ベマラハ国立公園 Parc National des Tsingy de Bemaraha にも足を延ばしたい。奇怪な形の岩山や洞窟が広がり、とても珍しい動植物が多く見られ、川下りもできる。アクセスはよくないが、苦労して行く価値があるだろう。

　また、西部の海岸には多くのリゾート地がある。特に南西部は、海の透明度が高く、美しいビーチが続いている。なかでも、アナカウとイファティはダイビングリゾートとして名高い。イファティ沖にはオーストラリアに次ぐ世界第2の規模を誇る珊瑚礁があり、ダイビングスポットが点在している。これらのリゾートへのゲートシティになるの

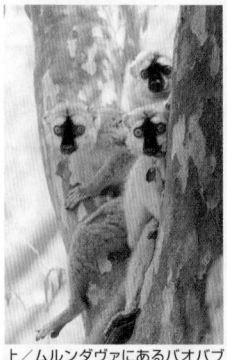

がトゥリアーラだ。南西部で最も大きい町で、トゥリアーラ自体には観光要素はあまりないが、アンタナナリボから続くマダガスカル・サザンクロス街道（国道7号線）の西の終点でもあり、立ち寄る旅行者は多い。

　このエリアには、サカラヴァ Sakalava 族が多く住む。彼らの祖先は、アフリカ大陸から移住または奴隷として連れてこられた黒人だ。そのため西部の人々は、マダガスカルのほかの地域の人々より肌の色が黒くアフリカ的な顔立ちをしている。また、ムルンダヴァには漁業で生計を立てているヴェズ Vezo 族が住んでいる。彼らの行動範囲は広く、舟の片側に浮き木（アウトリガー）を付けた帆船に乗っている。近距離移動に使うのはピローグと呼ばれるカヌーだ。西部の海岸では、これらの木製の舟をよく見かけるだろう。

上／ムルンダヴァにあるバオバブの並木道　下／キリンディー森林保護区で見られるチャイロキツネザル

マダガスカル北西部

0　　　50　　　100km

モザンビーク海峡
Canal du Mozambique

Baie de
Bombetoka

アンズヒベ洞窟
Grottes d'Anjohibe
Anjohibe
Ambororvy

Katsepy

マハザンガ
（マジュンガ）
Mahajanga (Majunga)

Mitsinjo

Soalala

Marovoay

Lac Kinkony

サン・アンドレ岬
Tanjona Vilanandro
(Cap Saint Andre)

アンカラファン・ツィキャ国立公園
Parc National d'Ankarafantsika

1

Andranofasika

Ambatoboeny

アンピズルア森林地区
Station Forestière d'Ampijoroa

Besalampy

Sambao

Maevatanana

アンカラ平原
Causse de Ankara

ケリフェリィ平原
Causse de Kelifely

Tambohorano

Lac Mandroto

Ranobe

Kandreho

Andriba

Manambaho

Morafenobe

Ambatomainty

マインティラヌ
Maintirano

Demoka

2

Nosy Barren

Fenoarivobe

ツィンギー・ド・ベマラハ国立公園
Parc National des Tsingy de Bemaraha

Antsalova

Ankavandra

Tsiroanomandidy

Miarinarivo

アンタナナリボ へ

Babetville

Ampefy

ベクパカ
Bekopaka

マナンブル峡谷
Gorges du Manambolo

Soavinandriana

Mahajilo

ミアンドリヴァズ
Miandrivazo

ベル・ツィリビヒナ
Belo Tsiribihina

Serinama

Tsiribihina

アナラベ保護区
Réserve d'Analabe

ツィリビヒナ峡谷
Gorges de la Tsiribihina

Mania

Betafo

Indratsay

アンツィラベ
Antsirabe

3

Réserve Spéciale
d'Andranomena

キリンディー森林保護区
Réserve Forestière de Kirindy

ムルンダヴァ
Morondava

Mahabe

Malaimbandy

Ambatofinandrahana

Ankevo

バオバブの並木道
Avenue du Baobab

Belo-sur-Mer

Morondava

ムルンベ へ

A

B

# Morondava & Kirindy

ム
ル
ン
ダ
ヴ
ァ
と
キ
リ
ン
デ
ィ
ー

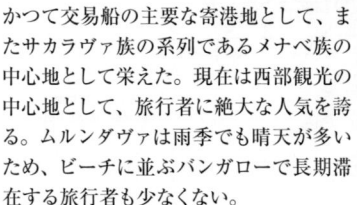

北のマハザンガ（マジュンガ）と南のトゥリアーラ（チュレアール）の中間に位置するムルンダヴァは、トゥリアーラに次ぐマダガスカル西部第2の町だ。ムルンダヴァは、かつて交易船の主要な寄港地として、またサカラヴァ族の系列であるメナベ族の中心地として栄えた。現在は西部観光の中心地として、旅行者に絶大な人気を誇る。ムルンダヴァは雨季でも晴天が多いため、ビーチに並ぶバンガローで長期滞在する旅行者も少なくない。

何といってもいちばんの見どころはバオバブの木だ。世界中の10種類のバオバブのうち8種類がマダガスカルで確認されており、3種類が西部のムルンダヴァ付近に群生している。ムルンダヴァでは稲作と放牧も盛んで、水田地帯に点在するバオバブの木とゼブ牛の群れという組み合わせは、のどかな雰囲気が漂う光景だ。

また、キツネザルやカメなどが生息する**キリンディー森林保護区**は、ムルンダヴァから日帰りで訪問することが可能だ。ユネスコの世界自然遺産に登録されている**ツィンギー・ド・ベマラハ国立公園**や川下りなども、ムルンダヴァが観光の拠点になる。

かつて、観光ポイントのひとつに、性交の様子を大胆に表現した彫像などで知られるサカラヴァ族の墓が挙げられていた。しかし現在では、墓の多くが盗難に遭ったため、残りの墓はごく一部の人しか知らない場所に隠されているとのことだ。

この地域には漁労民のヴェズ族も多く、彼らが操る帆船や、ピローグと呼ばれる丸木舟が航行しているのを見ていると、近世にタイムトリップしたかのような気分になる。

町自体にはマーケット以外にこれといった見どころはないが、大都市のような喧騒はなく、中央高地とは雰囲気が違う。バオバブの木だけを見て帰るのでももったいない。日中はマングローブの木々が茂る水辺でカヌーに揺られ、夕方は水平線のかなたに消えていく太陽を眺めながら一杯……。そんなふうにのんびりとくつろぎたい。

●アンタナナリボ

★ ムルンダヴァ

1.素朴さの残るムルンダヴァのマーケット　2.キリンディー森林保護区で見られるベローシファカ　3.ムルンダヴァに来た誰もが訪れるバオバブの並木道

3

# 歩き方　WALKING AROUND

　ムルンダヴァの町は、空港から海岸の手前まで続くメインロード沿いに開けている。徒歩で簡単に回れるほどの小さな町だ。町の中心地はマーケットで、この周辺にタクシー・ブルースやタクシー・ベが発着し、安宿や郵便局、銀行も近い。マダガスカル航空とキリンディー森林保護区のオフィス（CFPF）は、町から2kmほど空港寄りにある。

　マーケットは、海岸の町らしく海産物が豊富。屋台や安食堂も多く、フィルターで入れたてのコーヒーを出す店もある。マーケットの斜め向かいには大きなモスクが立っているが、それは西部にイスラム教徒が多いためだ。町ではアラビア語の表記や、頭を布で覆った女性の姿もちらほら見かける。

　マーケットから2ブロック先にある郵便局の角を海に向かって左に曲がると、商店がなくなってホテルやレストラン、バーが集中する**観光地区Zone Touristique**となる。ここから先は砂地が半島のように細く延びており、**ノシ・ケリー Nosy Kely**と呼ばれている。さらに進むと視界が開け、右側には海、左側には船が浮かぶマングローブが茂った水路が見えてくる。その先にはリゾートホテルやバンガローが建ち並ぶが、まだ村の素朴な雰囲気は残されている。道端には、トウモロコシなどのスナックや貝殻を売る露店がぽつぽつと出ているが、声をかけてくるような物売りは少なくのんびりしたもの。しかし、休日になるとノシ・ケリーの砂浜はかなり混雑する。静けさを求める人は、郵便局の角を海に向かって右側（北方向）に進んだ所にある砂浜のほうがいいだろう。

　ノシ・ケリーの一本道は **H** トレシコン Trecicogne というゲストハウスで終わる。マーケットからは徒歩で20〜30分程度だ。ここから海を挟んだ対岸にはヴェズ族の漁村がある**ベタニア半島 Presqu'î le de Betania**が広がっていて、アウトリガーという浮き木を付けたピローグが往復している。ピローグをチャーターし、素朴なヴェズ族の村を訪問するのもいい。

## ムルンダヴァへの行き方

**●飛行機**
　ツァラディアがアンタナナリボから週4〜5便運航している。所要約1時間、€123〜。

**●タクシー・ブルース**
　アンタナナリボから14〜20時間、雨季だと1日半かかる。運賃は Ar4万〜6万。
　予約制のタクシー・ブルースも運航している（→P.201）。

**●水路**
　アンツィラベから陸路でミアンドリヴァズ Miandrivazo まで行き、そこからベル・ツィリビヒナ Belo Tsiribihina まで川下りをするルートがある（事前に申し込みが必要）。ベル・ツィリビヒナからムルンダヴァまではカミオン（→P.200）で約4時間、Ar1万。

素朴なムルンダヴァの空港

## 市内の交通
　バスが走っている。市内は一律で Ar400。乗合タクシーもあり、料金は Ar2000〜で、夜間は割増になる。

## 観光案内所
　観光地、宿泊施設、交通などに関して情報が得られる。ノシ・ケリーにオフィスがある。
**TEL** 034-68-513-18
**開** 8：00〜11：30、15：00〜17：30
**休** 無休

町なかにあるモスク

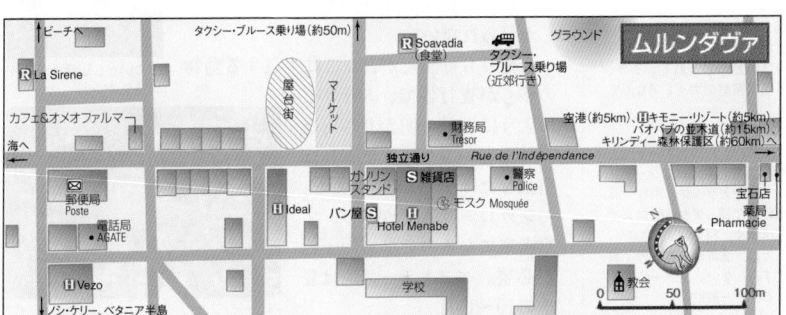

ビーチへ　　タクシー・ブルース乗り場（約50m）→　　　　**R** Soavadia（食堂）　タクシー・ブルース乗り場（近郊行き）　グラウンド　　**ムルンダヴァ**

**R** La Sirene

カフェ&オメオファルマ　海へ

マーケット

屋台街

財務局 Tresor

空港（約5km）、**H** キミニー・リゾート（約5km）、バオバブの並木道（約15km）、キリンディー森林保護区（約60km）へ

郵便局 Poste　電話局　●AGATE

独立通り　Rue de l'Indépendance

ガソリンスタンド　**S** 雑貨店　　●警察 Police　宝石店　薬局 Pharmacie

**H** Ideal　パン屋 **S**　**H** Hotel Menabe　●モスク Mosquée

**H** Vezo

ノシ・ケリー、ベタニア半島へ

学校　　　　　　教会

0　　　50　　　100m

## バオバブの並木道

特に入場料などはない。周辺にみやげ物店、インフォメーションセンターがある。人の写真を撮るとチップを請求される。

**行き方** ムルンダヴァの町からタクシーをチャーターし、往復Ar5〜8万。ただし道は悪い。空路でムルンダヴァに入る場合、空港から並木道に直接行くと便利。

また、各ホテルでツアーに参加できる。バオバブの並木道、愛し合うバオバブを訪れる半日ツアーでAr18〜25万。英語ガイドは Ar3〜6万。キリンディー保護区を含む1日ツアーだと Ar25〜60万。英語ガイドはAr6万程度。

## キリンディー森林保護区周辺の宿

**H** キャンプ・アムロー
Camp Amoureux

キリンディー森林保護区入口の手前10kmほどのところにある。丈夫なテントをバンガロー型の屋根が覆う14棟のキャビンがジャングルの中に点在し、アウトドア感満点。それぞれ、トイレとシャワーが備え付けられている。周囲では野生動物と、1時間程度のウオーキングサファリも催行している。

**TEL** 032-07-843-44、034-02-351-66
**料** S D Ar15万
**TAX** 1泊につきAr1000/室

キリンディー森林保護区の宿泊施設よりも高級感がある

## キリンディー森林保護区

英文のパンフレットなどはムルンダヴァにあるCFPF事務所で手に入る。
**TEL** 032-40-165-89(宿泊予約)
**料** Ar4万
※ガイド(Ar1万〜4万)の同行は義務づけられているが、保護区常駐のガイドでなくてもよい。
バンガロー
（シャワー、トイレ付き)Ar8〜15万
**行き方** 北行きのタクシー・ブルースやトラックに乗り、看板の所で降りてから受付まで5km歩く。料金は Ar8000〜。ただし、便数が少ないのでおすすめしない。ツアーに参加するのが一般的。

---

# おもな見どころ　SIGHTSEEING

### ■■■ 西部で最もよく知られた名所　地図 P.123-A3
## バオバブの並木道
### Avenue du Baobab

ムルンダヴァから北に約15km、背の高いアダンソニア・グランディディエリ Adansonia Grandidieri という種類のバオバブが、まさに並木道のように未舗装道路の両側に並ぶ。印象的な写真を撮りたいならば、明け方か夕方に行くといい。サンセットの頃が一番にぎわう。また途中には、2本のバオバブが恋人同士のように絡み合った、「愛し合うバオバブ Les Baobab Amoureux」と呼ばれているものもある。これは、幹の先が少し細くなるアダンソニア・フニィ Adansonia Fony という種類。また、かつて「神聖なるバオバブ Le Baobab Sacré」と呼ばれる巨大なバオバブがあり、豊饒や安産を願う人々の信仰の対象になっていたが、現在は倒れてしまい、キリンディー手前にある別の木が「聖なるバオバブ」と呼ばれている。

愛し合うバオバブ

### ■■■ 夜歩きが楽しい　地図 P.123-A3
## キリンディー森林保護区
### Réserve Forestière de Kirindy

ムルンダヴァの北には3つの自然保護区があるが、最も有名なのはムルンダヴァの約60km北東にあるキリンディーだ。約1万2500haの森林に、世界最小の霊長類であるピグミーネズミキツネザル Pigmy Mouse Lemur やオブトコビトキツネザル Fat-tailed Dwarf Lemur などのキツネザルが8種類、鳥類が45種類、ほかにカメやヘビ、カメレオンなどの爬虫類が24種類、ほかにフォッサ Fosa やテンレック Tenrec などが生息している。ムササビ Giant Jumping Rat などはこの地域でしか見られない。

かわいらしいチャイロキツネザル

日帰りも可能だが、ここに生息する動物の多くが夜行性で、ムササビのように満月の明かりさえ嫌う動物もいるため、できれば宿泊したほうがよい。ただし、バンガローは人気があり、すぐ満室になるので早めの予約が必要。ベストシーズンは夏季の10〜11月。

ベローシファカ

# HOTEL

▶ ビーチに開けたプールがある

## バリサンドル・コット・ウエスト・リゾート&スパ
### Palissandre Cote-Ouest Resort & Spa

　2008年にオープンしたムルンダヴァでいちばんの高級ホテル。部屋は細部にまでこだわりが見られ、満足すること請け合いだ。ポイントはホテルに入ってすぐのプール。ビーチに開けているので開放感があるし、カフェも併設している。Wi-Fi接続無料。

ノシ・ケリーで最も高級なリゾート

住 Nosy Kely
TEL (020-95)520-22
URL www.hotel-restaurant-palissandrecoteouest.com
料 S €138　D €210
TAX 1泊につき Ar5857/室
CC MV

▶ ムルンダヴァの隠れ家リゾート

## キモニー・リゾート
### Kimony Resort

　空港からムルンダヴァへ向かうメインロードから未舗装の脇道に入り3kmほど。5haの広い敷地に23棟のバンガロー、プール、レストラン、動物園などが点在する。動物園では2種類のキツネザル、鳥、カメなどが飼われている。10分ほど歩けばビーチもあり、周りに何もない環境でも退屈することなく過ごすことができる。

客室はすべてバンガロータイプ

住 Kimony, Rue de la Plage
TEL 034-07-890-05
URL www.morondava-kimonyresort.com　CC MV
料 S D €57〜　TAX 1泊につき €2/室

▶ いろいろなタイプの部屋がある

## バオバブ・カフェ
### Baobab Café

　全体的に上品なムードが漂うホテル。2階建てで、全室エアコン、テレビ、ミニバー付き。マングローブに面している大きなプールとテラスレストランがある。フランス人観光客などでいつもにぎわっているので予約をしていきたい。

雰囲気のよい室内

住 Nosy Kely
TEL (020-95)520-12
URL www.baobabcafe-hotel.net
料 S D Ar13万5000〜32万
TAX 1泊につき Ar1500/室
CC V

▶ ノシ・ケリーの老舗ホテル

## シェ・マギー
### Chez Maggie

　プールや庭があってのんびりできるビーチホテル。全室エアコン付き。スタッフもフレンドリーだと評判だ。南国風レストランも人気。Wi-Fiはレストランのみ。

かわいらしいバンガロー

住 Nosy Kely
TEL (020-95)523-47、032-47-326-70
URL www.chezmaggie.com
料 S D Ar13万1000〜22万3000
TAX 1泊につき Ar8000/室＋20%
CC 不可

▶ 清潔でこぢんまりとした安宿

## ル・シュバル・ド・メール
### Le Cheval de Mer

　格安できれいな安宿を探している人におすすめ。スタッフの感じもよく、建物も味があって快適。ノシ・ケリーのビーチ・ロード沿いにある。

庭もきれいに整備されている

住 Nosy Kely　TEL 034-90-353-07
e-mail chevaldemermorondara@gmail.com
料 S D Ar6万5000　TAX 込み　CC 不可

# ツィンギー・ド・ベマラハ国立公園 Parc National des Tsingy de Bemaraha

ムルンダヴァの北約200kmに位置するツィンギー・ド・ベマラハ国立公園Parc National des Tsingy de Bemarahaは、およそ15万7000haの広さをもつマダガスカル最大規模の公園。ここには無数の切り立った細い尖塔が広がり、不思議な景観を生み出している。石灰岩が何万年にも及ぶ風雨や熱によって浸食され、カミソリの刃のように鋭く削られてできたもので、「ツィンギーTsingy」と呼ばれる。

ツィンギーとは「先がとがった、鋭い」という意味だが、30〜50 mにも深く浸食が進んだ針山のようなカルスト台地には、人が歩くことはおろか立ち入ることも容易ではない。そのためこの公園は、マダガスカルで最もよく保護されている地域である一方、調査や管理が遅れているのが実状だ。1990年にユネスコの世界自然遺産に登録され、それ以降は旅行者が増えたため、1998年には厳正自然保護区から国立公園になった。観光開発と自然環境保護の両立が、ベマラハ国立公園の今後の課題といえるだろう。

ここでは、雨が降っても岩の亀裂や溝に流れてしまうため、植物は十分な水分を得ることができず、乾燥に強い植物が多い。非常に珍しい種もある。バオバブも、水を蓄えるために幹がとても太い。サバンナの周辺には原生林が広がり、アカビタイキツネザルやデッケンズシファカをはじめとする11種類のキツネザルや、カメレオン、ヘビなど50種類の爬虫類、140種類の鳥類などが生息している。

公園の南側にはマナンブルManambolo川が流れており、カヌーで白く輝く石灰岩の峡谷を抜け、洞窟や、人骨の入った木製の棺が置かれた埋葬場などを見ることができる。棺は、100〜200年前のものとみなされて

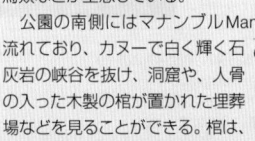
荒々しい景観が印象的だ

いるが、さらに古い時代のものと考えられている墓や集落跡も、ここで発見されている。また、地下は鍾乳洞のような洞窟になっている。

ツィンギーは、小ツィンギー（プティ・ツィンギー）と大ツィンギー（グラン・ツィンギー）に分けられる。前者は、公園入口とキャンプ場があるベクパカBekopakaからすぐで、尖塔群の周遊は所要約3時間。洞窟見学を含めたカヌーによる川下りツアー（3時間）と合わせて1日コースとする場合が多い。後者は、ベクパカから17kmの所にあり、ザイルを装着して岩山を登る部分を含め、周遊路全コースを回ると5〜7時間かかる。公園事務所は16:00には閉鎖されるので、少なくともその1時間前までに入場の必要がある。

**公園は11〜3月は閉鎖される。** その期間に訪れる場合や、時間や体力がない人は、遊覧飛行という手もあり、アンタナナリボで手配できる。

●**行き方：** アクセスが悪いため、ツアーに参加するのが便利だ。ムルンダヴァから公園入口のあるベクパカまでは悪路のため、チャーターした4WDでもムルンダヴァから7時間はかかる。よって、往復時間も入れて最低3日は必要。ベクパカまで4WDをチャーターすると、1日€75ほど。乾季であればベル・ツィリビヒナからタクシー・ブルースが出ている。

●**入園料：** 1人1日Ar5万5000
●**公園のガイド料：** 1日Ar13万5000（1〜4人）
●**リバー・クルーズ（1〜3人）：** 1人Ar10万
●**宿泊施設**
オリンプ・デュ・ベマラハ Olympe du Bemaraha
TEL 034-49-205-03 料 S D Ar6万〜23万9000
オルキデ・デュ・ベマラハ Orchidée du Bemaraha
TEL 034-07-676-51 URL www.orchideedubemaraha.com
料 S D Ar7万〜18万
タナンコアイ Tanankoay
TEL 034-18-251-93、033-13-658-45
URL www.tanankoay.com 料 D Ar4万5000〜7万4000
●**遊覧飛行（アンタナナリボ起点）：** 5人まで片道€2860

特集→P.26〜27

岩場でたくましく育つ植物

# Toliara (Tulear)

トゥリアーラ（チュレアール）州の州都で、モザンビーク海峡に面したビーチタウン。トゥリアーラの北にあるイファティ Ifaty と南のアナカウ Anakao は、マダガスカル有数のビーチリゾートになっている。しかし、肝心のトゥリアーラ市内の海岸は、河川が運んできた沖積土によってまるで干潟のようになっており、とても海水浴などできる状態ではない。とはいえ、沖合では季節によってザトウクジラやシロナガスクジラの姿が望め、数年に一度はシーラカンスが引き揚げられることもある。

　町には貿易商や商店を営むインド人のビジネスマンが多く、ホテルやレストランもたくさんあり、活気に満ちている。トゥリアーラの北東約200kmにあるイサル国立公園を訪れる旅行者は、たいていこの町に立ち寄る。気候は、11月から4月は33℃前後の猛暑が続く一方、7・8月は15℃前後まで気温が下がる。年間降水量は350mm程度で、町を一歩出ると半砂漠地帯になっている。

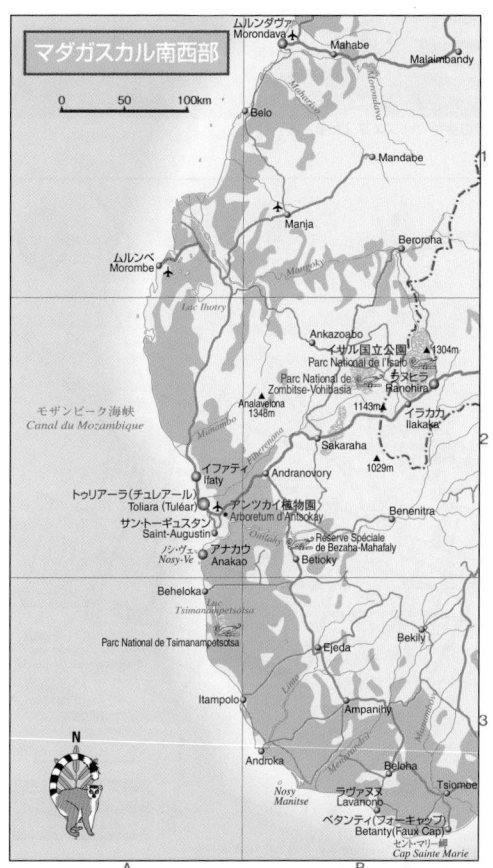

マダガスカル南西部

トゥリアーラの港

ガリエニ大通り

みやげ物屋の通り

**トゥリアーラへの行き方**
●飛行機
　ツァラディアがアンタナナ
リボから1日1〜2便運航してお
り、所要1時間40分、€112〜。
●タクシー・ブルース
　アンタナナリボから1日数便
運行。14:00〜15:00前後に
出発することが多く、所要20
〜24時間。Ar5万2000〜。
　フィアナランツアからは8:00
前後と18:00前後の1日2便運
行。所要13〜15時間、Ar3万
程度。

**タクシー**
市内 Ar5000〜1万
市内〜空港 Ar2万〜3万

**ブスブス**
市内Ar600〜1500

**トゥリアーラのレストラン**
Ｒ ジェラテリア・イタリアーナ
　　Gelateria Italiana
　　人気のアイスクリーム店。
地図 P.130-B1
住 Rue Generale Leclerc,
Tanambao 1
TEL 034-27-011-37
開 9:00〜12:00、16:00〜22:00
休 無休
Ｒ ル・ジャルダン・ド・ジャンカルロ
　　Le Jardin de Giancarlo
　　おしゃれなイタリア料理店。
地図 P.130-A2
住 Tulear 601
TEL (020-94)428-18
開 10:00〜21:00
休 水

貝のマーケット

# 歩き方　WALKING AROUND

　町の散策は、並木道が美しい**ガリエニ大通り** Bd. Gallieni から。通りの西端にトゥリアーラと書かれた町の記念碑が立っていて、記念撮影スポットになっている。その近くの路地が、トゥリアーラ近辺で取れた貝殻を売る**貝のマーケット** Marché aux Coquillages になっていて、この地方のみやげ物はたいてい揃う。少し東へ歩いて**マーケット通り** Rue du Marché を北上すると、**マーケット** Marché に出る。ここではランバ Lamba と呼ばれるマダガスカルの布がお買い得だ。さらに道なりに進むと、斜め

トゥリアーラの道路ではブスブスが多くみられる

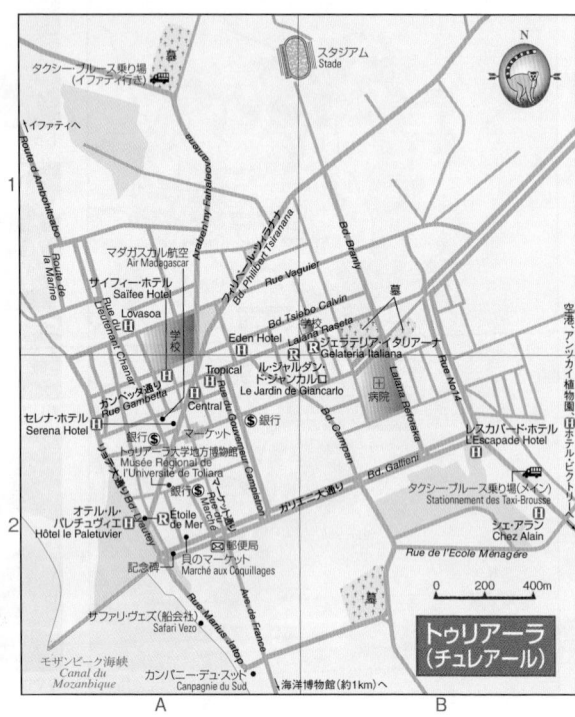

トゥリアーラ
（チュレアール）

に走る通りと交差する。それがメインストリートの**フィリベール・ツィラナナ大通り Bd. Philibert Tsiranana**だ。ちょうど交差したあたりがいちばんの繁華街で、生活雑貨店や衣料品店などに交ざってネットカフェなどもちらほら見かける。夜には、**H**エデン・ホテル Eden Hotel 近くの道路沿いに、マシキータ Masikita（牛の串焼き）などの屋台がたくさん出没する。

町角にあるスナックを販売する露店

## おもな見どころ SIGHTSEEING

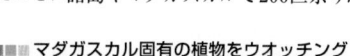

■■■ "生きた化石" シーラカンスに合える　地図 P.130-A2 外
### 海洋博物館
#### Musée de la Mer

トゥリアーラ近海に生息する生物や貝、サンゴなどの標本が展示されている。魚やウミヘビ、エビなどは瓶（ホルマリン漬け）で保存されているので見た目は少々グロテスクだが、その種類は多い。展示品の目玉は "生きた化石" といわれるシーラカンスの剥製。シーラカンスは3億5000万年前に地球上に現れ、今から7000年前には絶滅したとみられていた魚だが、1938年に南アフリカで発見されたのをきっかけに、これまでにコモロ諸島やマダガスカルで200匹余りが捕獲されている。

海洋博物館の館内

■■■ マダガスカル固有の植物をウオッチング　地図 P.129-A2
### アンツカイ植物園
#### Arboretum d'Antsokay

トゥリアーラの東約12kmに位置する植物園で、マダガスカル南西部に生えている植物約1000種類を一度に見ることができる。半砂漠地帯の南西部では、バオバブ、パキポディウム、カランコエ、ディディエレア、ユーフォルビアなどの、多肉植物やトゲのある植物、幹の中に水を貯える植物など、乾燥に適合した植生に特徴がある。約50haの敷地面積をもち、うち7haをガイド付きで観察できる。また、敷地内には5つのバンガローとレストランがあり、宿泊も可能だ。

植物の説明をするガイド。英語も可

**海洋博物館**
🏠 Ave. de France
**TEL** 032-40-956-64
**開** 月～金　8:30～11:30、
　　　　　14:30～17:30
　　　土　8:30～11:30
**休** 日・祝
**料** Ar1万

**アンツカイ植物園**
🏠 Antsokay
**TEL** 034-07-600-15
**開** 7:30～17:30（2月は閉鎖）
**休** 無休
**料** Ar1万5000
**行き方** トゥリアーラからのタクシー往復料金と植物園での待ち時間を入れてAr3万5000～4万5000。

# HOTEL　ホテル

## ▶ こぢんまりとしたバンガロー
### レスカパード・ホテル
#### L'Escapade Hotel

タクシー・ブルース乗り場の近く、ガリニエ大通りの端にある安宿。ちいさなトロピカルガーデンに10棟のバンガローが立つ。リーズナブルな料金で宿泊できるが、部屋は比較的清潔。レストランでは、マダガスカル、ヨーロッパ、ベジタリアン料理が食べられる。なかでもシーフード料理はぜひ試しておきたい。一食2万8000程度。また、簡単だがカジュアルなプールバーがあり、ビリヤードをしながら自家製ラム酒やカクテルを堪能するなど、夜も楽しく過ごすことができる。

**地図** P.130-B2
**住** Boulevard Gallieni – Sanfily
**TEL** (020-94) 411-82
**URL** www.escapadetulear.com
**料** S D Ar6万
**TAX** 1泊につき Ar1500/室
**CC** 不可

## ▶ 花々に囲まれた静かな環境
### シェ・アラン
#### Chez Alain

花々の咲く広いガーデンの中に、15の自炊可能な木造バンガローが点在する。ルームタイプの部屋も20室あり、こちらはエアコン付き。中庭のオープンエアのレストランは、地元の新鮮な食材を使用したさまざまなメニューが楽しめる。マダガスカル料理はもちろん、中国、インド、フランスなどとバラエティ豊かだ。ディナー時にはライブ演奏が行われることも。さまざまなサービスを提供しているにもかかわらず、格安なのが人気の秘密。

自然に囲まれた環境

**地図** P.130-B2　**住** Quartier Sonfil
**TEL** (020-94) 415-27
**URL** www.che-zalain.com
**料** S D Ar7万〜11万
**TAX** 1泊につき Ar1500/室　**CC** V

## ▶ 白亜の3階建てが完成
### オテル・ル・パレチュヴィエ
#### Hôtel le Paletuvier

海沿いの敷地に、2006年に完成した客室41室の3階建てのビルと、14戸のバンガローが立つ。全室テレビ付きだが、バンガローはシンプルな造りで、安い部屋はファンのみ。ビルの中の部屋は新しくて清潔。プールとビルの2階にオーシャンビューのレストランもある。

新しいビルの中の部屋

**地図** P.130-A2
**住** Boulevard Lyautey 601, Tulear
**TEL** (020-94) 440-39
**E-mail** hotelpaletuviertul@gmail.com
**料** S Ar5万1000　D T Ar10万1000
**TAX** 込み
**CC** 不可

## ▶ 快適で格安な人気宿
### サイフィー・ホテル
#### SAIFEE Hotel

トゥリアーラの中心にあり、小規模ながらもこまやかなサービスで人気。ホテル全体が白を基調にしたれんが造りで、のんびりとした田舎のホテルといった雰囲気。22室ある客室は、ワードローブとベッドがあるだけのとてもシンプルなもの。部屋によっては湾の景色を眺めることができる。また、全フロアでWi-Fi接続が可能なのもありがたい。清潔な客室とサービスをリーズナブルな料金で提供しているため、トゥリアーラでは人気の宿のひとつとなっている。マダガスカル固有種の植物に囲まれ、快適な時間を過ごしたい。

**地図** P.130-A2
**住** Rue de l'église
**TEL** 032-05-410-82
**URL** www.saifee-hoteltulear.com
**料** D Ar7万5000
**TAX** 込み
**CC** 不可

▶ 町いちばんの清潔なホテル

## セレナ・ホテル
Serena Hotel

　トゥリアーラ市街地の便利なロケーションに位置する快適なホテル。近代的な外観をもち、ホテル内もトゥリアーラで1、2を争うモダンな内装だ。客室は19室で、ふた部屋がスイート。もちろんエアコン完備で、室内金庫、無料Wi-Fiなどと設備に抜かりもない。調度品にも気を使っており、内装はマダガスカルらしさももち合わせている。トゥリアーラで最もおすすめできるホテルのひとつだ。

モダンで清潔な客室

地図 P.130-A2
住 Boulevard Philibert Tsiranana
TEL (020-94) 411-73、032-45-377-55
URL www.serenatulear.com
料 D Ar8万5000 〜 22万5000　TAX 込み　CC 不可

▶ 中心部から少し離れた中級宿

## ホテル・ビクトリー
Hotel Victory

　タクシー・ブルース乗り場から中心部とは反対に約1km。広々としたセミオープンのレストランをもつ中級ホテルで、プールやスパも整備され、リーズナブルながらもちょっとしたリゾート気分を味わうことができる。

部屋もまずまず快適

地図 P.130-B2外
住 Andabizy Tuléar
TEL 032-48-411-62、033-09-438-99
URL www.hotel-victory.com
料 S D Ar 9万9800 〜 15万4000
TAX 1泊につき Ar7000/室
CC 不可

COLUMN

# マダガスカルのシンボル　ゼブ牛

　マダガスカルならではの動物として、キツネザルの次に挙げられるがゼブ牛だろう。アフリカ原産とされ、立派な角と背中のこぶ、顎のたるんだ皮膚が特長。古くから豊かさの象徴と考えられ、現代でも重要なイベントが催される際に生贄として捧げられる。また、紙幣や硬貨のデザインにも度々登場している。人々にとってはキツネザルよりもよっぽど身近な動物なのだ。都市部を除けばまだまだこのゼブの牛車が大切な交通手段であり、あるいは田んぼを耕す労働力でもある。

　食肉としても一般的で、人々の食卓に頻繁に上がる。現地ではこのゼブ牛の肉がチキンや豚肉よりも安く流通しているというから驚きだ。レストランに行けば、ゼブ牛のステーキを必ず目にすることだろう。これがまたとてもおいしい。飼料はオーガニック100%で体にも安心。マダガスカルに行くとステーキ三昧という人も多い。ちなみにこのコブウシのこぶの部分は高級食材として知られ、現地の人もすすめる逸品。高級店で扱っているので、見つけたら試してみるのもいいだろう。

一度はトライしたいゼブ牛のステーキ

田んぼでも大活躍！

# Anakao

アンタナナリボ●

★ アナカウ

アナカウの
市外局番

## 94

**アナカウへの行き方**

トゥリアーラ（チュレアール）からアナカウの主要ホテルが有料（Ar10万前後）で送迎を行っているほか、サファリ・ヴェズ Safari Vezoなど、いくつかの船会社がボートを運航している（Ar10万前後）。出発は午前中のみ。

トゥリアーラ（チュレアール）の南約40km、約2kmにわたる美しい白砂の海岸沿いに小さなホテルが点在するビーチリゾート。タフな旅を続けてきた旅人にとっては、最適の休息地となるような村だ。見どころは、沖合3kmに浮かぶ島**ノシ・ヴェ Nosy Ve**。もともとは海賊の住みかだった島で、現在は美しい珊瑚礁とトロピカルフィッシュが見られるマダガスカル屈指のダイビングスポットになっており、島の周囲約4haが海洋公園に指定されている。ベストシーズンは透明度の高い乾季。なかでもクジラがやってくる8〜9月がおすすめだ。また、ノシ・ヴェは海鳥の生息地としても有名で、世界中から多くのバードウオッチャーも訪れる。ボートでアナカウへやってくると直接ビーチに接岸するため、乗り降りする際に足元がぬれてしまう。短パンにサンダルなど、ぬれても平気な服装で船に乗ろう。

漁をするヴェズ族の人々

# HOTEL ホテル

▶ リッチなリゾートホテル

## ル・プランス・アナカウ・ホテル
Le Prince Anakao Hotel

アナカウ村から徒歩15分の所にある、全30棟のバンガロー。テニスコートやフィットネスジムの設備も整っていてリゾートらしい。

🏠Mahavatse Ⅱ（予約先）　☎034-45-468-25
📧prince.anakao@gmail.com
💰Ⓢ Ar9万5000　Ⓓ Ar12万2000〜16万5000
TAX 1泊につきAr1500/室　CC 不可

▶ 漁村に最も近いバンガロー

## サファリ・ヴェズ
Safari Vezo

アナカウ漁村のすぐそばに建つホテルで、オープンエアのレストランがある。各地へのエクスカーションなども行っている。トゥリアーラのオフィスで予約が可能（地図 P.130-A2）

🏠Anakao
☎032-02-638-87　URL www.safarivezo.com
💰Ⓢ Ar19万〜　Ⓓ Ar28万5000〜 ※朝・夕食込み
TAX 込み　CC 不可

▶ ベテランのダイバーがオーナー

## ルング・ヴェズ
Longo Vezo

白木を基調とした客室は広々としていて清潔。夕食のテーブルはゲストみんなで囲むので、アットホームな感じだ。オーナーがベテランのダイバーなので、海にはとても詳しい。敷地内にはダイビングセンターがあり、スクーバダイビングはもちろん、ノシ・ヴェなどへのエクスカーションも行っている。トゥリアーラのピローグポートで予約をすることができる。

シンプルな室内

🏠Anakao bas
☎(020-94) 901-27
URL longovezo.com
💰Ⓢ Ⓓ Ar7万2000〜10万8000
TAX 込み　CC 不可

# Ifaty

イ ファティは、世界有数のダイビングポイントとして最近注目を浴びているビーチリゾートのひとつ。以前ここはヴェズ族の小さな漁村でしかなかったが、白砂のロングビーチと美しい珊瑚礁に魅了された人々が次々にホテルを建設し、現在は約8kmのビーチ沿いにバンガロータイプのリゾートホテルが建ち並ぶ一大リゾート地になっている。この周辺は半砂漠地帯にあるため、トゲのある植物やバオバブなど、少ない水でも繁殖できる植物の森があり、その森ではクロインコ Greater Vasa やメスアカクイナモドキ Subdesert Mesite、オナガジブッポウソウ Ground Roller などの数多くの鳥が生息している。

トゥリアーラ（チュレアール）からイファティへは約25kmと遠くない。しかし、1960年代に造られた穴だらけ砂だらけの道路なので、特に雨季には移動に時間がかかる。

人々の足となっている牛車

## 世界トップクラスの海

海のすばらしさは世界でもトップクラス。リーフの長さは40kmにも及び、オーストラリアのグレート・バリア・リーフに次いで世界第2の規模といわれている。近年ダメージを受けてしまった部分もあるが、まだまだ美しい珊瑚礁が残っている。サンゴの美しい**コラーユ・ローズ** Corail Rose、トロピカルフィッシュが群れる**アクアリウム** Aquarium、リーフシャークが集まる**シャーク・ポイント** Shark Point、天井からまるで教会のように光が差し込む洞窟の**カテドラリー** Katedraly など、イファティ沖にはいくつものダイビングポイントがある。7〜9月にはザトウクジラもやってくる。

アンタナナリボ

★イファティ

### イファティの市外局番
## 94

**イファティへの行き方**
トゥリアーラ（チュレアール）の空港から主要ホテルが送迎を行っている（有料）。タクシーは片道Ar7万が相場。また、トゥリアーラ北部のタクシー・ブルース乗り場から6:00〜17:00の間に約10便のタクシー・ブルースが運行。所要約1時間、Ar8000〜。

海の美しさを体感できるリゾートが揃っている

約8km続くイファティのビーチ

135

# HOTEL ホテル

## ▶ メゾネット式の贅沢なバンガロー
### ホテル・ル・パラディシエ
#### Hotel le Paradisier

　石造りの壁とヤシの葉葺きのメゾネットタイプのバンガローで、1階にダブルベッド、リビングルーム、バスルーム、2階にはツインベッドが置かれた広々した間取り。オープンエアのレストランからは眼下に大海原が見渡せる。海に面したプールもある。トゥリアーラからの送迎も行っている。全21室。

大きなプールがある

🏠 Ifaty
**TEL** 032-07-660-09
**URL** www.paradisier.net
料 S D Ar34万8000
**TAX** 1泊につき Ar6000/室
**CC** V

## ▶ ダイビングサービスを併設
### ノーチラス
#### Nautilus

　イファティの砂浜にある人気宿。老舗なのでやや古めかしいところもあるが、客室は改装済みで清潔。スタッフも親切に応対してくれる。客室は40室すべてバンガローで、ホットシャワー付き。11～4月はエアコンの使用も可能だ。敷地内には、ノーチラス・ディープ・シー・クラブというダイビングサービスがあり、英語を話すことのできるスタッフもいる。1ダイブ€40（器材込み）、体験ダイビング€45、ナイトダイブ€45。評判のよいレストランや、さまざまなマリンアクティビティなど、イファティという隔絶された土地とは思えないほどのクオリティを誇る。

🏠 Ifaty
**TEL** 032-04-848-81
**URL** www.nautilusmada.mg
料 S €45　D €55
**TAX** 1泊につき Ar5000/室
**CC** V

## ▶ プールサイドでのんびり過ごせる
### バンブー・クラブ
#### Bamboo Club

　客室は木と竹からなる素朴なバンガロータイプで、全18室。プールサイドや白砂のビーチでのんびり過ごすヨーロッパからの客が多い。卓球やバレーもできるし、バオバブを見にいくエクスカーションも催行しているので、娯楽に困ることはない。レストラン、ブティックもある。レストランは西洋料理、マダガスカル料理などが供される。近くのラグーンで取れる新鮮なシーフードはおすすめ。トゥリアーラからの送迎は往復ひとり€50。

リゾート自慢の広いプール

🏠 Ifaty
**TEL** (020-94) 902-13
**URL** www.bamboo-club.com
料 S D T €32～50
**TAX** 1泊につき Ar2000/室
**CC** 不可

## ▶ 静かに滞在したい人におすすめ
### ラ・ミラ・ド・マディオ・ラノ
#### La Mira de Madio Rano

　イファティの漁村にある小さなリゾート。周囲にあるのは美しく素朴なビーチだけという環境にあり、静かに時を過ごしたい人にはぴったりの宿だ。リゾートとしての設備に関しては、特に特筆すべき点はないが、客室、プールなどホテル内は常にきれいにメンテナンスされており好感がもてる。客室は三角屋根がかわいらしい石造りの建物。タイルやリネン、ベッドカバーなど、ホワイトを基調にしており、品のある雰囲気だ。広々としており、ゆったりと風を感じることのできる設計となっている。各種アクティビティの手配も可能。

🏠 PK 34 Mandiorano Ifaty
**TEL** 032-02-621-44
料 S D €68～
**TAX** 1泊につき €1.41/室　　**CC** 不可

# Morombe

露店で食料品を売る女性たち

　ムルンダヴァから南へ約200kmのムルンベは、まだ訪れる旅行者も少ないのんびりとした海辺の町だ。この町の郊外には、幹が太くユニークな姿をしたバオバブの木がある。

　ムルンベは、数軒のホテルと教会、マーケットがあるくらいの小さな町で、歩いて回れる広さ。地元の人向けの食堂以外に食事をするところがないので、食事はホテルで取ることになる。海岸やマーケット周辺には質素な民家が並び、田舎に住む人々の暮らしを垣間見ることができる。

## 郊外に群生するバオバブ

　バオバブを見るポイントは2ヵ所。ひとつはムルンベの町から未舗装道路を約30km北に行った所で、背の低いブッシュや幹の細い木が生える乾燥した土地だ。バオバブはポツンポツンと立っていて、幹が太い寸胴のもの、膨らんで丸みを帯びたもの、上部が締まった徳利型のものなど、1本1本シルエットが違う。**ツィタカクイケ Tsitakakoike**と呼ばれている最も幹の太い巨木は、なんと周囲が30mもあり、聖なるバオバブと呼ばれていた（→欄外）。

　もう1ヵ所はムルンベの町から約30km南、**アンダヴァドゥアカ Andavadoaka**というビーチリゾートの村に行く途中にある。そのあたりは大潮のときに海水が入り込む干潟なので、北海道の海岸にも群生する紅い厚岸草が周辺に生えている。

聖なる木として知られる
在りし日のツィタカクイケ

　ムルンベのバオバブの種類についてはいくつかの解釈があり、現在まではっきりしたことはわかっていない。このエリアの風土や土壌が、変形バオバブを生み出すのかもしれない。

アンタナナリボ●
★ムルンベ

### ムルンベへの行き方
　2019年7月現在、ムルンダヴァからムルンベへのタクシー・ブルースは運休中。車をチャーターする必要がある。

### 空港から町へ
　1kmほどの距離なので歩けるが、ホテルを予約しておくと空港まで迎えに来てくれる。

### バオバブを見るには
　公共の交通がないので、車をチャーターすることになる。ホテルで頼むと、ひとりの場合はAr18万、2〜3人だとAr21万。

### 聖なるバオバブ
### 落雷に打たれる
　幹周30mもあったツィタカクイケは、2018年に落雷に打たれ崩壊。現在は別の木が聖なるバオバブとして崇められている。

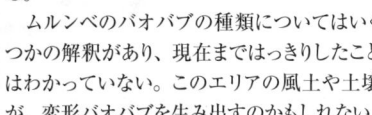

# HOTEL　　　ホテル

### ▶ ムルンベのいち押しホテル
## ラカナ・ヴラメナ（ピローグ・ドール）
### Lakana Volamena (Pirogue d'Or)

　海に面して立つ石造りのバンガロー。部屋はとてもきれいで、テレビ、ミニバー、ファンが付く。ボートをカウンターに仕立てたバー＆レストランがある。全16室。

住 Morombe 618　　TEL 032-02-147-24
URL pirioguedormorombe.com
料 S D T Ar9万2000　　TAX 込み　　CC 不可

### ▶ 素朴な三角屋根のバンガロー
## ホテル・バオバブ
### Hotel Baobab

　海に面した16棟のバンガロー。全体的に建物は古いが、きちんと掃除されている。レストランあり。近くにある H ラ・クロワ・デュ・スッド La Croix du Sud というホテルも同経営。

住 Morombe　　TEL 034-11-001-58
料 S Ar5万　　D Ar7万
TAX 込み　　CC 不可

## マダガスカル南西海岸の隠れ家ビーチリゾート
### Arics 代表　黒川 廉

美しい海に面したサラリー・ベイ・ホテル

マダガスカル南西部の海に暮らす海洋民族ヴェズ。彼らが使う舟の片側に浮き木を付けた「アウトリガーカヌー outrigger canoe」は、マダガスカル人の先祖がマレーポリネシアからインド洋を渡ってきた証拠ともいわれる。ヴェズの人々が住む南西海岸の海は、珊瑚礁が美しく、海洋資源が豊かなことで知られるが、最近になって、隠れたリゾートとして地元のフランス人などに人気だ。

トゥリアーラから4WD車で砂深い道を北へ約100km、4時間ほど行ったサラリー Salaryに、**サラリー・ベイ・ホテルSalary Bay Hotel**がある。まぶしいほどの白い海岸にエメラルドグリーンの海……。周辺にはヴェズの村があるだけという静かな場所に、こんなすてきなホテルがあるとは誰も想像できないであろう。

サラリーからさらに北へ約70km、約3時間半車を走らせると、アンパシラヴァ Ampasilavaに着く。途中いくつものヴェズの村を過ぎ、バオバブ、ディディエレア、ユーフォルビア、ウンカリーナなどの珍しい植物を眺めながらのドライブだ。隣村のアンダヴァドアカAndavadoakaには以前から小さなホテルがあったが、このアンパシラヴァにイタリア人経営の**ラグーナ・ブルー・リゾートLaguna Blu Resort**ができてからは、わざわざ海外からやってくる観光客も増えた。

ここへ来たら、ヴェズのカヌーをチャーター

エコロッジ・デュ・メナベの素朴なビーチ

して沖合に浮かぶハウ島Nosy Haoを訪れるのがおすすめだ。潮が引いていれば波もなく、海は非常に穏やかだ。ヴェズ族の伝統的な漁を見学したり、島周辺でウニやタコを取ったりするなど、いろいろと楽しむことができる。

あまり知られていないが、バオバブの並木道で有名なグランディディエリ・バオバブもこの近くで見ることができる。このあたりは地質が石灰岩質で水はけがよいため、水分を保持するようにバオバブの幹はずんぐりと太くなっている。バオバブ表面にできたデコボコを利用して木登りもできる。バオバブの天辺から見たバオバブ視線の眺めは格別だ。

また、ムルンダヴァから南へ90km、車で4時間半の所にはベル・シュール・メール Belo sur Merというビーチがある。ここの**エコロッジ・デュ・メナベEcolodge du Menabe**もおすすめのホテルだ。シンプルな造りのバンガローがいくつか立ち、ダイビングショップも併設している。（ダイビングショップはシーズンの間営業。それ以降は未定）。ホテルで催行しているバオバブの森ツアーに参加するのもいいかもしれない。

エメラルド色の美しい海に真っ白なビーチ、そしてヴェズの人々の生活や文化に出合うことができる旅を実現したければ、都会から離れたこれらの隠れ家リゾートがおすすめだ。

エメラルド色をしたアンパシラヴァの海

🏨 サラリー・ベイ・ホテル
TEL (020- 75)514-86
URL www.salarybay.com
料 Ⓓ€130(朝・夕食込み)
🏨 ラグーナ・ブルー・リゾート
TEL 034-41-895-47
URL resortmadagascar.com
料 Ⓢ€68〜　Ⓓ€81〜
🏨 エコロッジ・デュ・メナベ
TEL 033-09-436-32
URL www.menabelo.com
料 ⓈAr8万〜　ⓄAr9万〜

※Aricsはアンタナナリボにある旅行会社（→P.60）

# Taolagnaro (Fort Dauphin) & Southern Madagascar

## タウランニャロ（フォール・ドーファン）とマダガスカル南部

ベレンティー保護区の敷地内で見られるベローシファカ

1

# Taolagnaro (Fort Dauphin) &
### タウランニャロ（フォール・ドーファン）とマダガスカル南部
# Southern Madagascar

タウランニャロ（フォール・ドーファン）周辺をはじめとするマダガスカル南部は、豊かな自然に囲まれたエリアだ。キツネザルが間近で見られるベレンティー保護区Réserve Privée de Berentyが有名だが、ほかにも見どころは多い。美しい海岸では海水浴が、"旅人の木"と呼ばれているラヴィナラRavinalaが茂る湖や水路ではリバークルーズが楽しめる。マダガスカルで最も手つかずの自然が残るアンドゥハエラ国立公園Parc National d'Andohaelaも、タウランニャロからそう遠くない。

さらに、マダガスカル最南端のセント・マリー岬Cap Sainte Marieへと足を延ばせば、沖合にはマッコウクジラが、また砂丘が連なる荒涼たる大地では、絶滅した史上最大の鳥「エピオルニスAepyornis」の卵の破片を目にすることができるなど、実に多彩な表情が見られる。また、タウランニャロから西海岸の都市トゥリアーラ（チュレアール）までの海岸沿いの道は、悪路ではあるけれども、マダガスカルでも有数の景勝ドライブルートだ。

南東部の海岸に位置するタウランニャロの気候は、貿易風の影響で比較的雨が多く、多湿だ。しかし、トゥリアーラ（チュレアール）とタウランニャロを結ぶ線より南は、ほとんど雨の降らない半乾燥地帯になり、南へ行けば行くほど乾燥が進む。なかでも、タウランニャロからマダガスカルで最も旅行者に人気のあるベレンティー保護区へ通じる国道13号線のルートでは、劇的な気候の変化を目にすることができる。アヌシAnosy山

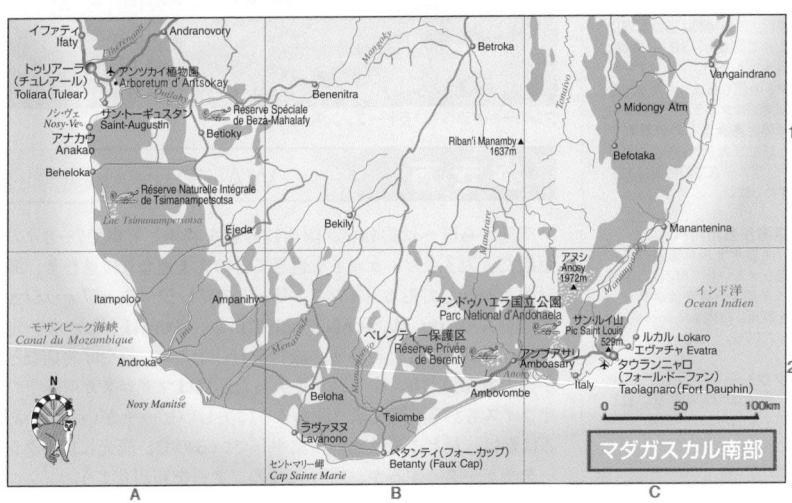 ← (5の画像)

1. 美しいインド洋に囲まれる半島　2. タウランニャロの親子　3. タウランニャロにあるキリスト教会　4. アルオウディア・プロケラ　5. ベレンティーのワオキツネザル

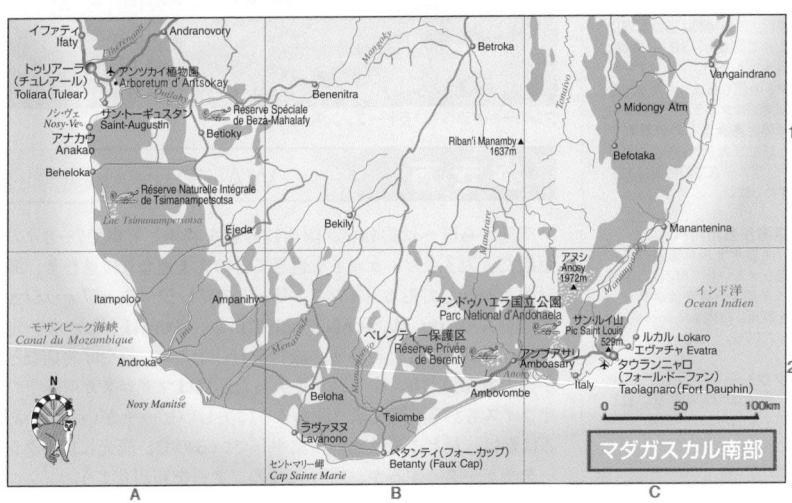

塊を越えた途端、緑に覆われた熱帯雨林は半砂漠地帯へ移り変わり、その気候に合わせて植生も一気に変貌する。トゲをもつ植物が一面に広がる「トゲの森」は、半砂漠地帯を象徴する光景のひとつだ。11月から3月の雨季には気温が高く、4月から10月には5〜6℃まで気温が下がる。

　タウランニャロ周辺にはアンタヌシAntanosy族が住み、南端にはアンタンドルイAntandroy族とマハファリMahafaly族が、また沿岸地域では漁を生活の糧としているヴェズ族も住んでいる。マダガスカルがフランスの植民地となった1900年前後、最後まで抵抗し続けた勇敢なる部族たちである。彼らの生活環境は一様に厳しいが、知恵を生かして自然とともに生きる姿は、実にたくましい。

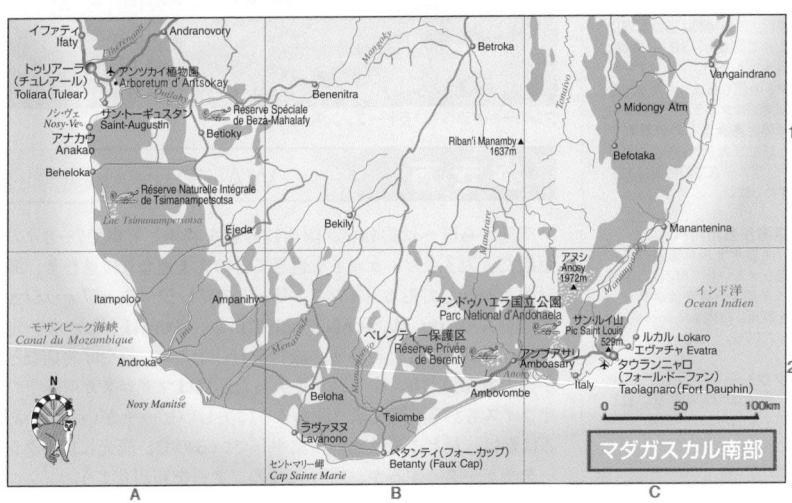

マダガスカル南部

# Taolagnaro (Fort Dauphin)

●アンタナナリボ

タウランニャロ
（フォール・ドーファン）
★

## タウランニャロの
## 市外局番

### 92

**タウランニャロへの行き方**
●飛行機
　ツァラディアがアンタナナ
リボから1日1～2便運航。所
要時間1時間50分、€107～。
●タクシー・ブルース
　アンタナナリボから週2便
運行。所要時間は道路状況に
よって異なり、3日～1週間。
料金はAr13万。トゥリアーラ
からの便もある。ただし、南
部地域はダハラと呼ばれる牛
泥棒と憲兵隊との銃撃戦が
たびたびおきており、タクシ
ー・ブルースでの移動はおす
すめしない。

**空港から市内へ**
　主要ホテルが送迎バスを
走らせている（有料）。送迎
バスがない場合はタクシー
を利用。市内まで7～8分で、
Ar7500～。

**タクシー**
　市内はAr2000前後。貸し
切りは1日Ar5万が相場。

　タウランニャロ（フォール・ドーファン）は、**ドーファン湾
Baie Dauphine**、**ガリヨン湾Baie des Galions**、**リバヌ
ナ・ビーチLibanona Beach**などの美しい海に囲まれた、インド
洋に突き出した半島の町だ。インド洋から吹きつける強い風のせ
いで、白波が打ち寄せる湾には難破した大型船が点在し、町には
砂ぼこりが舞う。

　タウランニャロは、農業と漁業を産業の中心とする、人口約7
万人ののどかな田舎町だ。ほかの町からのアクセスは悪いのだが、
キツネザルで有名なベレンティー保護区のゲートシティとなって
いるため、年間をとおして多くの観光客が訪れる。ベレンティー
保護区のオーナーであるフランス人のジャン・ド・ホルムJean de
Heaulme氏は、タウランニャロにふたつのホテルと旅行会社、植
物園、そしてサイザル麻工場をもつ地域の実力者で、タウラン
ニャロをマダガスカル随一の観光地に押し上げた立役者でもある。

　タウランニャロの別名フォール・ドーファンは、「皇太子の砦」
という意味のフランス統治時代からの名前で、こちらのほうが通
じやすい場合もある。1643年、フランス人のプロニスが現在の町
から南に約35kmの所に要塞を築いたとき、当時6歳だった皇
太子をたたえてそう名づけたという。

タンカーが停泊しているドーファン湾

## 歩き方　　　WALKING AROUND

　空港から町へは約4km、国道13号線を利用して車で7～8分の
距離だ。大きなマーケットを過ぎてそのまま道なりに進むと、海
岸線と並行して走るメインストリートの**マレシャル・フォッシュ
大通り Ave. du Maréchal Foch**に出る。200mほどしかない短
い通りだが、銀行、両替所、旅行会社、ホテル、みやげ物店など
が建ち並んでおり、少し路地を入った所にはマダガスカル航空の
オフィスもある。町を取り囲むように美しいビーチがいくつかあ
るほかは、見どころは郊外に集中しているので、観光にはタクシ
ーをチャーターするか、旅行会社のツアーを利用しよう。

# おもな見どころ　SIGHTSEEING

## ■■■ 町を一望できるすばらしい眺め　　地図 P.141-C2
## サン・ルイ山
### Pic Saint Louis

タウランニャロの北に位置する標高529mの岩山。山頂からの眺めはすばらしく、タウランニャロの町並みや湖、白波の立つビーチなどが一望できる。登山はそう難しくないが、ナイフで切り取ったような岩肌をしているため、雨あがりなどは特に滑りやすくて危険だ。頂上までは約2kmで、登りに約1時間30分、下山には約1時間かかる。

木々の間から岩肌がのぞくサン・ルイ山

## ■■■ 手軽にワオキツネザル観察ができる　　地図外
## ナハンプアナ保護区
### Réserve de Nahampoana

ワオキツネザル Ring-tailed Lemur、ベローシファカ Verreux's Sifaka、クビワキツネザル Eulemur Collaris などが自由に放たれている50haの自然動物園。タウランニャロから東に7km、車で約20分ほどで行けるので、ベレンティー保護区まで行けない人に人気だ。キツネザルは餌づけしているので、タウランニャロでバナナを買って持参するといい。ほかにもカメやワニ、カメレオンやウツボカズラなどの固有の植物を見ることができる。宿泊すればネズミキツネザル Microcebus など夜行性動物の観察も可能だ。

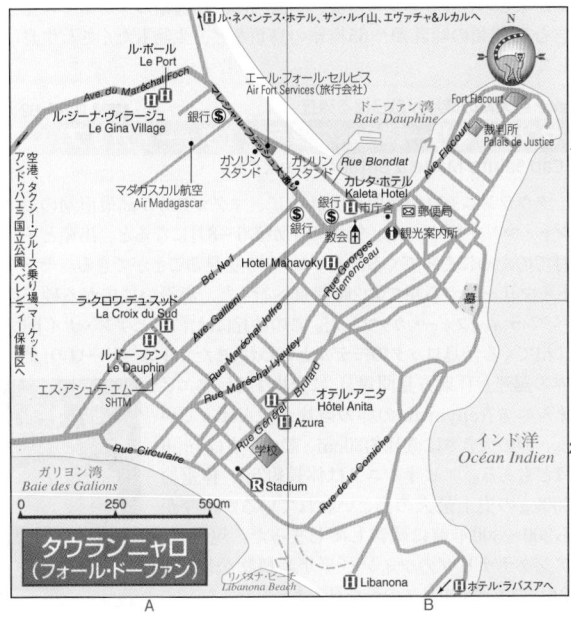

---

### サン・ルイ山
行き方 各旅行会社でサン・ルイ山登山のアレンジを行っている。ふたり参加の場合、ひとり€20くらい。

### ナハンプアナ保護区
開 早朝〜日暮れ
休 無休
料 €8（宿泊 S D €28）
行き方 公共の乗り物がないので、タクシーを利用するか、保護区のマネージメントをしているエール・フォール・セルビスのツアーに参加するのが便利。往復の車代はひとり€8（ふたり参加の場合）。

### タウランニャロの旅行会社
●エール・フォール・セルビス
Air Fort Service
アンドゥハエラ国立公園をはじめ、各種ツアーをアレンジしている。
地図 P.143-A1
住 Ave. du Maréchal Foch
TEL 034-46-122-80
URL www.airfortservices.com
開 月〜金　　8:00〜12:00、
　　　　　　14:30〜17:30
　　土　　　8:00〜12:00
休 日
CC V
●エス・アシュ・テ・エム
SHTM
ベレンティー保護区の予約を一手に引き受けている（→ P.150）。
地図 P.143-A2
住 Hotel Le Dauphin内
TEL 032-05-416-84
URL www.madagascar-resorts.com
開 9:30〜12:00、14:30〜18:00
休 無休

**エヴァチャ&ルカル**
　タウランニャロの各旅行会社でツアーをアレンジしている。日帰りの場合は、7:30に出発して16:00前後に戻ってくるスケジュールが一般的。エール・フォール・セルビスの場合、日帰り、ランチ込みで€135（1〜3人）。

**ルカルのビーチ**
　店がないので、食料などは持参すること。

**アンドゥハエラ国立公園**
圏 7:30〜16:00
休 無休
料 Ar5万5000／日
※訪問する前に、必ずタウランニャロにあるMNPのオフィスで道路情報などを聞くこと。公園内はまだ整備がされておらず、トレイルのオープン状況も流動的だ。ガイド、ポーターのことも聞いておくとよい。
行き方 タウランニャロからアンブアサリAmboasary行きのタクシー・ブルースに乗り、公園オフィス前で途中下車。所要約1時間30分、Ar6000。しかし、そこからトレイルまではかなり距離があるので、ツアーの利用が便利だ。エール・フォール・セルビスの場合、車1台当たり€120〜（入場料、ガイド、ランチ別）。

**セント・マリー岬&ベタンティ**
行き方 タウランニャロからベタンティまで4WD車で約7時間、ベタンティとセント・マリー間も同じく4WD車で約2時間の距離。
　タウランニャロの旅行会社エール・フォール・セルビスでは、セント・マリー岬&ベタンティを巡る2〜3日間のツアーを手配してもらえる。4WD車1台当たり€380〜（運転手＋燃料込み）。ただし宿泊および食費は参加者負担）。

---

■■■ カナルクルーズ&桃源郷のビーチ　　　地図 P.141-C2

## エヴァチャ&ルカル
### Evatra & Lokaro

　タウランニャロから北東へ約12kmのエヴァチャは、海と湖の合流地点に位置する小さな漁村。ここから徒歩約1時間のルカルは、人里から離れたビーチで、手つかずの自然がそのまま残された桃源郷とでもいうべきところだ。白砂のビーチが弓なりに延び、コバルトブルーの海はどこまでも透明だ。また、タウランニャロ〜エヴァチャ間を結ぶ片道約1時間30分のカナル（水路）クルーズも人気。タウランニャロ北部のラニラヌ湖Lac Laniranoを出発し、隣接するアンバヴァラヌ湖Lac Ambavaranoへ抜ける細い水路がクルーズの目玉。ラヴィナラや、エレファント・イヤー（象の耳）と呼ばれるサトイモ科の植物などが林立するなかを、ボートで静かに通り抜ける。

ふたつの湖をつないでいるカナル

■■■ 区域によって植生が異なる広大な森　　　地図 P.141-C2

## アンドゥハエラ国立公園
### Parc National d'Andohaela

　タウランニャロから北西へ約40km、ベレンティー保護区へ行く途中にある国立公園。2007年、ほかの5つの国立公園とともに「アツィナナナの熱帯雨林」として世界遺産に登録された。面積は7万6020haとかなり広い。熱帯雨林のマリウMalio、トゲのある植物が繁茂する乾燥地帯のマンガツィアカMangatsiaka、熱帯雨林と乾燥地帯の中間の植生をもつツィメラヒTsimelahy、そして2006年にオープンし比較的旅行者が訪れやすい熱帯雨林マナングトリー Manangotryの4ヵ所では、2〜6時間のトレッキングが楽しめ、キャンプも可能。公園内には13種類のキツネザルを含む22種類の哺乳類や65種類の鳥類など、生物もたくさん生息している。

■■■ 巨大卵の破片が散らばる砂丘　　　地図 P.141-B2

## セント・マリー岬&ベタンティ（フォー・カップ）
### Cap Sainte Marie & Betanty (Faux Cap)

　タウランニャロの南西約200kmに、マダガスカル島最南端のセント・マリー岬がある。気温の下がる6〜8月になると、出産と子育てのためにやってくるマッコウクジラを見ることができる。セント・マリー岬から車で約2時間東へ行くと、海沿いに広がる砂丘ベタンティ（フォー・カップ）だ。この砂丘には、『アラビアン・ナイト』に出てくる怪鳥ロックのモデルといわれ、またマルコ・ポーロの『世界の記述』（『東方見聞録』）に登場する巨鳥エピオルニスAepyornisの卵の破片が散らばっている。卵の大きさは直径約30cm、殻の厚さは4mmほどもある。エピオルニスは体長約3m、体重約500kgの史上最大の鳥といわれているが、今から200〜300年前に絶滅してしまった。現在は、アンタナナリヴのツィンバザザ動植物公園（→P.61）でエピオルニスの骨を見ることができる。

エピオルニスの卵

# HOTEL　　　　ホテル

## ▶ タウランニャロの新しいホテル
### ラ・クロワ・デュ・スッド
**La Croix du Sud**

　同経営の🅷ル・ドーファンの並びにある中級ホテル。中庭を囲むように立ち、客室は新しくエアコン付きで快適。もちろん全室でWi-Fi接続が可能だ。小さいがマッサージルームもある。全31室。

客室は広くてきれい

地図 P.143-A2　　住 Ampotara
TEL （020-92）211-56
URL www.madagascar-resorts.com
料 Ⓢ€80　Ⓓ€105　※朝・夕食込み
TAX 1泊につき Ar5000/室　　CC 不可

## ▶ 施設充実の老舗ホテル
### ル・ドーファン
**Le Dauphin**

　タウランニャロを代表するホテルで、ベレンティー保護区と同経営。広い敷地には緑が多く、のんびりとしたムード。全23室ある客室は部屋によって間取りが違うが、おおむね広い。バンガロータイプが4室だけある。レストラン＆バー、ギフトショップのほか、旅行会社SHTM（→P.143）も併設。

部屋ごとにインテリアが異なる

地図 P.143-A2　　住 Ampotara
TEL 032-05-416-84
URL www.madagascar-resorts.com
料 Ⓢ€70　Ⓓ€95　※朝・夕食込み
TAX 1泊につき Ar5000/室
CC 不可

## ▶ 眺望のいい北側の客室がおすすめ
### カレタ・ホテル
**Kaleta Hotel**

　パティオを囲むように建てられた3階建ての白亜のホテル。全40室と市内では大きいほうだ。全室にミニバー、エアコン、Wi-Fiが完備されている。美しいドーファン湾と、その向こうにサン・ルイ山が望める北側の客室がおすすめ。欧米人に人気がある。

部屋の広さはタウランニャロいち

地図 P.143-B1　　住 Bazaribe
TEL 034-46-593-39
URL kaleta-hotel.com
料 要問い合わせ
TAX 1泊につき Ar5000/室　　CC V

## ▶ 景色が最高！
### ホテル・ラバスア
**Hotel Lavasoa**

　隠れ家的ビーチ、リバヌナ・ビーチのある半島に位置し、オーシャンビューが自慢。ビーチ上の高台に温かみのある木造のバンガローが建ち並ぶ。ふたり用が6棟に、ファミリー向けが2棟。いずれも旅人を迎えようという精一杯のホスピタリティが感じられ、なかなか快適。プライベートテラス付きのバンガローがおすすめ。Wi-Fiも完備。

テラスからの眺めが最高！

地図 P.143-B2外
住 Fort Dauphin
TEL 033-12-517-03
URL www.lavasoa.com
料 Ⓢ Ⓓ€49 〜 75
TAX 込み　　CC 不可

## ▶ れんが造りの素朴な建物
# ル・ジーナ・ヴィラージュ
## Le Gina Village

れんが造りのバンガロー。メインストリート沿いにあるものの、道路より少し高い位置に建てられているので景色がよく、騒音なども気にならない。客室は、シンプルながらも民芸調の調度品が随所に配され、マダガスカルらしさが演出されている。全10室。**H**ル・ポール（→下記）と同経営でレセプションも同じ。

やや手狭なバンガロー

**地図** P.143-A1
**住** Amparihabo
**TEL** 032-11-001-88
**URL** www.leport-hotel.com
**料** **S** **D** Ar6万1000
**TAX** 込み
**CC** 不可

## ▶ フランス人の若者に人気の安宿
# オテル・アニタ
## Hôtel Anita

平屋建てとメゾネット式のバンガロー計6棟のほか、トイレとホットシャワーが共同のビルディングタイプの客室がある。宿泊客の多くがフランス人。通りに面してレストランがある。

バンガローはやや手狭

**地図** P.143-A2
**住** Bazarikely
**TEL** (020-92) 904-22
**e-mail** anitahotel.restaurant@gmail.com
**料** **S** **D** Ar4万 **T** 4万5000
**TAX** 込み
**CC** 不可

## ▶ 旅人の木が迎えてくれる
# ル・ネペンテス・ホテル
## Le Nepenthes Hotel

アーモンドや旅人の木、アロエなどが生えるトロピカルな雰囲気の敷地に4棟の茅葺屋根のバンガローが立つ。客室はシンプルだが清潔で、コストパフォーマンスはよいといえる。食事はマダガスカル料理をメインに、インターナショナル料理が揃うが、カキ、ロブスターなどのシーフードがおすすめ。

かわいらしい三角屋根のバンガロー

**地図** P.143-A1外
**住** Ampasikabo
**TEL** 034-60-832-54
**URL** www.nepenthes-hotel.com
**料** **D** Ar6万1000〜10万
**TAX** 込み **CC** 不可

## ▶ タウランニャロ近郊に動物園をもつ
# ル・ポール
## Le Port

**H**ル・ジーナ・ヴィラージュ（→上記）と同経営で、こちらはよりきれいな客室を用意している。建物は3階建てで、1階、2階、3階とフロアが上がるにつれ、料金、設備の充実度が上がっていく。レストランも営業しているため、外食が不便なタウランニャロではうれしいかぎりだ。マーケットまでは歩いてすぐ。全15室。

料金がリーズナブルで人気

**地図** P.143-A1 **住** Esokaka
**TEL** 034-11-001-88、032-11-006-28
**URL** www.leport-hotel.com
**料** **S** **D** Ar6万1500〜8万1500
**TAX** 込み
**CC** 不可

# 野生動物の宝庫

# ベレンティー保護区
## Réserve Privée de Berenty

## 乾燥地帯にあるオアシス

タウランニャロ（フォール・ドーファン）から西へ約88kmに位置する面積約250haのベレンティー保護区は、1936年、サイザル麻畑の農園主であるフランス人のアンリ・デ・ホルムHenri de Heaulme氏によって設立された私営の保護区。現在は、息子のジャン・デ・ホルム氏が跡を継いでいる。

保護区は、広大なサイザル麻畑とマンジャレー川Fleuve Mandrareにほぼ挟まれるように位置し、乾燥地帯でありながらも1年中緑に覆われたオアシスのような場所である。大部分はタマリンドの森だが、ほかに115種類の植物が生息し、一部の森はトゲをもつ植物で覆われた「トゲの森Spiniy Forest」になっている。ワオキツネザルRing-tailed LemurやベローシファカVerreaux's Sifakaなど5種類のキツネザルが生息しており、旅行者でも簡単に間近で観察できることから、人気のスポットになっている。

しかし、設立された当初からツーリストが入園できたわけではなく、最初は研究者のみに開放されていた。その後一般にも開放されるようになったのは、設立から半世紀近くたった1980年代のことである。旅行者がたくさん訪れるようになった今でも、サセックス大学のアリソン・ジョリー Alison Jolly博士をはじめ、日本では京都大学の小山直樹博士のグループなどがここを研究フィールドとするなど、世界中からキツネザルの研究者たちが調査、研究にやってきている。

## 生息する5種類のキツネザル

公園内に生息しているキツネザルは、昼行性と夜行性を合わせて計5種類。昼行性のものは、

横っ飛びをするベローシファカ

子連れのワオキツネザル（10月）

白と黒の縞模様の尾をピンと高く上げて歩くワオキツネザルと、日本のテレビコマーシャルで一躍有名になった横っ飛びをするベローシファカ、そして現地では"ブラウンレムール"と呼ばれるアカビタイチャイロキツネザルRed-fronted Brown Lemurの3種だ。ワオキツネザルとベローシファカはもともとこの保護区に生息していたが、アカビタイチャイロキツネザルは、1970年にマダガスカル西海岸の森からオーナーが連れてきたキツネザルである。そして、同年に付近の森から連れてきたエリクビキツネザルCollared Lemurとアカビタイキツネザルが交配したので、現在いるのは交配種ということになる。夜行性のものは、シロアシイタチキツネザルWhite-footed Sportive Lemur、ハイイロネズミキツネザルGray Mouse Lemurの2種類で、昼行性が群れをつくるのに対し、こちらは単独で行動している。

## 森で出合える動物たち

ベレンティー保護区では、キツネザル以外にもたくさんの動物を見ることができる。特に鳥の種類は多く、マダガスカルアオバズクWhite-browed Owl、オニジカッコウGiant Coua、マダガスカルサンコウチョウMadagascar Pradise Flycatcher、カギハシオオハシモズHook-billed Vanga、カンムリジカッコウCrested Coua、マダガスカルコウモリMadagascar Fruit Batsなど83種を数え、バードウオッチングにも適している。さらに、マジョールカーペットカメレオンChamaeleo LateralisとスパイニーカメレオンChamaeleo Verrucosusの2種のカメレオンを含む、26種の爬虫類も生息。

147

ナイトサファリで見られる
シロアシイタチキツネザル

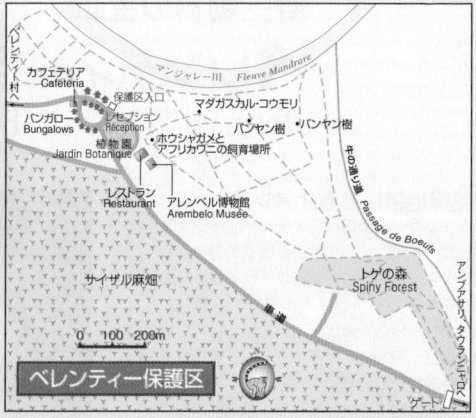

## 保護区内を歩く

ここにすむキツネザルは人間に慣れているので、バンガロー周辺にたくさんやってくるし、ガイドなしで保護区内を歩き回ることも許されている。しかし、より多くのキツネザルや動物を見るために、1日数回、ガイドと一緒に森を散策するプログラムが用意されている。ガイドは、キツネザルはもちろんのこと、鳥、爬虫類、植物など、保護区内のことを熟知しているので心強い。散策時間は1回につき1～2時間で、朝食前、15:00前後、19:00前後に行われることが多い。

森の中に設けられた遊歩道は平坦で幅が広くとても歩きやすいので、軽装でもトレッキングができる。ただし、虫に刺されないように長袖・長ズボンを着用するほうがよいだろう。特に、夜行性のキツネザルを観察する場合はトゲの森を散策するので、長袖・長ズボンは必須だ。懐中電灯も忘れずに。また、季節によって寒暖の差が激しく、4月から10月は気温が8℃前後（1993年6月には3℃を記録）に、11月から3月は40℃にも上がる。日中は暑くても朝晩はぐっと冷え込むこともある。服装には十分気をつけよう。

## アレンベル博物館

ベレンティー保護区内にある2階建ての博物館。マダガスカル南部の動植物を中心に、アンタンドルイ Antandroy 族の衣服や生活様式、慣習などを、実物やパネルで紹介している。毎日8:00～12:00、14:00～17:00に開館しているが、シーズンオフの日曜には閉館することもある。

## サイザル麻工場

ベレンティー保護区の一帯はサイザル麻畑になっており、その広さは保護区の約100倍、2万5000haにも上る。サイザル麻は、バッグやマット、ロープなどの材料として使われているもので、畑の一角にある工場では、収穫したサイザル麻から繊維を取り出し、乾燥させ、パッキングする工程を見学することができる。ただし、1月は工場が稼働しないため見学不可。サイザル麻は、そのほとんどがヨーロッパへ輸出されるという。

## タウランニャロからベレンティーへ

タウランニャロからベレンティーへ向かう約88kmの間には、さまざまな見どころがある。そのなかでも最も興味深いのは、やはり植物であろう。というのも、タウランニャロからベレン

アレンベル博物館の館内

サイザル麻工場の様子

# Réserve Privée de Berenty

ここでしか見られない三角ヤシ

密漁されることの多いホウシャガメ

アンタヌシ族の墓。墓の高さが死者の年齢を表している

ティーにかけての気候が、標高1972mのアヌシ Anosy山を越えた途端、湿気の多い森林地帯から乾燥地帯へとガラッと変化するため、植生が大きく異なり、約3時間のドライブにもかかわらず多様な植物を目にすることができるのだ。

　湿気の多い地域から乾燥地帯へ移るちょうどはざまには、世界でここにしか生えていない**三角ヤシTriangle Palm**の群生が山林を覆う。その特殊な環境から誕生したといわれる植物で、葉っぱが三方向に生えていることから三角ヤシと名づけられている。

　乾燥地帯へ入ると、一気に植生が変わる。枝や幹がトゲと葉でいっぱいのアルオウディア・プロケラ Alluaudia Procera や、同じくトゲだらけのディディエレア・トローリー Didierea Trollii であたりは覆われる。この一帯は「**トゲの森 Spiny Forest**」といわれる地域で、以前は住民による伐採で森が失われつつあったが、1991年に発足した東京の民間団体「ボランティア・サザンクロス・ジャパン協会」によって自然林の復元が行われ、徐々に森がよみがえってきている。また、住民には生活向上の提案のひとつとして、廃材から旅行者向けに**木彫りの民芸品**を作ることを提案。いまや、人気のみやげ物になっている。そしてこのトゲの森を抜けると、やがてベレンティーへと続くサイザル麻のプランテーションが一面に広がる。

　道路沿いの小さな村々で開かれる**市場**もおもしろい。ゼブ牛、羊、ヤギなどが売られる日曜のサンデー・マーケットはアンブアサリ Amboasary 村で、ゼブ牛が売買されるゼブ・マーケットは木曜にアンカラメナ Ankaramena 村で、またフルーツが中心に並ぶフルーツ・マーケットは、金曜にスアニエラナ Soanierana 村で開かれる。そのほか、**アンタヌシ族の墓Tomb of Antanosy**など、見どころがいっぱいだ。

ベレンティー保護区への入口

ゼブ・マーケット

## ベレンティーへの行き方

タウランニャロから行く場合は、**H**ル・ドーファン（→P.145）と同経営のため、原則ホテル内にある旅行会社SHTMのツアーに参加しなければならない。タウランニャロ以外の地域、例えばアンタナナリボやフィアナランツアなどから車を利用して行った場合には入園を拒否されてしまう。

## ツアー料金

SHTM主催の日帰りツアー料金は、タウランニャロとベレンティー間往復の車代、ベレンティー保護区入園料、サファリガイド料、博物館入館料、サイザル麻工場見学料込みで計€178（ひとりの場合）。3人以上のグループはひとり€89。6〜12歳は€89、6歳未満は無料。1泊2日ツアーになると、€229（ひとりの場合）となる。加えて宿泊費は1〜2名€48〜60、3名€69で、朝食€5〜7、昼・夕食はそれぞれ€14となっている。
●エス・アシュ・テ・エムSHTM　（→P.143欄外）
**住** Hotel Le Dauphin内
**TEL** 032-05-416-84
**時** 7:30〜12:00、14:30〜18:00
**休** 無休
※早めの予約をおすすめする

## ホテル＆レストラン

保護区内には13棟の木造のバンガローのほか、後に新設されたおしゃれで快適なエアコン付きバンガローなどもあり、合計27部屋を有する。客室内には、蚊帳、ファン、ホットシャワーが完備されているが、お湯が出ないときもある。電気は使用時間が決められているので、時間外だとファンは使用できず、夜には明かりもなくなりろうそくを使用することになる。電気が使用できる時間帯は、5:00〜9:00、11:00〜15:00、17:00〜22:00にかぎられる。

博物館の近くにあるレストラン

保護区内で食事ができるところは2ヵ所。バンガローのそばにあるカフェテリアは朝食とドリンク、ランチとディナーは博物館近くのレストランで取る。レストランにはアラカルトメニューがなく、セットメニューのみ（何品かのなかからチョイスはできる）。ドリンクはソフトドリンクからビールやワインまで豊富に揃っていて、とても森の中とは思えないような料理が並ぶ。小さなギフトショップもある。

なお、キツネザルはカフェテリアの中まで入ってくるが、絶対に食べ物をあげないように。

Réserve
Privée de
Berenty

ベレンティー保護区内のバンガロー

# île Sainte Marie
# & Eastern Madagascar

## セント・マリー島とマダガスカル東部

マダガスカル・エキゾチック（→ P.164）のカメレオン

# Île Sainte Marie &

セント・マリー島とマダガスカル東部

# Eastern Madagascar

ノシ・べと肩を並べるリゾート地セント・マリー島Île Sainte Marieを含むマダガスカル東部は、1年中高温多湿で、この国で最も降水量が多い。台風の被害も受けやすく、過去に何度か甚大な被害に遭っている。熱帯雨林が広がる東海岸は、ローズウッドの海岸あるいは緑樹の海岸として知られている。さらに、東部はバニラやクローブ、コーヒー、カカオ、ココナッツなどの生産地でもあり、「バニラ・コースト」ともいわれている。サンバヴァ Sambavaなどで、それらの農園を訪れることができる。

東部には焼き畑農業を行うベツィミサラカ族が多く住み、急速な人口の増加にともなって多くの森林が伐採され失われてきた。政府は、森林伐採の制限、水稲の導入、保護区の設置などを行い、マナナラMananara南部やマスアラ半島Saikanosy Masoalaは国立公園になっている。公園は広大で、見て回るには数日のトレッキングが必要だが、インドリやシファカ、アイアイなどの原猿類や、爬虫類、ジュゴンなどが生息し、"ジャングル" に憧れる人にとって最後の秘境といえるだろう。

時間も体力もない人は、マルアンツェチャ Maroantsetra近くのマンガべ島Nosy Mangabeや、マンタディア・アンダシベ国立公園Parc National de Mantadia-Andasibeに行けば、マナナラやマスアラ半島と同様の珍しい動植物が見られる。特に後者には、一般にペリネ特別保護区Réserve Spéciale de Périnetと呼ばれる保護区があり、東部でいちばんの観光スポットになっている。タマタヴ(トゥアマシナ)Tamatave (Toamasina)やマナナラなどにも、私営の公園や保護区がある。

リゾート地として近年人気を集めているのが、東部沖に浮かぶセント・マリー島だ。珊瑚礁に囲まれ、美しいビーチがあり、ホエールウォッチングやダイビングも楽しめる。しかし雨季になると観光客もぐっと減る。本島の沿岸部はというと、山脈が海の近くまで迫っていて平野部は狭く、沖にはサメも出没する。そのため、東部のビーチリゾートは西部のようには開発されていない。

また東部には、マダガスカル第2の都市であるタマタヴ（トゥアマシナ）がある。その南には、海岸沿いに天然と人造の水路からなるパンガラント運河Canal des Panglanesが約600km続いており、リバークルーズが楽しめる。

雨や台風が多く、沿岸部の道路は十分に整備されていないため、東部を訪れる観光客はまだ多くないが、それだけあまり観光化されていない素朴な自然や風景に出合えるチャンスが多い。冒険や発見を求めて、東部まで足を延ばしたい。

リゾート地として注目を集めるセント・マリー島

ディエゴ・スアレスへ

Nosy Iava

Analalava

Antsohihy

Belanana

アンダパ
Andapa

Parc National de
Marojejy

サンバヴァ
Sambava

アンタラハ
Antalaha

Réserve Spéciale
d'Anjanaharibe-Sud

Antsakabary

Befandriana Avaratra

Matsoandakana

Anbohitralanana
東岬
Cap Est

マルアンツェチャ
Maroantsetra

Boriziny(Port-Bergé)

Sofia

ノシ・ガベ島
Nosy Mangabe

マスアラ国立公園
Parc National de Masoala

マスアラ半島
Saikanosy Masoala

Mandritsara

アンタイナ川
Antainambalana

Vinanivao

Baie d'Antongil

Masoala

マスアラ岬
Cap Masoala

Mampikony

Marotandrano

マナナラ川
Mananano

マナナラ
Mananara

アイアイ島
Aye-Aye Island

Benarivo

Makoina

サンドラカッツィ
Sandrakatsy

北マナナラ国立公園
Parc National de
Mananara-Nord

Antanambe

Miarinarivo

Tsaratanana

Andilamena

マヌンパナ
Manompana

Marimbona

セント・マリー島
（ノシ・ブラハ）
Ile Sainte Marie
(Nosy Boraha)

Maningory

スアニエラナ・イヴング
Soanierana-Ivongo

アンブディフタチャ
Ambodifotatra

Andriamena

Lac Alaotra

Ampalafaravola

Imerimandroso

Ambatosoratra
Parc National de
Zahamena

Vavatenina

Fenoarivo Atsinanana
(Fénérive-Est)

Mahambo

インド洋
Océan Indien

Ankarena

Manakana

Ambatondrazaka

Vohidiala

フールポイント（マハヴェルナ）
Foulpointe (Mahavelona)

Onibe

Anjozorobe

ミチンジュ公園
Parc Mitsinjo

イヴルイナ動物園
Parc Zoologique Ivoloina

イヴァトゥ国際空港

アンブヒマンガ
Ambohimanga

マンタディア・
アンダシベ国立公園
Parc National de
Mantadia-Andasibe

タマタヴ（トゥアマシナ）
Tamatave (Toamasina)

アンタナナリボ
Antananarivo

Marovoay

マンドラカ
Mandraka

Ampasimanototra
(Brickaville)

Tampina

アンカニファ
Akanin'ny Nofy

バルマリウム
Palmarium

Mantasoa

ムラマンガ
Moramanga

アンダシベ Andasibe

Ambila Lemaitso

マンタソア湖
Lac Mantasoa

ペリネ特別保護区
Réserve Spéciale de Périnet

Andovoranto

マダガスカル・エキゾチック
Madagascar Exotic

N

Vatomandry

Anosibe An'Ala

マダガスカル東部

Vangraindranoへ

Betsiboka

Mahavavy

0        50        100km

エメラルド色の美しい海

# Île Sainte Marie

セ
ン
ト
・
マ
リ
ー
島

セント・マリー島
★
●アンタナナリボ

**本**土の8km東に浮かぶ、長さおよそ50km、幅が最大で7kmの細長い島が、セント・マリー島Île Sainte Marieだ。マダガスカル名は、アラビア人の名イブラヒム Ibrahimに由来するといわれるノシ・ブラハNosy Borahaだが、一般にはセント・マリーと呼ばれている。セント・マリーという名前は、ポルトガル人船員が名づけたサンタ・マリア Santa Mariaからきている。16〜18世紀、セント・マリーは英・米・仏やポルトガルなどの海賊たちの巣窟だった。当時の王ラティスミラフ Ratismilahoの娘ベティ Betyがフランス人と結婚し、王の死後、1750年にベティはこの島をフランスに譲り、島はフランスの支配下に入った。独立後、この島はマダガスカル領になったが、今でもフランス名をもつ人々が多い。

**セ**ント・マリーにはココナッツの木が並ぶ遠浅の美しいビーチがあり、島の内部には熱帯雨林が広がっている。珊瑚礁に囲まれていてサメの危険がなく、7〜9月には西側にクジラもやってくるため、リゾート地として人気がある。しかし雨が多く、12〜3月は台風の被害を受けやすいため、ノシ・ベほどには開発されていない。

**乾**季の8月後半〜11月は観光客で混み合うが、雨季はひっそりとしている。しかし、その静けさがこの島の魅力のひとつでもある。この島の素朴さに触れたかったら雨季に行くのもいい。雨季でも雨は1日中降り続くわけではなく、雨がやんで雲の間からキラッと現れた太陽の光を受けると、海はエメラルド色に輝き出す。そのときこそ、この島が"最後の楽園"だと実感できるだろう。

# 歩き方　WALKING AROUND

　島の中心地は本土からの船が発着する**アンブディフタチャ** Ambodifotatra で、ここにマーケットや銀行、電話局、商店、航空会社、観光案内所などが集まっており、ホテルも何軒かある。空港は島の南端近くにあり、アンブディフタチャからは車で約45分だ。リゾートホテルの多くは、島の西岸、アンブディフタチャ〜空港までの道路沿いにある。

　タクシー・ブルースは、アンブディフタチャを起点に、北は**ルンキンツィ** Lonkintsy まで、南は島の南端までしか走っておらず、日曜はほとんど運行していない。自転車やバイクのレンタルもあるが、道が悪いので（特に北部）あまりおすすめできない。タクシーを利用するのが無難だが、リゾート地ということで料金は高めに設定されている。このように島内の移動にはやや骨が折れるので、どこか1ヵ所でのんびりするのもよいだろう。

　アンブディフタチャから南へ15分ほど歩くと**マダム島** Îlot Madame だ。この島は石造りの水上道路で本島とつながっているので、車で通り過ぎれば島だと気づかないかもしれない。島には税関や貨物船の港などがある。ここで湾は内陸のほうへ入り組んでおり、まるで湖のようだ。

## セント・マリーの市外局番
# 57

## セント・マリーへの行き方
### ●飛行機
　ツァラディアがアンタナナリボから週4〜5便、所要約1時間。タマタヴ（トゥアマシナ）から週3〜4便運航。所要約1時間。
### ●船
　タマタヴから車で4時間30分のスアニエラナ・イヴング Soanierana-Ivongo から毎日1〜2便出ている。島までは約2時間。タクシー・ブルースは Ar7500。安い船もあるが、簡素なもので転覆の危険性がある。

## フェリー会社
●カップ・セント・マリー
　Cap Sainte Marie
　スアニエラナ・イブング〜セント・マリー間を運航している。
**TEL** (020-57)404-06、
　　 032-05-118-08
**URL** www.cap-sainte-marie.com
**運** 片道 Ar3万

## 空港から中心地へ
　タクシーで Ar2万5000。

## タクシー・ブルース
　中心地からルンキンツィか南端まで Ar3000。

## 観光案内所
**住** Ambodifotatra
**TEL** 032-40-084-43
**開** 月〜金　8:00〜12:00、
　　　　　　14:00〜17:00
　　　土　　8:00〜12:00
**休** 日

アンブディフタチャの港

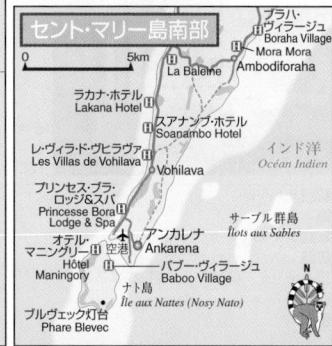

（島内地図）
N
天然プール
Piscine Naturelle
Ambodiatafana
アルブラン灯台
Phare Albrand
Ambatoroa
サマリア・ロッジ
Samaria Lodge
滝
Point Larée
本島
Forêt d'Ambodibonara
Ankirihiry
ラ・クリック La Crique
ルンキンツィ Lonkintsy
Antsara Sahasifotra
アナフィアフィ
Anafiafy
Forêt d'Ampanihy
Maromandia
マスアンドゥル・ロッジ
Masoandro Lodge
滝
バニニヒィ湾
Baie d'Ampanihy
Paradis d'Ampanihy
ダブル山
Davoio(112m)
アンバニヒィ半島
Presqu'île d'Ampanihy
Ankobahoba
Ambohitra
Betty Plage
インド洋
Océan Indien
Le Drakker
Les Palmier
マダム島
Îlot Madame
Zinnia
アンブディフタチャ
Ambodifotatra
Libertalia Bungalows
フォルバン島
Île aux Forbans
Vanilla Café
海賊の墓地
Cimetière des Pirates
Mahavelo
Ambodiforaha
Vohilava
サーブル群島
Îlots aux Sables
空港 アンカレナ Ankarena
Pointe Sud
ナト島 Île aux Nattes (Nosy Nato)
ブルヴェック灯台
Phare Blevec
拡大図▶右

0　　　　5　　　10km

セント・マリー島

A

（島南部地図）
セント・マリー島南部
0　　　　5km
ブラハ・ヴィラージュ
Boraha Village
Mora Mora
Ambodiforaha
La Baleine
ラカナ・ホテル
Lakana Hotel
スアナンブ・ホテル
Soanambo Hotel
レ・ヴィラ・ド・ヴォヒラヴァ
Les Villas de Vohilava
Vohilava
インド洋
Océan Indien
プリンセス・ブラ・ロッジ＆スパ
Princesse Bora Lodge & Spa
サーブル群島
Îlots aux Sables
アンカレナ
Ankarena
オテル・マニングリ 空港
Hôtel Maningory
バブー・ヴィラージュ
Baboo Village
ナト島
Île aux Nattes (Nosy Nato)
ブルヴェック灯台
Phare Blevec
N

B

セント・マリー島 Île Sainte Marie ●イントロダクション／歩き方

## 左欄（サイドバー）

**アンパニヒィ湾ツアー**
ひとり Ar15万ほど。

**ナト島行きピローグ**
往復Ar2000
ツアーひとり Ar6万ほど。

**ホエールウオッチング**
　多くのホテルやダイビングショップで手配可能。ひとり€40ほど。

**セント・マリーの電力事情**
　島には電気が通っておらず、各ホテルは自家発電を行っている。ホテルごとに電気の使用には制限があるので注意。

## 本文

　周囲の湾岸には、国内最古（1857年築）の教会があり、湾の中央には**フォルバン島**Île aux Forbantsが見える。水上道路を渡ると左側に**海賊の墓地**Cimetière des Piratesの看板があり、墓地まではそこから歩いて約30分だ。
　島の北部には標高62mの**アルブラン灯台**Phare Albrandがあり、そこから本土が見渡せる。そして道の終点には、岩に囲まれた**天然プール**Piscine Naturelleがあるが、地元の人にとっては聖なる場所Fadyなので汚さないように。
　島の東部アナフィアフィ Anafiafyからピローグでマングローブの樹林を抜けると、**アンパニヒィ湾**Baie d'Ampanihyだ。対岸は細長い半島で、突端では真水と海水がぶつかり合うのが見られる。
　本島の南端からピローグに乗れば、面積が6km²の**ナト島**Île aux Nattesに着く。この島には車が走っておらず、静かでゆったりとした空気が流れている。美しいビーチがあり、この島固有の紫色の大きなランが見られる場所もある。

ナト島固有のラン

# HOTEL　　ホテル

### ▶ セント・マリーの代表的ホテル
## スアナンブ・ホテル
Soanambo Hotel

　セント・マリーに2軒のホテルをもつHSMグループのホテル。800mものビーチ沿いに、設備の整ったバンガローが並ぶ。朝食専用のレストランがあり、美しい海を眺めながら朝食をいただける。7〜9月はクジラが見えることも。カヤック、スノーケリング、アクアビクスなどさまざまなアクティビティが楽しめ、併設のツアーデスクではナト島などへの各種ツアーの申し込みができる。インターネット利用可能。空港のすぐ外にも予約カウンターがあるので便利。

マラガシー・アートが飾られている

地図 P.155-B
住 Vohilava
TEL 034-49-040-67
URL www.soanambo.mg
料 S €165　D €255　※朝・夕食込み
TAX 込み
CC MV

### ▶ 真心のこもったサービスがうれしい
## プリンセス・ブラ・ロッジ＆スパ
Princesse Bora Lodge & Spa

　空港に近い高級ホテル。魚の名前がついた20のバンガローは、広くて快適。セーフティボックス、電話、蚊帳に加え、チャーミングヴィラにはファンが、デラックスヴィラにはエアコンが付いている。施設内にはラウンジやギフトショップ、プールがあり、自転車やカヌーが無料でレンタルできるなどサービスもよい。またこのホテルにはホエールウォッチングの情報が集まるので、ツアーの申し込みにも便利だ。空港〜ホテル間の送迎は無料。

各バンガローにテラスがある

地図 P.155-B　住 Sainte-Marie 515
TEL (020-57)040-03
URL www.princesse-bora.com
料 S Ar58万5000〜107万2500　D Ar97万5000〜175万5000　※朝・夕食込み
TAX 込み　CC MV

▶ ナチュラル感あふれる

# マスアンドゥル・ロッジ
## Masoandro Lodge

　緑に囲まれたエコロッジ。広い敷地に18棟の
バンガローが立つ。室内は木のぬくもりを感じさ
せながらも、洗練されたインテリアでまとめられ
ている。エアコン、セーフティボックス、蚊帳
付き。高台にあるラグジュアリーバンガローには、
テレビやDVDプレーヤー、ミニバーも備わって
いる。テラスからの眺めがとてもよい。プール、
プライベートビーチあり。

ラグジュアリーバンガローのテラス
地図 P.155-A2　住 Île Sainte-Marie 515
TEL 034-44-416-28
URL www.masoandro.mg
料 S €163　D €178　TAX 込み
CC MV（左記のスアナンブ・ホテルにて支払い）

▶ シーフード料理が自慢

# ブラハ・ヴィラージュ
## Boraha Village

　美しいエメラルド色の海が広がる島の東海岸
にあるホテル。海に向かって真っすぐに延びた
デッキが印象的だ。バンガローは手入れが行き
届いており、清潔。レストランが自慢で、カニ
やエビなど新鮮なシーフードがいただける。各
種ツアーやスポーツフィッシングのアレンジも可。

きちんと整った室内
地図 P.155-B　住 Île Sainte-Marie 515
TEL (020-57)912-18
URL www.boraha.com
料 S D €44～51
TAX 1泊につき€3/室
CC AMV

▶ 海の中にバンガローがある

# ラカナ・ホテル
## Lakana Hotel

　すてきな庭のあるホテル。部屋はよく整って
いて、ファンと蚊帳が付いている。また、海の
中に立つバンガローがあるのがこのホテルの特
徴。窓からの眺めはよく、特別な気分が味わえ
る。バス・トイレはビーチにあるが、各バンガ
ロー専用となっている。長く延びたデッキの先
では、日光浴や水泳を楽しむ人々の姿が。

海の中に立つバンガロー
地図 P.155-B
住 Andampanangoy, Île Sainte-Marie 515
TEL 032-62-312-99
URL www.sainte-marie-hotel.com
料 S D €58～
TAX 込み
CC MV

▶ リーズナブルな広々バンガロー

# レ・ヴィラ・ド・ヴヒラヴァ
## Les Villas de Vohilava

　美しいビーチが目の前に広がるバンガロー。
部屋は広く、ベッドルームに加えてリビングス
ペースもある。ファン、蚊帳付き。施設内には、
プール、テレビや読書が楽しめるラウンジ、バ
ー、マッサージルーム、ギフトショップなどが
ある。インターネットも利用可能。これだけ充
実しているのに宿泊料金はリーズナブルなのが
うれしい。

バンガローの前にヤシの木が並ぶ
地図 P.155-B　住 Vohilava 515 Île Sainte-Marie 515
TEL 032-04-757-84
URL www.vohilava.com
料 S D Ar16万1000～18万4000
TAX 1泊につき Ar4000/室　CC V

▶ リーズナブルに泊まるなら

# サマリア・ロッジ
Samaria Lodge

若いカップルが村人と一緒に作り上げた評判のロッジ。オーナー夫妻のホスピタリティや、おいしい食事、最高のロケーションなど、魅力にあふれている。かわいらしいバンガローは、さりげないこだわりが見られ、とても快適。

さりげなくおしゃれな室内

地図 P.155-A1
住 BP 38 BIS Anivorano, 515
TEL 034-20-515-15
URL samaria-hotel.com
料 S €61 〜  D €80 〜
TAX 込み   CC ADJMV

セント・マリー島のリゾートでのひとコマ（イメージ）

## ナト島のホテル   Hotels in Île aux Nattes

▶ センスのよさを感じさせる

# バブー・ヴィラージュ
Baboo Village

敷地内にオブジェがたくさん並ぶ、アート感あふれるバンガロー。ランプや鏡などインテリアのセンスもよく、部屋はおしゃれな雰囲気。バンガローのいくつかは海に面していて、テラスからの眺めがすばらしい。オイルを用いた本格的なマッサージが受けられるサロン・ビオ・アロマ Salon Bio Aroma を併設している。

落ち着いたトーンの部屋

地図 P.155-B    住 B.I.S.
TEL (020-57) 905-63
URL www.baboo-village.com
料 S D €36   ※朝・夕朝込み
TAX 1泊につき €0.5/室
CC MV

▶ レストランが大人気

# オテル・マニングリー
Hôtel Maningory

ナト島北西岸にあるホテル。目の前には美しい砂浜が広がっている。バンガローはシンプルな造りだが、よく手入れされている。ダイビングやフィッシングの手配可。レストランの料理はどれもボリュームたっぷりでおいしい。

開放感のあるオープンエアのレストラン

地図 P.155-B    住 Île aux Nattes
TEL (020-57) 902-58、032-07-090-05
URL maningoryhotel.com
料 S Ar14万3000   D Ar15万8000
TAX 1泊につき Ar1000/室
CC 不可

# Tamatave (Toamasina)

タマタヴはマダガスカル第2の都市で、国内最大の港町だ。マダガスカル語名はトゥアマシナだが、一般にはタマタヴと呼ばれている。トゥアマシナという名の由来は諸説あるが、ラダマ1世がここの海水を口に含んで、「トゥア・マシナ（しょっぱい）！」と驚いたからだといわれている。

タマタヴはかつて海賊の定住地であったが、19世紀初頭にフランスが貿易の拠点をおき、続いてイギリスがフランスに取って代わり、イギリス領だったモーリシャスとの奴隷貿易の中心地として発展する。1845年、マダガスカル王国がヨーロッパ側にとって不利な貿易に関する勅令を出すと、イギリスとフランスはこの勅令に不満をもち、タマタヴを攻撃する。マダガスカル側は反撃して英仏軍を追い返したが、1885年、条約によりマダガスカルはフランスの支配下に入る。以後、何度か台風による大被害を受けたが、タマタヴは今日まで主要な港町として続いてきたのである。

タマタヴは、国内第2の都市といっても、首都アンタナナリボに比べると規模はずっと小さく、町といったほうがいい。広い道の両側にはフランボワイヤンやココナッツの木が植えられ、首都のような渋滞もなく快適だ。タマタヴはマダガスカル人にとって娯楽の町でもあり、レストランやカフェ、バーが多く、カジノもある。娼婦もちらほら見かけられ、港町特有の猥雑な雰囲気が漂っている。また、この町には中国人が多く、大きなホテルやレストラン、商店のほとんどやカジノは中国人の経営だ。東洋的な顔だちの人をよく見かけるだろう。

町なかにはあまり見どころのないタマタヴだが、セント・マリー島や東海岸旅行の玄関口となる町だ。あるいは、沿岸の小さな村や森林地帯を旅したあとに、ここでひと息つくのもいい。そのときは、タマタヴが都会に感じるかもしれない。

食器などの日用品が並ぶバザリィ・ケリー

アンタナナリボ
★
タマタヴ
（トゥアマシナ）

タマタヴ（トゥアマシナ）Tamatave (Toamasina) ●イントロダクション／歩き方

## 歩き方　　WALKING AROUND

町の中心部は歩いて回れるほどの規模で、道路が碁盤目状になっているのでわかりやすい。メインストリートは**ジョッフル大通り Bd. Joffre**で、通り沿いにホテルやカフェ、商店、銀行などが並んでいる。この通りにある🇭オテル・ジョッフルHôtel Joffreの付近にはレストランやホテルが多く、客待ちのタクシーやプスプス（人力車）も常に停車しており、旅行者にとっては町のへそといえる。タクシー・ブルース乗り場は中心部の北西に位置し、オテル・ジョッフルのあたりからだと歩いて30分くらいかかるので、荷物があるときはタクシーやプスプスを使うといいだろう。

タマタヴの
市外局番

53

### タマタヴへの行き方
**●飛行機**
ツァラディアがアンタナナリボから毎日1〜2便運行。所要約45分、€107〜。セント・マリー島から週3〜4便就航。所要約30分、€93〜。
**●タクシー・ブルース**
アンタナナリボから約8時間で、Ar2万〜3万。エアコン付きバスもある。
予約制のタクシー・ブルースも運航している（→P.201）。

### 市内交通
タクシー：Ar4000〜
プスプス：Ar500〜
夜間は割増になる。空港から市内へはAr6000〜1万。

### タマタヴから北へ
道はスアニエラナ・イヴングまでしか舗装されておらず、それより先へは4WDが週に1本ぐらいしかない。マナナラまでは18時間ほどかかり、Ar6万程度。

### 観光案内所
**地図** P.160-A1
**住** 83 Bd. Joffre
**TEL** 034-47-301-68
**開** 8:00〜12:00、
14:00〜17:00
**休** 土・日

### タマタヴの旅行会社
パンガラント運河クルーズなどを扱っている。
**●エル・ドリース・マダ**
El Dolys Mada
**TEL** (020-53)329-75
**●トロピカル・サービス**
Tropical Service
**TEL** (020-53)336-79

プスプスが多くみられるタマタヴの町中

**H** オテル・ジョッフルからジョッフル大通りを北に行くと、左側に**バザリィ・ベBazary Be**があり、野菜や果物、香辛料、日用品、家具などを売る露店がひしめき合っている。刺繍製品や木彫りなどの民芸品を扱う店も多い。食事ができるスペースもあるので、朝食やランチにいい。

さらに北に進めば、ココナッツの木が並ぶ**独立大通りAve. de l'Indépendance**（Araben'ny Fahaleovantena、あるいはAve. Poincaréともいう）にぶつかる。この通りはタマタヴで一番広く、左に進むと市役所があり、右に進むと海岸に突き当たる。市役所の裏には貨物専用の鉄道駅があり、そこから北西へ5分ほど歩けば**バザリィ・ケリー Bazary Kely**がある。こちらもにぎわっており、たくさんの店が建ち並んでいるので、時間をかけて回りたい。

独立大通り以北のジョッフル大通りは、商店の数も少なく、静かな並木道だ。2〜3分歩くと、左側に**トゥアマシナ大学地方博物館Musée Regional de l'Université de Toamasina**が見えてくる。館内には民族楽器や調理用品、狩猟道具などが展示されており、屋外にはわら葺き小屋と木彫りの像も置いてある。さらに北へ行くと、左側に**観光案内所**がある。その奥にある**商工会議所Chambre de Commerce**では、スピードは遅いがインターネットが使える。

ジョッフル大通りから東へ向かい、海岸に沿って南北に延びている**ラツィミラフ大通りBd. Ratsimilaho**に出てみよう。道に並行して砂浜が続いており、人々の憩いの場所になっている。海は汚くサメも出るので泳ぐ人はいないが、港にはさまざまな貨物船が停泊していて、何となく旅情をかきたてる。夕方になると、ココナッツやココナッツ菓子、サモサ、揚げパンなどを売る屋台が出て、散歩をする人々も見かける。町では、ライブ演奏やカジノ、ディスコが始まり、タマタヴの夜は更けていく。夜は町なかでもひと気が少なくなるので、出歩く際は注意しよう。

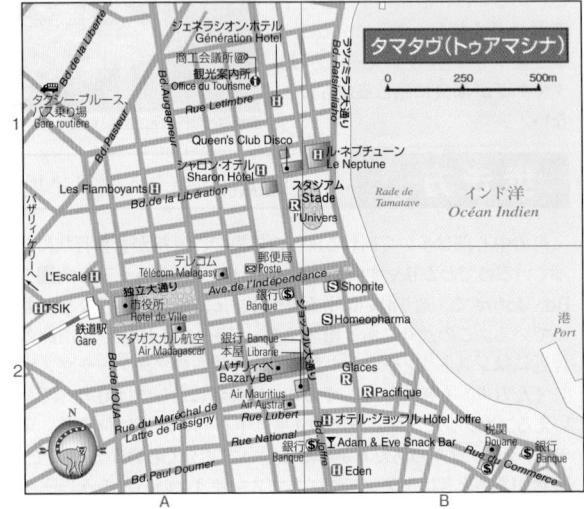

## おもな見どころ　SIGHTSEEING

地図 P.153-B3

■■■ タマタヴに来たらぜひ訪れたい

### イヴルイナ動物園
#### Parc Zoologique Ivoloina

キツネザルに触れることもできる

　タマタヴの13km北にある動物園。19世紀末に植物園として始まったが、1963年に、アメリカのデューク大学やイギリスの野生動物保護基金、そのほかの人々の寄付や援助によって、絶滅の危機にある動物の保護・繁殖を目的とした研究センターとなった。

　シロビタイキツネザル White-fronted Lemur やアカエリマキキツネザル Red Ruffled Lemur、アイアイ Aye-Aye などのキツネザル類が数種類、カメ、ヘビ、カメレオン、トマトガエル Tomato Frog などが檻の中で飼われている。キツネザルなど一部の動物は、成長すると野生生活に戻るよう自然へ帰されるため、檻の外にもいる。間近で写真が撮れるチャンスだ。動物以外にも、いろいろな種類の植物や昆虫が見られる。

　敷地内には湖があり、ピローグ（カヌー）に乗ったり周囲を散歩したりすることができる。1日楽しむことができるので、週末はピクニックに訪れる地元の人々でにぎわう。トイレ・シャワーを備えたキャンプ場もある。入口近くのキオスクでは、はがきやTシャツなどのみやげ物、飲み物などを売っている。

**イヴルイナ動物園**
- 住 Toamasina
- TEL (020-53)308-42
- 圏 9:00〜17:00
- 休 無休
- 料 大人 Ar2万
  15歳以下 Ar1万2000
- 行き方 市内からタクシーで往復Ar7万ほど（待ち時間2時間込み）。タクシー・ブルースはイヴルイナ村までAr7500。村から公園入口まで4km歩く。

# HOTEL　ホテル

▶ 設備が整ったきれいなホテル

### シャロン・オテル
#### Sharon Hôtel

　博物館の北西にある4つ星ホテル。部屋は木の床や家具が落ち着いた雰囲気で、エアコン、テレビ、セーフティボックス、ミニバー、バスタブ付きと設備も充実している。スイートにはジャクージがある。敷地内には、プールやサウナ、ジム、美容室、ビジネスセンター、レストランなどが揃っていてとても便利。

快適に過ごせる部屋

- 地図 P.160-A1
- 住 Bd. de la Libération 501
- TEL (020-53) 304-20
- E-mail sharonhotel@moov.mg
- 料 S Ar17万　D Ar19万6000
- TAX 込み　CC V

▶ カジノもある老舗4つ星ホテル

### ル・ネプチューン
#### Le Neptune

　海に面した全47室の大型ホテル。クリーム色を基調とした部屋には、エアコン、テレビ、ミニバー、セーフティボックスが備わっている。バスタブ付きで、バスルームがとても広い部屋もある。バルコニーからは海を眺めることができる。プールや雰囲気のよいレストランに加え、ナイトクラブやカジノもある。

シンプルで明るい雰囲気

- 地図 P.160-B1
- 住 Bd. Ratsimilaho
- TEL (020-53) 335-71
- URL www.hotel-neptune-tamatave.com
- 料 S D Ar15万5000
- TAX 込み　CC MV

## ▶ コロニアル調のホテル

## オテル・ジョッフル
### Hôtel Joffre

　ジョッフル大通りの南のほうにあるホテル。バザリィ・ベが近く、付近にはレストランが多いので便利。廊下はグリーン、床のタイルはれんが色など、色使いがおしゃれ。部屋はよく整えられており、エアコン、蚊帳、テレビ付き。

ベッドカバーがかわいい

地図 P.160-B2
住 18 Bd. Joffre
TEL (020-53) 323-90
URL www.hoteljoffre-tamatave.com
料 S D Ar13万8000〜15万3000
TAX 込み
CC MV

## ▶ リーズナブルで清潔

## ジェネラシオン・ホテル
### Génération Hotel

　観光案内所の近くにあるホテル。中心から少し離れているので静か。どの部屋もシャワー、トイレ、エアコン、蚊帳付きで、明るく清潔だ。少々狭いがシングルもある。1階のレストランは町でも評判がよい。マダガスカル、中国、西洋料理が食べられる。全30室。

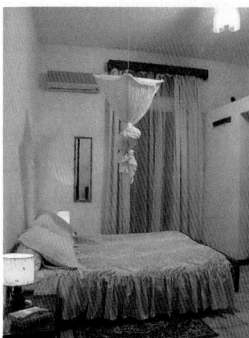

コンパクトだが快適

地図 P.160-A1
住 129 Bd. Joffre
TEL (020-53) 321-05
URL www.generationhotel-tamatave.com
料 S D Ar6万4000
TAX 込み
CC 不可

# COLUMN

## 固有動植物の宝庫　パンガラント運河

　手つかずの自然が残るマダガスカル東部。この地で近年人気を集める新たなデスティネーションがある。海岸線に沿うようにして走る美しい川、パンガラント運河Canal des Pangalanesだ。植民地時代に宗主国フランスによって、天然のラグーンや人造の湖をつなぐために造られた淡水の運河で、タマタヴから南へ約600kmにも渡って続いている。運河の周辺は手つかずの自然が残され、リバークルーズを楽しみながら、貴重な固有動植物を観察することができる。

　タマタヴの南約60kmの所に位置するアンカニヌフィー Ankanin'ny Nofyと呼ばれる町には、エコリゾートのパルマリウムがあり、保護区内（宿泊客は無料）でインドリ、シロクロエリマキキツネザルなどと触れ合うことができる。また、かつてアイアイを見ることのできるスポットとして、マンガベ島（アイアイ島）が知られていたが、最近はアイアイとの遭遇率は減少しており、ほぼ確実にアイアイが観察できるこの保護区はとても貴重な場所だ。パルマリウムまでは、タマタヴから車でManambatoまで行き、そこからボートで風光明媚なパンガラント運河を船で

パンガラント運河を渡るピローグ

約1時間。ほかの保護区とはまた一味異なる体験ができ、また、アイアイ、インドリなども近くで観察できるおすすめスポットだ。

H パルマリウム Palmarium
住 Ankanin'ny Nofy-Lac Ampitabe-Canal des Pangalanes, Tamatave
TEL (020)57-908-83　URL www.palmarium.biz
日本での問い合わせ先 マダガスカルツアー サービス
TEL (03)5834-8722
料 S Ar10万5000　D Ar15万
　アイアイ見学　1名Ar7万5000　2名Ar12万
　タマタヴからの送迎　1台Ar40〜50万（1〜4名）

# Andasibe & Moramanga

アンダシベはアンタナナリボから145km東に位置し、タマタヴ（トゥアマシナ）〜アンタナナリボを結ぶ国道2号線から約3km北にある。**マンタディア・アンダシベ国立公園Parc National de Mantadia-Andasibe**を形成している、**マンタディア国立公園Parc National de Mantadia**や**インドリ・アナラマザウチャ特別保護区Réserve Spéciale d'Indri d'Analamazaotra**を訪れる拠点となる村だ。後者は、キツネザル類のなかで最大種のインドリIndriを見ることができるので人気の観光スポットとなっており、一般に**ペリネ特別保護区Réserve Spéciale de Périnet**と呼ばれる。

　アンダシベから30kmほど西へ行くとムラマンガの町だ。町にこれといった見どころはないが、ホテルや飲食店、キオスクなどがあるので宿泊や休憩に立ち寄るとよいだろう。

## おもな見どころ　　SIGHTSEEING

### ■■■ インドリで知られる　　地図 P.153-A3
### ペリネ（インドリ・アナラマザウチャ）特別保護区
**Réserve Spéciale de Périnet (d'Indri d'Analamazaotra)**

　ペリネ特別保護区は、マンタディア・アンダシベ国立公園Parc National de Mantadia-Andasibe内の南側に位置する。面積約810haと小さめだが、自然と動物の宝庫だ。ここにはインドリのほかに、7種類のキツネザルがいる。そのほかの動物、植物もさまざまな種類が生息している。ペリネには3つの周遊コースcircuitがあるが、インドリだけを見たい人は、メインの湖などを回る2時間のインドリ・サーキット1 Circuit Indri 1で十分だ。公園内は、原則として常にガイドと一緒に行動することになっている。インドリ遭遇のベストタイムは早朝だ。

体が大きいインドリ

### ■■■ インドリ遭遇率が極めて高い　　地図 P.153-A3
### ミチンジュ公園
**Parc Mitsinjo**

　ペリネ特別保護区の入口から約150mの所に位置する、700haの敷地をもつ私設公園。周辺に住むマダガスカル人で組織されたNGOにより運営され、一度伐採された森をもとの森に戻すための植林活動やインドリ研究の支援を行っている。この森にもインドリをはじめ、グッドマンネズミキツネザルGoodman's Mouse Lemurやアバヒ Avahiなどが生息している。インドリ研究者とガイドが交替で森に滞在しインドリの居場所を確実に把握しているため、インドリ遭遇率が極めて高い。ナイトウオークもあり、夜行性動物も観察できる。6歳以下無料。

アンダシベと
ムラマンガ
★
アンタナナリボ

**アンダシベとムラマンガ
の市外局番**
**56**

**ペリネ特別保護区**
開 6:00〜16:00
休 無休
料 Ar4万5000／日
※ガイド（1〜4人の場合）は4万〜6万。
行き方 アンタナナリボからムラマンガまでは、タクシー・ブルースで所要約2時間30分、Ar8000。ムラマンガからアンダシベまでは所要約30分、Ar2000。

**ミチンジュ公園**
TEL 033-74-520-80
URL associationmitsinjo.wordpress.com
開 7:00〜16:00
※ナイトコースは18:00〜20:00頃に開始。
休 無休
料 入園料＋ガイド料
Ar2万〜6万5000

**マダガスカル・エキゾチック**

**TEL** 034-06-716-10
**圏** 6:30～17:30
**休** 無休
**料** Ar2万
※檻の鍵を開けて案内してくれるガイドが付く。ガイド料は1～3人でAr5000。人数が増えるごとに上がっていく。
**行き方** ムラマンガからアンタナナリボ行きのタクシー・ブルースに乗り（Ar5000）、マルゼブMarozevoと言えば入口の前で降ろしてくれる。所要1時間15分。

**■■■キツネザルの餌づけもしている**　　　　　　　　　　地図 P.153-A3

# マダガスカル・エキゾチック
## Madagascar Exotic

　ムラマンガから西に約40kmのマンドラカMandrakaにある、広大な敷地をもつ私営動物園。カメレオンなどの爬虫類、カエル、コウモリ、ワニ、チョウなどを目の前で見ることができる。また、10分ほど歩いた裏山ではシファカなどキツネザルを餌づけしており、別料金だが、こちらの見学も人気だ。アンタナナリボからは日帰りが可能。

じっくり観察しよう

# HOTEL ホテル

### ▶ キツネザルがいる豪華リゾート
# バコナ・フォレスト・ロッジ
## Vakôna Forest Lodge

　アンダシベから約7kmの奥地にあるが、レストランやプール、ビリヤード、カヌー、乗馬などの娯楽施設が整った豪華ホテル。部屋はすべてバンガローで、ヒーターも付いている。敷地内の川に浮かぶ人工の**レミュール・アイランド**（→P.30。Ar2万5000。宿泊客Ar1万5000）は、餌づけされたキツネザルがいる人気スポット。

蚊帳付きの大きなベッド

**住** Rue Rabobalahy Antaninarenia
**TEL** (020-22)624-80（アンタナナリボ・オフィス）
**URL** www.hotelvakona.com
**料** ⑤€80～90　⑩€90～100
**TAX** 1泊につきAr5000/室　**CC** MV

### ▶ インドリの鳴き声がモーニングコール
# フェオニー・アラ
## Feon'ny Ala

　ペリネ特別保護区に隣接して立つため、早朝、森から聞こえてくるインドリの声で目を覚ますことも。敷地内にも自然がいっぱいで、リゾートの雰囲気が楽しめる。丘の斜面に建てられた野趣あふれるバンガローは、掃除が行き届き清潔。レストランあり。全44室。

広くはないが快適

**住** Analamazaotra, Andasibe　**TEL** (020-56)832-02
**料** スタンダード ⑤ ⑩ Ar4万8000
バンガロー ⑤ ⑩ Ar8万4000～11万4000
**TAX** 1泊につきAr1500/室　**CC** MV

### ▶ 高台にあるおしゃれなバンガロー
# マンタディア・ロッジ
## Mantadia Lodge

　アンダシベの高台に2017年にオープンしたロッジ。自然豊かな敷地内に眺望のよいバンガローが28室点在。周辺のホテルの中では最も垢抜けた雰囲気だ。プールやスパなどの設備も整っている。

ロッジ風のおしゃれな客室

**住** Andasibe
**TEL** 034-05-100 - 42、032-05-410-01
**料** ⑤ ⑩ €105　⑤u €260～
**TAX** 1泊につきAr2000/室
**CC** MV

### ▶ 小高い丘の上にある
# シトゥ・ユウロフィエラ
## Site Eulophiella

　ペリネ特別保護区から約8km、丘の上を切り開いて建てられたバンガロー。周りは何もなくたいへん静かな環境。電気は夜4時間だけ点灯する。ホットシャワーあり。全17室。

シンプルなバンガロー

**住** Andashibe
**TEL** (020-22)242-30
**URL** www.eulophiella.com
**料** ⑤ ⑩ €45～90
**TAX** 1泊につき€2/室　**CC** 不可

# Foulpointe (Mahavelona)

ビーチの近くには浮き輪を売る店も

フール ポ イ ン ト
（マハヴェルナ）

アンタナナリボ ● ★フール
ポイント

フールポイントの
市外局番
**57**

タマタヴ（トゥアマシナ）から58km北にある海岸沿いの小さな町。アンタナナリボから最も近いビーチリゾートということで、特に8月や11・12月の休暇シーズンには大勢のマダガスカル人が訪れる。沖にはサメが出るが、砂州で囲まれたエリア内の遠浅のビーチでは海水浴が楽しめる。カヌーでのんびりと遊覧するのもよい。ビーチ沿いや町なかにホテルが並び、外国人観光客の姿もちらほら見かける。フールポイントから500mほど北に行った所には、19世紀メリナ王国の遺跡がある。タマタヴからはタクシー・ブルースで約1時間30分、Ar3000程度。

# HOTEL　　　　　　　ホテル

### ▶ フールポイントのメインホテル

## マンダ・ビーチ・ホテル
### Manda Beach Hotel

　フールポイントを代表するリゾートホテル。ヤシの木が生い茂る広い敷地内に、バンガローや宿泊棟が並ぶ。室内は清潔で、ファンや蚊帳が付いている。大きなプールがあり、ビリヤード台や卓球台も備わっている。ホテル前のビーチがフールポイントで最も美しいといわれる。

落ち着いた雰囲気の室内

住 Foulpointe
TEL 034-11-220-00
URL www.mandabeach-hotel.com
料 S D Ar10万2000
TAX 込み　CC MV

### ▶ レストランが自慢

## ジェネラシオン・オテル
### Génération Hôtel

　タマタヴにある同名のホテルと同経営のホテル。本館の14室に加え、庭に12棟のバンガローが立つ。いずれもシャワー、トイレ、蚊帳付き。庭では、バニラ、レモン、コーヒーなどを栽培しており、料理に使用している。

アジアンテイストの照明

住 Torongoina Foulpointe
TEL (020-57)220-22
URL www.generationhotel-tamatave.com
料 S D Ar6万4000
TAX 込み
CC 不可

フールポイント（マハヴェルナ）Foulpointe(Mahavelona) ● イントロダクション／ホテル

165

# Mananara

マ ナ ナ ラ

マナナラはバニラの産地として知られ、バニラ・コーストの一角を形成している。キツネザルの一種であるアイアイ Aye-Aye のいる島があり、**北マナナラ国立公園** Parc National de Mananara-Nord の玄関口で

アイアイ島へ行く

もある。この公園は熱帯雨林と**アンタファナ島** Nosy Antafana を含むいくつかの小島からなり、アイアイやミミゲコビトキツネザル Hairy-eared Dwarf Lemur、ジュゴン Dugong などが生息する。

マナナラへの道は険しい。スアニエラナ・イヴング Soanierana-Ivongo からの道路は未舗装で荒れていて、4WD で9時間ほど、タクシー・ブルースでは約1日かかる。船にしても、荒れた海を行き、船着場さえない砂浜に停まることになる。自然に触れるには、自分もまた自然に帰らなければならないのだ。

## 歩き方　WALKING AROUND

マナナラにはタクシーもバスもないが、町は小さいので歩いて回れる。空港から町の中心までは20分ほど。町の中心はマーケットで、周囲に露店や商店が並ぶ。マーケットの建物の隣にユネスコ UNESCO のオフィスがある。マナナラには、空港近くの海に面した港と、水草の

アイアイ島ツアーを催行しているシェ・ロジェ

茂る水路を通って行く港のふたつがあり、大きな船やモーターボートは前者に、そのほかの船は後者に発着する。どちらからも町の中心までは15～20分ほどだ。

マナナラ川に浮かぶ**アイアイ島**は、町から3kmほどの所にある。島の保護区は私有なので、その所有者が経営する**ホテル・シェ・ロジェ** Hotel Chez Roger でツアーを手配しなければ訪れることはできないが、宿泊客以外でもツアーに参加できる。島へはカヌーで20分。夕刻に出発して数時間滞在する。小さな宿があるので、宿泊も可。アイアイが見られる可能性は比較的高いが、見られなくても料金を支払わなければならない。

シロクロエリマキキツネザル

---

### マナナラの市外局番

**なし**

### マナナラへの行き方

●タクシー・ブルース

タマタヴからは毎日出ている。スアニエラナ・イヴングからは1～2日かかる。

●船

定期船はなく、スアニエラナ・イヴングからは12～15時間。

### 北マナナラ国立公園

住 51 Mahambolona Mananara

TEL (020-22) 415-38

行き方 タクシー・ブルースを利用する場合はサンドラカッツィ Sandrakatsy まで行き（約2時間）、そこから入口まで約10km歩く。途中にはキャンプ場があるが、テントや食料は持参すること。入園料の支払い（Ar4万5000～）とガイドの手配は、公園の入口かマナナラにあるユネスコのオフィスでできる。

### マナナラのホテル

マナナラにはホテルが少なく、常に混んでいるので注意。

H ホテル・アイ・アイ
Hotel Aye-Aye

住 Mananara-Nord 511

TEL 032-95-883-96

料 S D Ar2万5000

# Maroantsetra

**東**海岸道路の北の終点地が、マルアンツェチャだ。**アントゥンギル湾Baie d'Ant-ongil**に面し、**アンタイナンバラナ川Antai-nambalana River**の河口付近に位置する。雨が非常に

アンタイナンバラナ川の河口とマンガベ島

多く、年間降水量は3500mmにも達する。町自体は小さいが、少し足を延ばせば見どころがたくさんあり、また7〜9月にはアントゥンギル湾でクジラも観察できる。

マルアンツェチャから5kmの海上に浮かぶ**マンガベ島Nosy Mangabe**には、5種類のキツネザル、リーフテイルドゲッコー Leaf-tailed Gecko、ミニカメレオンなどが生息する。この島固有の種もいるため、訪れる観光客が増えている。

またマルアンツェチャは、マスアラ半島とその周辺の海洋公園からなる**マスアラ国立公園Parc National de Masoala**の起点でもある。ここでは、4〜25日間のトレッキングが人気だ。雨が非常に多く、トレッキングはハードだが挑戦する価値はある。

## 歩き方　WALKING AROUND

アンタイナンバラナ川に架かる橋から空港のほうに向かって延びているのがメインストリートで、ここに、銀行、商店、飲食店、教会などが並んでいる。安宿も何軒かあり、メインストリートを2kmほど行くとマダガスカル航空のオフィスがある。

橋から15分くらい歩くと、町の中心であるマーケットに着く。新鮮な野菜や魚介類が並び、いつも活気にあふれている。マルアンツェチャ特有のもっちりとしたパンも売っている。名産であるラフィアの帽子や籠などのおみやげを探すのにもよい。

人でにぎわうマーケット

マーケットのそばに建つ2本のラジオ塔の近くには、MNPのオフィスがある。ここではマスアラ半島やマンガベ島に関する情報を得ることができ、ツアーのアレンジも可能。

マルアンツェチャ

★マルアンツェチャ

アンタナナリボ

### マルアンツェチャの市外局番

**57**

### マルアンツェチャへの行き方

●飛行機
ツァラディアがアンタナナリボから週に2便運航している。所要約1時間15分、€107〜。

●タクシー・ブルース
不定期便（夏季のみ）でタマタヴから3〜10日、Ar6万〜。

●船
スアニエラナ・イヴングからAr10万。マナナラから約9時間、Ar8万。

### 空港から市内へ
町までは約7kmで、タクシーでAr1万5000。

## 情報入手の仕方

マンガベ島、マスアラ国立公園に関する情報は、マルアンツェチャのMNPオフィスで入手することができる。入場料の支払いやガイドの手配も可能。各ホテルでもツアーを申し込むことができる。

## マンガベ島

マルアンツェチャからスピードボートで約30分。マンガベ島に着いたら、キャンプ場の奥にある事務所で入場料を払う。
**料** 入場 Ar4万5000／日
ガイド Ar1万5000～3万

## マスアラ国立公園

**URL** www.parcs-madagas
car.com
**料** Ar4万5000／日
※ガイドはAr1万5000～5万。

---

# おもな見どころ   SIGHTSEEING

■■□ 珍しい生物が見られる                              地図 P.153-B1
## マンガベ島
### Nosy Mangabe

木の幹と見分けがつかないゲッコー

　マルアンツェチャから5km、アントゥンギル湾Baie d'Antongilに浮かぶ小島。面積は520haで、小高い山があり、緑豊かな森に囲まれている。この島はアイアイAye-Ayeが生息することで知られていたが、近年、数が減少し、ほとんど見られなくなっている。ほかに、チャイロキツネザルBrown Lemurなど数種類のキツネザル、ヤモリの仲間であるゲッコー Gecko、緑色の小さなカエルなどが見られる。トレッキングコースがいくつかあるので、時間と体力に応じて選ぶとよい。アップダウンに備えて歩きやすい靴を用意すること。雨が多いので雨具も必要。船着場近くにキャンプ場があり、泊まりがけで訪れることも可能。MNP公認のガイドをともなうことが義務づけられている。

■■■ 広大な雨林と海洋公園                              地図 P.153-B1
## マスアラ国立公園
### Parc National de Masoala

　マダガスカルで一番大きな国立公園。2007年には、ほかの5つの国立公園とともに「アツィナナナの熱帯雨林」として世界遺産に登録された。国内有数の雨林地帯であるマスアラ半島と、周辺の3つの海洋公園からなる。動植物は多様性に富み、アカエリマキキツネザルRed Ruffled Lemurやテンレック、マングースなどが見られ、赤いフクロウRed Owlなど珍しい鳥類も多い。また、珊瑚礁が美しい沿岸部では、カヤックやスノーケリング、ボートクルーズなどが楽しめる。公園を訪れるには、MNP公認のガイドをともなうことが必要。

---

# HOTEL                                              ホテル

▶ 居心地のよいホテル
## モーテル・ココ・ビーチ
### Motel Coco Beach

　町の南西、アンタイナンバラナ川を挟んで対岸にあるホテル。部屋は十分な広さで、クローゼットや蚊帳が備わっている。リーズナブルでおいしいレストランもある。親切なスタッフが、各種ツアーの手配をしてくれる。

**住** Maroantsetra 512
**TEL** 032-04-807-58
**e-mail** cocobeachhotelmaroantsetra@yahoo.fr
**料** ⑤ ⑩ Ar6万1000～6万6000
**TAX** 込み
**CC** 不可

▶ きれいな高級バンガロー
## ル・ルレ・デュ・マスアラ
### Le Relais du Masoala

　町から2.5kmほど離れた所にある高級ホテル。バンガローは広く、ファン、蚊帳、ベランダが付いていて快適。ヤシの木に囲まれたプールがあり、南国気分に浸ることができる。マンガベ島などのツアーも手配可。

**住** Maroantsetra 512
**TEL** 034-79-495-05、032-40-213-81
**e-mail** relaismasoala@gmail.com
**料** ⑤ Ar4万2000　⑩ Ar6万2000～7万2000
**TAX** 込み　**CC** 不可
※2019年7月現在、改装のため閉鎖中。

# Sambava

サンバヴァはマダガスカル北東部に位置する小さな田舎町だが、バニラの産地として有名だ。降水量と日照量が多いサンバヴァの気候がバニラの栽培に適しており、高品質のものが取れるのだ。またサンバヴァには、バニラのほかにもカカオやココナッツの農園があり、観光客が見学に訪れることもある。

バニラの実

★サンバヴァ

アンタナナリボ

## おもな見どころ　　SIGHTSEEING

**■■■■バニラビーンズ育成のプロセスがわかる**

### バニラ工場
Vanilla Factory

　マダガスカルのおもな輸出品であるバニラ。サンバヴァは高品質のバニラが取れることで有名だ。工場では、バニラビーンズを作るまでの細かくて手間のかかる作業を見学することができる。個人では工場の見学はできないが、サンバヴァの旅行会社がツアーを組んでいる。バニラは収穫シーズンが雨季になるため、乾季の間は工場が閉鎖されていて見学できない。

> **サンバヴァの市外局番**
> ## 88
>
> **サンバヴァへの行き方**
> ●飛行機
> 　ツァラディアがアンタナナリボから毎日1便運航している。
> ●タクシー・ブルース
> 　イハラナ Iharana とアンタラハ Antalaha から出ている。

---

## COLUMN

## サンバヴァのバニラ

　サンバヴァの市場を歩いていると、甘い香りが漂っているのにすぐ気づく。バニラの香りだ。サンバヴァをはじめ、アンダパ、アンタラハといった東部沿岸地域にはバニラ農園が集中している。実は、マダガスカルはバニラ生産量世界1位の国なのだ。

　古くはメキシコのアステカ族が薬用に使っていたというバニラ。現在マダガスカルで栽培されているバニラもメキシコ原産で、フランス人によってもたらされた。バニラの茎が強壮剤として売られていることもあるが、おもに取引されるのは、小さな種がいっぱい詰まった15〜20cmの大きさのサヤだ。これがバニラ香料の原料で、「バニラビーンズ」という。

　このサヤを実らせるには、まずバニラの花を手作業で一つひとつ人工受粉させなければならない。受粉後、サヤが成長して収穫するまでに9ヵ月かかる。収穫する時点ではサヤはまだ緑色

だ。このサヤを70度のお湯で数分ゆでたあと、2日間乾燥させる。そうして色が栗色に変化したサヤを、3〜4週間天日干しする。その後防湿ケースで8ヵ月間

バニラビーンズ

密封保存すると、バニラビーンズはゆっくりと熟成し、甘い香りを放つようになる。ケースから出されたバニラビーンズは品質によって分類され、市場に出される。

　こうして複雑で長いプロセスを経てようやく店先に並ぶため、バニラビーンズはサフランに次いで高価なスパイスだとされる。最高級といわれるマダガスカル産バニラビーンズの甘く贅沢な香りを、ぜひ味わいたいものだ。

■■■ ココナッツ好きにおすすめ
## ココナッツ農園
### Coconut Plantation

品種改良された
ココナッツの苗

**サンバヴァのツアー**
　ほとんどがフランス語のガイドなので、ツアーに申し込むときに英語を話すガイドがいるかどうか確認したほうがよい。

　空港から3kmほど離れた所にある。32haという広大な敷地で、ココナッツの品種改良、栽培、加工までの一連の作業が行われている。マダガスカルではマレーシアとアフリカ原産のココナッツが一般的で、ここの農園ではその2種類を掛け合わせて品種改良を行っている。アフリカ種の雄しべとマレーシア種の雌しべを受粉させ、農園で3～4ヵ月間育てられたところで出荷される。出荷されなかったココナッツの実からココナッツオイルを取り、その殻は3日がかりでいぶしたあとにボタンなどの工芸品を作るのに利用する。農園では、ココナッツ栽培の説明を聞きながら、これらの一連の作業が見学できるようになっている。ココナッツジュースの試飲や、果肉の試食も。農園見学は個人ではできないので、サンバヴァの町にある旅行会社が企画するツアーに申し込むといいだろう。ホテルのなかには申し込みを受け付けているところもある。

熟しすぎたココナッツの実

# HOTEL　　　　　ホテル

▶ **れんが色のかわいらしいホテル**
## ミミ・ホテル
### Mimi Hotel

　サンバヴァでおすすめできる数少ない宿。れんが色のマダガスカルテイストあふれる建物には11室の客室があり、インテリアもなかなか凝っている。また、敷地内にある4つのバンガローは素朴ながらもかわいらしい。雑貨を販売するカフェやレストランもあり、何かと便利。にもかかわらず、料金は良心的だ。この地域はインフラの整備が整っていないため、停電になることがしばしば。近くには国立公園もあり、オーナーは情報の収集にもひと役買ってくれる。

🏠 Analamanrdodofo 208
☎ TEL 032-07-610-28、032-40-288-55
URL mimi-hotel.marojejy.com
料 Ⓢ Ⓓ Ar4万5000〜7万　TAX 込み　CC 不可

▶ **清潔で快適なホテル**
## ホテル・カルフール
### Hotel Carrefour

　少し古いが、きれいに掃除されていて快適なホテル。室内は広めで、トイレ・シャワー付き。エアコンのある部屋とファンだけの部屋がある。

便利なことに、ツアーの申し込みも可能。風とおしがよく、とても気持ちのよいレストランがある。ホテルは老朽化している。

緑に囲まれたホテル・カルフール

🏠 Sambava　☎ TEL (020-88) 920-60
URL hotelcarrefour@moov.mg
料 Ⓢ Ar10万〜25万　Ⓓ Ar12万1000〜17万1000
TAX 1泊につき Ar1500/室　CC Ⓥ

# Madagascar A to Z

## マダガスカル学への招待

ハイイロジェントルキツネザル

# 歴史

## 古くから知られていたマダガスカル

　マダガスカルを中心としたインド洋の島々は、太古の昔、南半球に広がるひとつの大陸だったという説がある。それから多くの時を経て大陸が移動したり沈んだりして、今のような形になったという。その間のいつ頃からこれらの島々に人が住み着いたのだろうか。

　交易路としてのインド洋は古代からギリシア人水夫たちに知られていたが、その頃からインド洋の島々に人が住んでいたかどうかはわからない。マダガスカル人のルーツについては、インドネシアやマレーシアなどのアジア系の人々と形質的また言語的類縁関係にあることが、すでに人類学や言語学の研究で明らかになっている。もちろんアフリカ系の人種との混血も存在した。しかし、彼らがいつ頃この島に渡ったのかはまったくわからない。とにかく先史時代の遺跡はいまだに発見されていないからだ。ちなみに、マダガスカルとコモロ以外の周辺の島々は、ヨーロッパ人たちがやってくる以前はほぼ無人島に近かったようだ。

## 植民地化の始まり

　マダガスカルなどのインド洋の島々に、いわゆる歴史の教科書に記されるような「歴史」が生まれるのは、16世紀に入った頃からになる。ここでは、その「歴史」を振り返ってみたい。

　1500年、ポルトガル人のディエゴ・ディアスDiego Diasは、東方貿易の船隊の船長としてインドへ向かう途中で嵐に見舞われた。それで偶然マダガスカル東岸を「発見」する。彼はここをサン・ロレンソ島と名づけた。では、マダガスカルという今の名前はどこから来たのだろうか。ディエゴ・ディアスの「発見」より200年ほど前に、マルコ・ポーロがアフリカ東部のソマリアのモガディシオMogadiscioとマダガスカル島の事物を混交した記述を『東方見聞録』に残していた。そしてマダガスカルを「発見した」。ヨーロッパの航海者たちは、ここがマルコ・ポーロの書いた「マダガシオ」に違いないと考えたのである。それがマダガスカルという名の由来だ。

　しかし、結局ポルトガルはマダガスカルの植民に失敗し、1650年頃までに撤退した。その間、1642年にフランス人のフランソワ・ジャック・プロニスFrançois Jacques Pronisがフランス国王ルイ13世の名の下にこの島を領有し、南東にフォール・ドーファンFort-Dauphin（現在のタウランニャロTaolagnaro）の町を建設した。さらにその後本国より派遣された商館長が海岸一帯を開墾するが、政策変更のため1674年にフランスはしばらくマダガスカルから手を引く。

　1750年、フランスは再び植民を開始する。このときは、東北沿岸のセント・マリー島Sainte Marie（現在のノシ・ブラハNosy Boraha）に確固とした植民地化の足がかりを築いたのだった。

中央高地にはおもにアジア系の人々が住んでいる

今はリゾート地として知られるセント・マリー島

18世紀末に首都となったアンタナナリボ

## マダガスカル人の王国建設

　ヨーロッパ人たちが植民に躍起になっていた同時期、マダガスカル人による王国建設も進んでいた。主要な民族として西部一帯を支配していたサカラヴァ族Sakalava、内陸部のメリナ族Merina、南部のマハファリ族Mahafalyやアンタンドルイ族Antandroyなどが存在した。17世紀初頭に、現在でもマダガスカルの有力民族とされるインドネシア起源のメリナ族が中央高地を支配し、ほかの民族から一歩抜きん出る。そして、アンドリアンザカ王Andrianjakaにより、イメリナ地方の12の丘でいちばん高い所にアンタナナリボAntananarivoの町が建設された。

　1777〜1810年にかけ、アンドリアナンプイニメリナ王Andrianampoinimerina（イメリナに望まれた王という意味）が国内統一に乗り出し、1794年にアンタナナリボをイメリナ王国の首都と定めた。1810〜28年は、その息子ラダマ1世Radama 1erが父の遺業を受け継ぐと同時に、開放政策をとる。イギリス人から武器を買った王は全島の3分の2を掌握し、あとは南部のいくつかの民族と西部のサカラヴァ族の王国を残すのみとなった。1817年、ラダマ1世はイギリスから正式にマダガスカル王として認められた。

　ラダマ1世の跡を継いだのは、ラダマ1世の妻であり従妹のラナヴァルナ1世Ranavalona 1erだった。彼女は王国内の守旧派勢力の援助を受けて即位したため、排外主義の立場をとってキリスト教布教を禁止したので、宣教師は国外退去を余儀なくされた。そんな彼女の政策にフランスなどが干渉し、1829年と1845年に軍事介入を行った結果、王国の西欧諸国との交流はかぎられたものとなってしまった。1861〜63年はラナヴァルナ1世の子ラダマ2世

Radama 2erが王位につき、再び国を諸外国に開放した。しかし彼は暗殺されたため、在位期間が短かった。その後1863〜93年まで3代女王が続く。ラスヘリナRasoherina、ラナヴァルナ2世Ranavalona 2er、同3世だが、実権はその3人の女王と結婚した宰相のライニライアリヴニRainilaiarivonyが握っていた。そしてその間にたびたびフランスと紛争が起こった。最終的にラナヴァルナ3世Ranavalona 3erの治世中、1895年9月30日にアンタナナリボが陥落し、翌1896年8月6日、正式にフランスの植民地となる。初代総督にはガリエニ将軍Joseph Simon Gallieniが就任した。1897年、ラナヴァルナ3世女王は追放され、初めはレユニオン島、次いでアルジェリアに移され、その地で亡くなった。

## マダガスカルの独立への経緯

　マダガスカルの民族主義運動は、第1次世界大戦まではほとんど知られていなかった。しかし、大戦を機に政治・経済が一変し、1920年代当初はフランス市民権獲得運動として、1930年代からは独立運動として、民族主義運動が激化していく。マダガスカルは1946年にフランスの海外領に組み込まれるが、経済不況による社会不安が増大した。1947年3月には東海岸で流血をともなう広範囲な反乱が起きたが、厳しく鎮圧されてしまう。裁判で、反乱を指導したとされるマダガスカル改革民主主義運動（MDRM）は解散を命じられ、指導者たちは投獄された。その後はしばらく平穏に過ぎ、1956年にはマダガスカル住民に行政権の一部を与える基本法が成立し、マダガスカル選出のフランス国会議員ツィラナナTsirananaがその行政責任者となる。

　しかし、フランス本国でド＝ゴール将軍が政権に復帰すると独立運動が再び燃え出し、ついに1958年10月14日に共和国樹立が宣言される。1896年以来の併合承諾に関するフランス国会議決は廃され、1959年に新憲法が制定された。そして1960年6月26日に独立宣言が行われ、ツィラナナが共和国初代大統領に選ばれた。当初はフランス共同体の一員であったが、1973年にはフランスとの間に新条約を結び、フランス・フラン圏から離脱する。経済的にもフランスの肩を借りず、自立の方向に踏み出したのだ。このときに駐留フランス軍も引き揚げた。以降、1975年から1992年までの民主共和国期間を経て、共和国として現在にいたっている。

# 地理的特徴と自然

### 幻の大陸説

2億8000万年から1億9000万年という気の遠くなるような昔、すべての大陸（ユーラシア、アフリカ、南北アメリカ、インド、オーストラリア、南極）はひとつだったという。1912年ドイツの地球物理学者ウェゲナーが唱えた説で、この巨大大陸は「パンゲア」と呼ばれた。さらに、南極大陸を含む塊（南アメリカ、アフリカ、インド、オーストラリア）を「ゴンドワナ大陸」（この時点でマダガスカルはすでにアフリカ大陸から離れていた）、北半球の大陸を「ローラシア大陸」といって区別することもある。なぜ区別されたかというと、南半球のゴンドワナ大陸地域は地質学的にも古生物学的にも共通性が高く、北半球の大陸とはまったく違っていたということが、この頃の化石からわかっていたからだ。地表を恐竜が闊歩していたジュラ紀に巨大大陸は分裂を始め、6500万年前に、移動、沈降、海没などによって、現在のようないくつもの大陸に分かれたと考えられている。

そのような大陸移動説に関連して、失われた大陸「レムリア」の存在を提唱している人がいる。レムリア大陸の最初の提唱者は、イギリスの動物学者スクレーターだ。19世紀中期、彼は世界の珍獣を調べているうち、「レムール（キツネザル）」の生息地がインド洋のスリランカ、スマトラ、そし

キツネザルの生息地がレムリア大陸説の根拠となった

てそこから5000kmも離れたマダガスカルにまで広がっていることに気づいた。いずれも約5000万年前の地層から化石が発見された。ところがアフリカにはレムールはいなかったのだ。そこで彼は、マダガスカル、アラビア海、インド、スリランカ、スマトラにいたる大陸の存在を仮定し、それをレムール（キツネザル）にちなんで「レムリア大陸」と命名した。

この説は学問的には認められていないが、確かにアフリカとマダガスカルはモザンビーク海峡を挟んでたった400kmしか離れていないにもかかわらず、生態的な共通点が非常に少ない。特に植物層において、

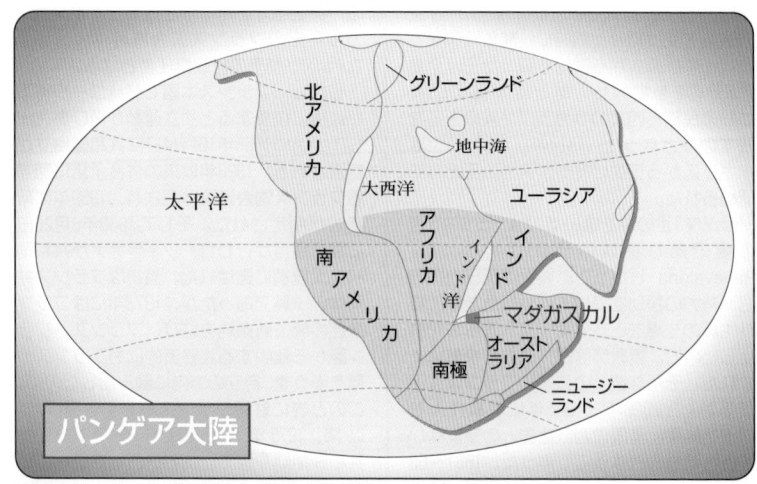

パンゲア大陸

グリーンランド / 北アメリカ / 地中海 / 太平洋 / 大西洋 / ユーラシア / アフリカ / インド洋 / インド / 南アメリカ / マダガスカル / オーストラリア / 南極 / ニュージーランド

※濃い色がついている大陸が後にゴンドワナ大陸になる

マダガスカル固有種の数は9割以上に及ぶという説すらある。一方、距離的に遠い東南アジアやオーストラリアなどと共通する植物相が多く見られるから不思議だ。

### 「失われた世界」の異名をもつ
### マダガスカルの自然

マダガスカルは、パンゲア大陸やレムリア大陸が何万年もの間に繰り広げた壮大な大陸移動のドラマのなかで、インド洋上に出現したと思われる。グリーンランド、ニューギニア、ボルネオに次いで世界で4番目に大きい島だ（総面積約59万km²、日本の約1.6倍）。南端のヴヒメーナ岬Vohi-menaから北端のブバウンビ岬 Bobaombyまでは1580km。東西のいちばん幅の広い所は580kmに達する。

この島は、ときに「島大陸」とも表現される。そういわれるのは面積が大きいからというだけでない。マダガスカル固有、つまりここにしかいない動植物が多く、現在生き残っている生物も古代からの面影をとどめた古いタイプだからだ。つまり海に隔てられた「島」というだけでは説明のつかない、自然界の不思議がいっぱい詰まっているのだ。

例えば、上述した「レムリア大陸」の名のもととなったレムーリアlémuriens（キツネザル科目の意味）は、今はマダガスカルでしか見ることができない。観光客に人気のある原猿類のアイアイaye-ayeはこの仲間だ。哺乳類では、テンレックtenrecといってハリネズミそっくりのモグラの仲間がいる。このほか鳥類、爬虫類、昆虫など、それぞれに名前を挙げきれないほどマダガスカル固有のものがいる。現在マダガスカルの森林面積は6万km²だ。ここには、いまだ人間に知られることなくひっそりと生きている生物がいるかもしれない。

### 複雑な地形が生む独特の景観

マダガスカルの大地は、こうした多様な動植物が生きるにふさわしく、非常に複雑だ。地質学的見地からマダガスカルは非常に古い島であることがわかっているが、その長い歳月の間に侵食されて平らになったり、火山活動でえぐられたり、巨大な花崗岩群に押されたりして、複雑な地形が生まれたのだ。大地は、しばしば「赤い島」と形容されるほど赤く輝かしい色をしており、そこには多種多様な鉱物が眠っている。

この赤い土が高地となって南北を貫いている。ちょうど島の真ん中あたり、首都のアンタナナリボのある地域だ（標高1250m）。ここは高原地帯と呼ばれ、600〜2000mもの高地となっている。北部にはツァラタナナ山塊Tsaratananaがあり、マダガスカルの最高地点（2876m）がある。

北西部の海岸線に目を転じてみると、内陸に深い切り込みを入れたような入江が続く。またアンバンザAmbanjaやノシ・ベNosy Beなどの飛び地も多く見られる。こうした土地の変化は火山活動が生んだもので、それらは肥沃な土地でもある。

西側の海岸線は比較的穏やかな風景が続く。しかし一歩内陸部に入ると、深い谷が重なり、人間を拒むかのように立ちふさがっている。島のなかでいちばん辺鄙な地域だ。反対の東海岸は侵食による切り立った断崖絶壁が独特で、1年中季節風にさらされている。

最後に南部だが、ここは石灰岩が地表を被う半乾燥地帯になっている。灌木帯があるかと思うと、バオバブの木が大空をめがけて伸びていたりする。あまり開けていないぶん、太古からの姿をした動植物が生きるロストワールドのようで、マダガスカルらしい地域だといえるだろう。

マダガスカルの固有種テンレック

多種多様な自然風景が見られる

# 国家と政治、宗教

## 国家と政治

マダガスカルは1960年にフランスから独立し、共和制となった。国会は二院制。1960～1972年まではツィラナナ Tsiranana が初代大統領を務め、フランス共同体内の共和国として親仏政策をとっていた。しかし、経済的低迷などが原因でツィラナナ大統領は辞任し、ラマナンツア Ramanantsoa 陸軍大将を首班とする暫定政権が成立する。1975年に海軍中佐のラツィラカ Ratsiraka（当時39歳）が2代目大統領となり、政治的には社会主義を導入した。そしてこの時期に国名を「マダガスカル民主共和国」とあらためる。その後1982年と1989年に実施された選挙でも、彼は大統領に再選された。

しかし1990年代に入ってからは、社会主義の行き詰まりにより、民衆の民主化要求が強くなってくる。1992年には、国名をもとの「マダガスカル共和国」に戻した。1993年にはザフィー Zafy が新しい大統領となり、1996年にはラツィラカが大統領に返り咲いた。2001年の選挙ではそのラツィラカをラヴァルマナナが破り、2006年12月の大統領選挙でも再選。

その後、2009年3月に反政府勢力が軍の支持を受け、ラヴァルマナナ大統領を辞任させ、憲法にのっとらない形で「暫定政府」を発足させた。そして、なかなか政情が安定しないまま、2019年8月現在、アンジ・ニリナ・ラジョリナ大統領が指揮を執っている。ちなみに、1998年に憲法改正の国民投票が行われ、新憲法が施行されたが、それにより大統領の任期は7年から5年に短縮され、同時にその権限も縮小された。

内政的にはフランスの国家システムを想定し、それをモデルとしている。国内を大きく6つの自治州に分け、行政の地方分権を図っている。6つの自治州とは、まず首都のあるアンタナナリボ州、アンツィラナナ（ディエゴ・スアレス）州、フィアナランツア州、マハザンガ（マジュンガ）州、トゥアマシナ（タマタヴ）州、そしてトゥリアーラ（チュレアール）州だ。州内はさらに県、小郡、町村と区分けされている。全国で県は110、小郡は1200、町村単位になると1万1000以上ある。

## 宗教

ここは宗教的に見て非常に興味深い。マダガスカルを「ロストワールド」と表現することもあるが、それは自然界のみにとどまらず、人々の暮らしにも当てはまるかもしれない。

マダガスカルで圧倒的な影響力をもつのは伝統宗教だ。公式には52%が信仰しているという。キリスト教が41%、イスラム教は7%となっている。しかし、これは数字に過ぎない。おそらく伝統宗教の哲学は、マダガスカル人すべての心のなかに深く根づいているに違いない。

伝統宗教は先祖崇拝に基をおいている。先祖は今ある彼らすべてのルーツとなる。現世で家を持つより、死んでからの家、つまり墓を造ることがすべてに優先され、子孫のためにも墓を確保することが、生きている者がすべき最重要事項になっている。だから墓、死んだ人、死体を非常に大切にする。

彼らは日常における行事（誕生、割礼、結婚、家の新築、葬式など）でも先祖とのコンタクトを図る。こうしたセレモニーでは、村人全員を招待して宴が開かれラム酒が振る舞われるが、ラム酒を飲み交わすときは必ず土に少しこぼし、先祖と分け合う。また家族内に問題が起きたとき、彼らは先祖の助けを期待する。先祖との直接のコンタクトを取る呪術師に依頼し、重要な行事の日取りを決めたりもする。

純粋な伝統的行事もある。なかでもファマディハナ Famadihana（→P.94）といわれる行事が重要視されている。各家族のお墓から遺骨を取り出し、それらとともに宴を催す。宴が終わると遺骨に新しい布を巻き、またお墓に戻すのだ。これはまさに盛大なダンスパーティで、多くの人を招くとともに、ミュージシャンを招待するのが欠かせないこととなっている。

島のあちこちには、先祖の霊と通じる聖なる場所がある。それは岩であったり、樹や湖だったりする。マダガスカルにはまだまだ多くの不思議が存在しているのだ。

伝統音楽に合わせて踊る人々（ファマディハナ）

# 民族と民俗

## マダガスカルの民族

　マダガスカルでは、フクfokoやカラザベkarazabeと呼ばれている人々の集まりが、「民族」とか「一族」などを意味する。最初にやってきたマダガスカル人の祖先は、東南アジア系の人々だと考えられている。例えば、かつて王国を建てたメリナ人は、マレー・インドネシア系である。今もここに暮らす人々の表情には、アフリカ的な面影より、アジア的な味わいが濃く感じ取られる。

　この国に住むほとんどの人は、18ほどの民族を構成するマダガスカルのオリジナルの人々だ。これら約18の民族は、19世紀以前にはそれぞれまとまって住んでいたが、一様に同じ言葉（マダガスカル語、あるいはマラガシ語とも呼ばれる）を話し、同じ伝統宗教を信仰している。外見的にも、外国人が民族を区別することは難しい。

　考え方としては、ヨーロッパ諸国でも、それぞれの地方によってそこに住む人々の呼び名が異なったり、その地方独特の言語が存在したりする。フランス北西のブルターニュ人とか、スペイン国境のバスク人、ドイツ国境のアルザス人などだ。マダガスカルのメリナ人（中央高地に居住）、ベツィミサラカ人（東部海岸に居住）なども同じような区別と考えれば理解しやすいと思う。

　多くのマダガスカル系住民に対して、インド系の人々や、少数だが中国系、ヨーロッパ系の人々も住んでいる。インド系の人々は、19世紀末までにおもにムンバイ（ボンベイ）の北のあたりからやってきた。彼らのほとんどがイスラム教徒で、マダガスカル人と交じわらずに彼ら自身のコミュニティを形成している。おもに商業活動に従事し、マダガスカル経済の約20％を支配しているといわれる。中国系の人々は、地域に密着した小さな商店経営者が多い。ヨーロッパ系、特に植民地時代の支配層の子孫は、1975年の革命による社会主義の導入を機に、多くはこの国を出て行ってしまった。現在ここに住むヨーロッパ系の大多数は、EUから派遣された技術者や経済援助に携わる人たちだ。

アンタナナリボの観光案内所の女性

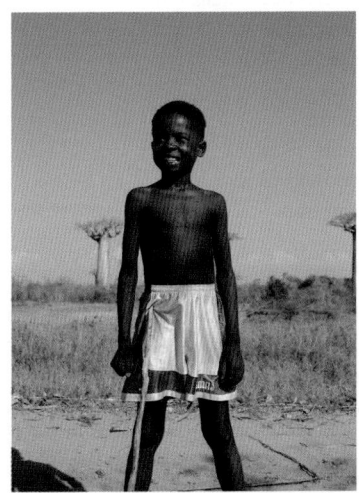
ムルンダヴァで出会った少年

民族分布図
（マダガスカル）

0　200　400km

モザンビーク海峡
Canel du Mozambique

ディエゴ・スアレス
（アンツィラナナ）

アンタンカラナ族
ANTANKARANA

ベツィミサラカ族
BETSIMI-
SARAKA

ツィミヘティ族
TSIMIHETY

アンタラハ

マハザンガ（マジュンガ）

シハナカ族
SIHANAKA

サカラヴァ族
SAKALAVA

ベツィミサラカ族
BETSIMISARAKA

メリナ族
MERINA

ベザザヌ族
BEZANOZANO

タマタヴ
（トゥアマシナ）

アンタナナリボ

ムルンベ

ベツィレウ族
BETSILEO

タナラ族 TANALA

アンタンバフアカ族
ANTAMBAHOAKA

ヴェズ族
VEZO

フィアナランツア

バラ族
BARA

イフシ

アンタイムル族 ANTAIMORO

アンタイファシ族 ANTAIFASY

トゥリアーラ
（チュレアール）

Vaingaindrano

アンタイサカ族
ANTAISAKA

マハファリ族
MAHAFALY

アンタノシ族
ANTANOSY

インド洋
Océan Indien

Ampanihy

アンタンドル族
ANTANDROY

タウランニャロ
（フォール・ドーファン）

N

アンボヴォンブ

177

# マダガスカルの言葉

インド洋は日本から遠く、なじみのないところだけに、何語が話されているのか気になるところ。また、英語がどのくらい現地で通用するのか心配な人もいるだろう。現地で話されている言葉はマダガスカル語だ。観光客の多いところでは英語も通じるが、フランスの領有下であったという歴史から、フランス語のほうが頻繁に使われている。現地の言葉を片言でも話せれば人々と交流しやすいが、同時に少しでもフランス語がわかるとたいへん便利であることを付け加えておきたい。観光客が利用するレストランにはフランス語のメニューしか置いていないところが多いし、タクシーなどの値段交渉も英語が通じず、フランス語でやらねばならないこともある。

## マダガスカル語

| マダガスカル語 |
|---|

### 数 字

| | | |
|---|---|---|
| 1 | iraiy | イライ |
| 2 | roa | ルア |
| 3 | telo | テル |
| 4 | efatra | エファチャ |
| 5 | dimy | ディーミ |
| 6 | enina | エーニナ |
| 7 | fito | フィトゥ |
| 8 | valo | ヴァル |
| 9 | sivy | シヴィ |
| 10 | folo | フル |
| 20 | roapolo | ルアプル |
| 30 | telopolo | テルプル |
| 40 | efapolo | エファプル |
| 50 | dimampolo | ディマンプル |
| 60 | enimpolo | エニンプル |
| 70 | fitopolo | フィトゥプル |
| 80 | valopolo | ヴァルプル |
| 90 | sivifolo | シヴィフル |
| 100 | zato | ザトゥ |
| 200 | roanjato | ルアンザトゥ |
| 300 | telonjato | テルンザトゥ |
| 1000 | arivo | アリヴ |

### 曜 日

| | | |
|---|---|---|
| 日曜 | Alahady | アラハーディ |
| 月曜 | Alatsinainy | アラツィナーイニ |
| 火曜 | Talata | タラータ |
| 水曜 | Alarobia | アラルビーア |
| 木曜 | Alakamisy | アラカミーシ |
| 金曜 | Zoma | ズマー |
| 土曜 | Asabotsy | アサブーツィ |

マダガスカル語はインドネシア語系の言語だが、バントゥー語（アフリカのバントゥー語族の言葉）やアラビア語、ヨーロッパの言語の影響も受けている。19世紀末にフランスの植民地となると、政治や教育はマダガスカル語と並んでフランス語でも行われるようになった。だが、1960年の独立以降も続いたフランスの文化的・経済的支配に対する反発が高まり、1973年にはマダガスカル語だけを用いた教育政策が導入されたが、数年にして頓挫した。今では教育や公的文書の作成は、両方の言語でなされている。

マダガスカル語の表記にはアルファベットが使われているが、その発音の仕方はフランス語や英語とは異なる。マダガスカル語は私たちには耳慣れない言葉で、方言もあって難しいが、ここでは簡単な言葉を紹介しよう。

### ▶▶▶ あいさつ

| | | |
|---|---|---|
| はい | Eny | エーニ |
| いいえ | Tsia | ツィア |
| こんにちは／おはよう／こんばんは | Salama | サラーマ |
| こんにちは／おはよう／こんばんは | Manao ahoana | マナ ウアーナ |
| 私の名前は… | …Ny anarako | …… ニ アナーラク |
| オーケー | Ekena | エケーナ |
| さようなら | Veloma | ヴェルーマ |
| ありがとう | Misaotra | ミサゥチャ |
| どういたしまして | Tsy misy fisaorana | ツィ ミシィ フィサゥラーナ |
| お元気ですか？ | Manao ahoana ianao? | マナウアー ナ イアナゥ |
| 元気です | Salama tsara | サラーマ ツアーラ |

### ▶▶▶ 観光

| | | |
|---|---|---|
| すみませんが | Aza fady | アザ ファーディ |
| いくらですか？ | Ohatrinona? | ウアチヌナ |
| 高い！ | Iafo！ | ラフ |
| とても安い | Tena mora be | テーナ ムラ ベ |
| これは何ですか？ | Inona ity? | イヌナ イティー |
| わかります | Azoko | アズク |
| わかりません | Tsy azoko | ツィ アズク |
| …はどこですか？ | Aiza ny… | アイザ ニー… |

英語（フランス語）は話せますか？
Mahay teny englisy(frantsay) ve ianao?
マハイ テニィ エングリシィ（フランツァイ）ヴェ イアナウ
アンタナナリヴへ（銀行へ）行きたいです。
Te handeha ho any Antananarivo (any amin'ny labanky) aho.
テアンデハ フ アニィ アンタナナリヴ（アニィ アミニィ ラバンキー）アフ

## フランス語

　マダガスカルでは、レストランのメニューがフランス語で書かれていることも少なくない。食事は旅の楽しみのひとつ。どうせなら満足のいくものが食べたい。リゾート地のレストランでは、食前酒を飲みながらゆっくりと前菜（entrée アントレ）、メイン（plat プラ）、食後のチーズ（fromage フロマージュ）やデザート（dessert デセール）の注文を吟味してみよう。コースで食事をしなくても、自分の好きな料理を前菜、メインと選べるアラカルト（á la carte）がある。

### ▶▶▶ レストランでの会話

**メニューを見せてください**
Puis-je voir la carte? ピュイ ジュ ヴォワール ラ カルト？
**おすすめは何ですか？**
Quelle est votre spécialité? ケレ ヴォートル スペシャリテ？
**本日の特別料理**
plat du jour プラ デュ ジュール
**（指さして）これをください**
Je prends ça. ジュ プラン サ
**会計をお願いします**
L'addition, s'il vous plaît. ラディシィオン シルヴプレ

### ▶▶▶ メニューに出てくる単語

| 肉 | viande | ヴィアンド | | | |
|---|---|---|---|---|---|
| 牛肉 | bœuf | ブフ | 仔牛の肉 | veau | ヴォー |
| 羊の肉 | agneau | アニョー | 仔羊の肉 | mouton | ムートン |
| 鳥肉 | poulet | プーレ | 豚肉 | porc | ポール |
| カエル | grenouille | グルヌイユ | エスカルゴ | escargot | エスカルゴ |
| ハム | jambon | ジャンボン | ソーセージ | saucisse | ソシス |
| ステーキのフライドポテト添え | | steak frites | | ステック フリット | |

| 魚 | poisson | ポワソン | 貝 | coquillages | コキャージュ |
|---|---|---|---|---|---|
| 魚介類 | fruits de mer | フリュイドメール | | | |
| イワシ | sardine | サルディーヌ | 鮭 | saumon | ソモン |
| マグロ | thon | トン | 舌ビラメ | sole | ソル |
| イカ | seiche | セシュ / calmar | カラマール | | |
| エビ | crevette | クルヴェット | タコ | poulpe | プルプ |
| ロブスター | langouste | ラングースト | カキ | huître | ユイートル |
| ムール貝 | moules | ムール | カニ | crabe | クラブ |
| ウナギ・ナマズ | anguille | アングイユ | | | |

| 野菜 | légumes | レギューム | | | |
|---|---|---|---|---|---|
| トマト | tomate | トマト | タマネギ | oignon | オワニョン |
| キャベツ | chou | シュー | セロリ | céleri | セルリ |
| ジャガイモ | pomme de terre | ポム ド テール | | | |

**旅に必要なマダガスカル語**
●バス停
fijanonan'ny bisy
フィザヌナニー ビシ
●駅 gara ガーラ
●郵便局 paositra
パウシチャ
●警察 polisy ポリースィ
●ホテル
hotely misy fandriana
ホテーリ ミシー ファンドリアナ
●レストラン
hotely fisakafoana
ホテーリ フィサカフォアナ

### フランス語

**調理法**
ゆでる bouillié ブイエ
串焼き
brochette ブロシェット
揚げる frit フリ
スモーク fumé フュメ
網焼き grillé グリエ
ムニエル
meunière ムニエール
炒める sauté ソテ
ローストした rôti ロティ
パン pain パン
パスタ pâte パット
ライス riz リ
塩 sel セル
胡椒 poivre ポワヴル
唐辛子 piment ピモン
砂糖 sucre シュクル
ジャム
confiture コンフィチュール
バター beurre ブール

**果物**
リンゴ pomme ポム
イチゴ fraise フレーズ
オレンジ
orange オランジュ
バナナ banane バナヌ
パイナップル
ananas アナナ
レモン citron シトロン
ココナッツ coco ココ
グレープフルーツ
pamplemousse パンブルムース

**飲み物**
コーヒー café カフェ
紅茶 thé テ
ココア
chocolat ショコラ
ミネラルウオーター炭酸入り
eau (minéral) gazeuse
オー（ミネラル）ガズーズ
炭酸なし
non-gazeuse ノンガズーズ
コーラ coca コカ
オレンジジュース
jus d'orange ジュ ドランジュ
ワイン（赤／白／ロゼ／グレイ）
vin rouge/blanc/rosé/gris
ヴァン ルージュ／ブラン／ロゼ／グリ
ビール bière ビエール

179

# ▶▶▶ フランス語の数字

| 1〜19 | | | | | |
|---|---|---|---|---|---|
| 1 | un アン/une | ユヌ | 2 | deux | ドゥ |
| 3 | trois | トロア | 4 | quatre | カトル |
| 5 | cinq | サンク | 6 | six | スィス |
| 7 | sept | セット | 8 | huit | ユイット |
| 9 | neuf | ヌフ | 10 | dix | ディス |
| 11 | onze | オーンズ | 12 | douze | ドゥーズ |
| 13 | treize | トレーズ | 14 | quatorze | カトールズ |
| 15 | quinze | キャーンズ | 16 | seize | セーズ |
| 17 | dix-sept | ディセット | 18 | dix-huit | ディズュイット |
| 19 | dix-neuf | ディズヌフ | | | |

**20〜60**

それぞれ 20 vingt ヴァン、30 trente トロントといった数に1〜9の数を足して言えばいい。その際、1にだけは et エがつく

| 20 | vingt | ヴァン | 21 | vingt-et-un ヴァンテアン / une ユヌ | |
| 22 | vingt-deux | ヴァンドゥ | 23 | vingt-trois | ヴァントロア |
| 30 | trente | トロント | 40 | quarante | キャロント |
| 50 | cinquante | サンコント | 60 | soixante | ソワサント |

**61〜99**

フランス語の数字はここからがちょっとややこしい。61〜79 は、それぞれ 60 soixante ソワサントに1〜19を足す。つまり 79 だと、「60 足す 19」になるわけだ。80〜99 も同様で、80 quatre-vingts カトルヴァンに1〜19を足していくことになる。

| 61 | soixante-et-un ソワサンテアン/ une ユヌ | |
| 70 | soixante-dix | ソワサントディス |
| 71 | soixante-onze | ソワサントオーンズ |
| 79 | soixante-dix-neuf | ソワサントディズヌフ |
| 81 | quatre-vingt-et-un カトルヴァンテアン/ une ユヌ | |
| 90 | quatre-vingt-dix | カトルヴァンディス |
| 91 | quatre-vingt-onze | カトルヴァンオーンズ |
| 99 | quatre-vingt-dix-neuf | カトルヴァンディズヌフ |

**100以上**

これだけ覚えればあとは簡単。もっと大きい数字を言いたいときには、前に 100 cent（サン）、1000 mille（ミル）などをつければよい。

| 100 | cent | サン | 200 | deux cents | ドゥサン |
| 500 | cinq cents | サンクソン | 1000 | mille | ミル |
| 10000 | dix mille | ディミル | 100000 | centmille | サンミル |

最後に例を少し挙げてみた。最初は舌をかみそうになるかもしれないが、これだけマスターすれば相手の言っている数字がだんだんとわかるようになる。ぜひそれも旅の喜びのひとつに加えてもらいたい。

| 555 | cinq cents cinquante-cinq | サンクサンサンコントサンク |
| 1999 | mille neuf cents quatre-vingt-dix-neuf | |
| | | ミルヌフサンカトルヴァンディズヌフ |
| 25000 | vingt-cinq mille | ヴァンサンクミル |

---

デザートの一例
カスタードプリン
crème caramel クレームキャラメル
チョコレートケーキ
gâteau au chocolat
ガトーショコラ
リンゴのタルト
tarte aux pommes
タルトーポム
アイスクリーム
glace グラス
シャーベット
sorbet ソルベ

## フランス語

時間の数え方
01:00
une heure ユヌール
02:00
deux heure ドゥゼール
03:00
trois heure トロアゼール
04:00
quatre heure カトレール
05:00
cinq heure サンケール
06:00
six heure スィゼール
07:00
sept heure セッテール
08:00
huit heure ユイッテール
09:00
neuf heure ヌヴェール
10:00
dix heure ディゼール
11:00
onze heure オンゼール
12:00
midi ミディ
24:00
minuit ミニュイ
03:30
trois heure et demie
トロアゼール エ ドゥミ
12:30
midi et demie
ミディ エ ドゥミ
10:15
dix heure quart
ディゼール カール
10:20
dix heure vingt
ディゼール ヴァン
10:40
dix heure quarante
ディゼール カラント

## COLUMN

# 南十字の星空へ

地球が丸いために、南半球に出かけて夜空を見上げると、日本では足元の地面下にあって見ることのできなかった星が頭上に輝いている。地上を歩いているかぎり "逆さま" に立っている実感はないが、星空を見上げると、日本の南の空に見えている星座が全部逆さまにひっくりかえって見え、日本に対し逆立ちしているのだという実感が味わえる。憧れの南十字星や南天いちの奇観である大小マゼラン雲など、逆立ちした星座たちを眺めて、南半球の旅情をいっそう味わい深いものにしよう。

## 南十字星の見つけ方

日本から見ることのできない南半球の星空で、最も人気のあるのが「南十字星」だ。"星" という名からこれをひとつの明るい星だと思い込んでいる人もいるが、正確には「南十字座」という星座。明るい4個の星をクロスさせて結ぶと十字架形に見えることから、この名で呼ばれている。

空全体には88個の星座がきらめいているが、南十字はそのなかでいちばん小さい豆星座。もっとも、それだけに形のまとまりがよく、明るく輝く姿はひとめですぐそれとわかる。見頃は秋（日本では春）で、宵の頃に頭上近くを見上げると、街灯などで夜空が明るいような場所でも見つけることが可能だ。

注意してほしいのは、南十字の近くに、これより少し大きめのよく似た十字形の星の並びがあること。これは「ニセ十字」と呼ばれていて、ときおりこちらを南十字星と勘違いする人がいる。本物かどうかの見分け方だが、本物のそばには、ケンタウルス座のアルファ星とベータ星というふたつの明るい星が輝いている。言い方を変えれば、この2星の間隔を2倍ほど延ばすと、本物の南十字に行き当たるということだ。なお、南十字は天の南極を中心に1日1回転しているので、時刻によってその傾きや位置が変わる。

## 星の雲、大小マゼラン雲

夜空のきれいな郊外で南の空を見上げると、よく晴れているはずなのに、大小ふたつの小さな雲の切れ端がぽっかり浮かんでいるのに気づく。これは雲ではなく、大マゼラン雲、小マゼラン雲という天体なのだ。

実体は私たちの銀河系の隣にある星の大集団で、地球からはそれぞれ15万光年、17万光年離れている。マゼランが世界一周の途中で見つけたことから、この名がつけられた。南天いちの奇観といわれ、日本の天文ファンにとっては、南十字とともに憧れの天体となっている。

南半球星座図

# Travel Tips

## 旅の準備と技術

アカビタイチャイロキツネザル

# 旅の手続き

海外旅行にまず必要なものはパスポート、ビザ、お金など。これがなければ旅は始まらないといえる基本的なことから準備していこう。

## パスポート申請に必要な書類

①一般旅券発給申請書1通
　各都道府県の旅券課あるいはパスポートセンター、また各市区町村の役所でもらえる。5年用と10年用がある。パスポートのサインは申請書のサインが転写されるので、よく考えて記入すること。

②戸籍謄（抄）本1通
　6ヵ月以内に発行されたもの。本籍地の市区町村で発行してもらえる。ただし、有効旅券を持っている人は、氏名・本籍（都道府県）に変更がなければ不要。

③住民票1通
　「住民基本台帳ネットワークシステム」を運用している都道府県の申請窓口では、原則として不要。
※2003年から導入された「住民基本台帳ネットワークシステム」により、以前まで必要だった住民票の写しが原則的に不要となった。運用が遅れている一部地域では、必要となる場合がある。

④身元確認のための書類（コピーは不可）
　運転免許証や、有効期間中または失効後6ヵ月以内のパスポートなど、公的機関発行の写真付きのものであれば1点。そうでなければ、健康保険証、学生証、会社の身分証明証、失効後6ヵ月を過ぎてしまったパスポートなどを組み合わせて2点が必要となる。

⑤写真1枚
　縦4.5cm×横3.5cm。正面向き、無帽、背景無地で6ヵ月以内に撮影されたもの。カラー、白黒どちらでもよいが、顔の位置に指定がある。裏に氏名を記入することを忘れずに。

⑥有効な旅券
　有効期間内の旅券があれば必ず持っていく。
※申請の際、印鑑が必要になる場合があるので、持参したほうがよい。

## パスポート（旅券）

海外旅行にはなくてはならないのが、日本政府が発行する身分証明証であるパスポート。渡航先に対して、パスポート所持者が支障なく必要な保護を受けられるように要請しているものでもある。これがないと旅は始まらない。

### ●パスポートの種類

一般の人が取得できるパスポートは、5年有効のものと10年有効のものの2種類。どちらにするかはパスポート取得時に選択すればいいことだが、有効期間によって発給手数料が変わってくる。また、20歳未満は容姿の変化が著しいことから、5年有効のパスポートのみ取得可能となっている。生まれたばかりの赤ちゃんでも、独立したパスポートを取得する必要がある。

### ●パスポートの取得

パスポートの申請、受領は各都道府県の旅券課またはパスポートセンターで行う。申請は旅行会社などでも代理申請してもらえるが、割高な手数料を支払わねばならず、どちらにしろ受け取りには本人が直接行かなくてはならない。時間があるならば自分で申請しよう。夏休みやゴールデンウイークなどのピーク時でなければ、申請で1時間、受け取りで30分もあれば済むのでそれほど心配しなくてもいいだろう。

どうしても申請に行けない場合は、あらかじめ申請用紙を用意しておき（記入例の用紙ももらっておきたい）、親族などに代理申請してもらうこともできる。ただし、やはり受け取りには本人が出向かなければならない。

### ●申請に要する期間と受領

申請から休日・祝日を除いて約1週間〜10日でパスポートが発給される。受領日には、申請時にもらった受領票、送られてきたはがき（忘れないように持参しよう）、発給手数料（5年用は1万1000円、10年用は1万6000円。証紙・印紙はその場で買える）を持って、本人が受領する。

## ビザ（査証）

必要（→P.192ビザと出入国事情）。到着時に空港でも取得可能だが、手続きもシステマティックでないため、相当な時間を要する場合がある。あらかじめ駐日マダガスカル大使館で申請したほうが無難。パスポートは、入国時に6ヵ月以上の残存有効期間が必要。なお、2020年に新国際線ターミナルが開業予定（→P.192）。手続きは変わる可能性がある。

## 海外旅行保険

　旅行中は、病気やけが、盗難など、いつ何が起こるかわからない。安心して旅行が楽しめるよう、保険にはぜひ加入しておきたい。マダガスカルを旅する人は、保険は必須。

## お金の持ち方

### ●現金

　日本ではマダガスカルの現地通貨「アリアリ（Ar）」を手に入れることはできない。現金を手に入れるには、現地で両替をするか、トラベルプリペイドカードやクレジットカードなどを使って、ATMで現地通貨を引き出すことになる。両替をする場合、日本円はかなりレートが悪いし（特に空港は悪い）、日本円を両替できる銀行は少ないので、日本で両替してユーロをもっていくのがベスト。ただし、1万円程度でもかなりの札束を手にすることになるので、すべての旅費を現金で払おうとするとけっこう不便。クレジットカードなどと併せて利用したい。両替事情→P.207

### ●トラベルプリペイドカード

　海外専用プリペイドカードは、外貨両替の手間や不安を解消してくれる便利なカードのひとつだ。多くの通貨で日本国内での外貨両替よりレートがよく、カード作成時に審査がない。出発前にコンビニATMなどで円をチャージ（入金）し、入金した残高の範囲内で渡航先のATMで現地通貨の引き出しやショッピングができる。各種手数料が別途かかるが、使い過ぎや多額の現金を持ち歩く不安もない。

### ●クレジットカード

　海外旅行で重宝するのがクレジットカード。多額の現金を持ち歩かないで済む安全性や、再発行できる点がありがたい。また、クレジットカードの換算率は両替よりよかったりする。これは、カードの精算には電信売買のレートが使われているためだ。また、銀行ATMでのキャッシングも可能。手数料がかかるが、一度に大金を両替することなく少しずつ引き出せるのが便利。キャッシングも換算率がよいので、レートの悪い両替よりお得になることが多い。

　マダガスカルでのクレジットカード使用の問題点としては、場所によっては支払い時に手数料を徴収されることや、そもそも使えないところもあるということなど。中級以上のホテルやレストラン、ショップであればおおむね通用するが、世界的に見てもクレジットカードの普及率は低い方なので、クレジットカードに頼り過ぎるのは考えものだ。

　ICカード（ICチップ付きのクレジットカード）で支払う際は、サインではなくPIN（暗証番号）が必要だ。日本出発前にカード発行金融機関に確認し、忘れないようにしよう。

アメリカン・エキスプレスはほとんど使用できない

## 旅券申請時の本人確認書類の追加

　2016年1月からに交付が開始された「個人番号カード（マイナンバーカード）」が、パスポート申請に必要な本人確認書類に適用される。なおマイナンバーは写真つきなので、運転免許証などと同様に「1点でよい書類」となる。

URL www.mofa.go.jp/mofaj/toko/passport/pass_2.html

## 訂正旅券の取扱いに注意！

　2014年3月19日以前に「名前や本籍地等の訂正を行ったパスポート（訂正旅券）」は、2015年11月25日以降は、海外入出国時や渡航先で支障の生じる怖れがある。これは、「パスポート（旅券）」の扱いの国際的な統一化による手続きの変更により、訂正事項が機械読取部分およびICチップに反映されていない訂正旅券は「国際標準外」とみなされるため、外務省は「パスポート（旅券）」の新規取得をすすめている。下記URLで確認のこと。

URL www.mofa.go.jp/mofaj/ca/pss/page3_001066.html

## 「地球の歩き方」ホームページで海外旅行保険に加入

　「地球の歩き方」ホームページで海外旅行保険に加入できる。24時間いつでも手続きをすることができ、旅行出発当日でも申し込み可能だ。

URL www.arukikata.co.jp/hoken

## デビットカード

　使用方法はクレジットカードと同じだが支払いは後払いではなく、発行金融機関の預金口座から即時引き落としが原則となる。口座残高以上に使えないので予算管理をしやすい。加えて、現地ATMから現地通貨を引き出すこともできる。

## おもなトラベルプリペイドカード

●JTB発行「マネーティーグローバルMoney T Global」
TEL （03）3865-5614
URL www.aplus.co.jp
●トラベレックスジャパン発行「キャッシュパスポートCash Passport」
TEL （03）5728-5290
URL jpcashpassport.jp
●クレディセゾン発行「ネオ・マネー Neo Money」
TEL （03）5996-1017
URL neomoney.jp

# 旅の予算

　ずばりいってマダガスカルはお金がかかる。ホテルやレストランは外国人旅行者のためのもので、質のわりに料金が高い。移動は船や飛行機を使うことになるし、町内の移動でも公共の乗り物がすべての場所をカバーしているわけではなく、タクシーや4WD車が必要になる。さらに、各種ツアー、ダイビングやフィッシングなどのアクティビティにもお金がかかる。しかし、日本では見られないような珍しい動植物や風景に出合えることを考えれば、多くのお金を払う価値はある。マダガスカルでは貧乏旅行だと存分に楽しめないことは頭に入れておきたい。

Ar1000＝約30円
（2019年8月現在）

安宿
1泊　Ar2万〜

中級ホテル
1泊　Ar15万〜

タクシー・ブルース
3時間　Ar1万〜

プスプス
市内　Ar600〜

タクシー
市内　Ar1万〜

## 項目別の予算

### ●ホテル

　安宿であれば個室、ドミトリーで600円程度から泊まることができる。これを下回る宿もあるが、清潔さは保証できない。現地の人が泊まるような最低ランクの宿は、いくらバックパッカーといえども難しいだろう。最近は欧米人経営の安くてきれいなホステルも増えている。ある程度しっかりした設備の中級ホテルとなると、4000〜8000円は必要。よほどの田舎に行かなければ快適に宿泊することができる。高級ホテルは上をいえばきりがないが、おおむね1万円以上が高級とされ、プールやスパなどの豪華施設が付いてくる。

おしゃれなホテルも増えつつある

### ●レストラン

　最も安く済ます方法はスーパーマーケットや屋台。ただし、マダガスカルの屋台は決して清潔とはいえないので注意が必要。東南アジアなどの屋台に比べ、味のレベルも低いといわざるを得ない。地元の人向けの食堂だと、ご飯におかず1〜2品付けて1食Ar4000〜。この場合も衛生面には気をつけて。食事といえば、マダガスカルはフランス料理をリーズナブルに食べることができる。前菜、メイン、デザートのコースが、カジュアルな店で500〜1000円程度、高級店でも2500〜4000円程度で堪能できる。

フランス料理はマダガスカルの楽しみのひとつ

## タイプ別傾向と対策

### ①庶民のように暮らす地域密着タイプ

　宿泊は、安宿かキャンプで600〜2000円、食事はマーケットや屋台、安食堂か自炊で300〜1000円、移動はバスなどの公共の乗り物か徒歩で貫き200〜1000円、庶民が行かない国立公園や自然保護区、博物館などには行かず、庶民がしないアクティビティは避け、水泳や素潜り、ハイキング程度にしておく。こうすれば、1日1100〜4000円でやっていける。しかし、たまには少しいいホテルに泊まることも考えられるので、予算は多めに必要だ。

### ②日本並みの快適さを求める標準タイプ

　日本と同じような快適さを求めれば、日本と同じか、場合によっては日本以上に料金が高くなる。お湯が出て、テレビ、エアコン付きの中級ホテルというと4000〜8000円くらい、メニューが置いてあるようなレストランやしゃれたカフェで食事をして3000〜8000円、移動は旅行会社のバスか4WD車、タクシー、レンタカーなどで効率よく回ると、移動距離にもよるが、だいたい1万〜1万5000円。このタイプだと1日1万7000〜3万1000円程度必要だ。パッケージツアーに参加する場合は、食事、宿泊費、移動費などは日本で払っていくので、現地でのアクティビティや、おみやげなどの予算を考えればいい。

### ③たまにはいいさ……楽園気分満喫タイプ

　高級ホテルで3〜10万円だが、宿泊代は日本で支払うのが普通なので、現地では考えなくてもいい。食事は、ツアーに含まれている料理だとありきたりでお酒も入っていないので、自分でいいレストランに行くほうがよい。輸入ワインと一緒に、キャビアやフォアグラ、ロブスターを頼んだりして1万円以上。移動にはリムジンや豪華ヨット、セスナ機、ヘリコプターなどを使い、アクティビティにも積極的に参加すれば料金は天井知らず。帰国後、カードの請求を見て慌てないように……。

## お金の節約の仕方
### ●料金交渉をしてみる

　時間がたっぷりあるバックパッカーであれば、それぞれの町に眺めに滞在して楽しみたい。特にアンタナナリボやノシ・ベなどの大きな町では、ゆっくり滞在してのんびり見どころを回るのがおすすめだ。そこで滞在するホテルをひとつに決め、長期滞在割引ができないか交渉してみる。1週間以上であればたいてい割引が可能だ。また、シーズンオフや遅くチェックインしたときなど、どんなときもとりあえず交渉してみるといい。

　タクシーは、料金が決まっておらず交渉しだいということが少なくない。チャーターする場合は、半日や1日、あるいは1週間と長く借りるほど割安になる。商店でも、たくさん買えば安くしてくれる場合もあるので、だめもとで交渉してみよう。

### ●ぼられないようにする

　外国人旅行者、特に日本人は金持ちだと思われている。タクシーを利用する際は相場をホテルなどで聞いておき、市場で買い物するときも地元の人がいくら払っているのか気をつけ、提示された値段に納得がいかなかったら何軒か別の店を回ってみるなどしてみる。ポーターやガイドへのチップも法外な料金を払わないように。

### ●朝食の取り方を工夫する

　ツアーではビュッフェ形式の朝食が付いていることが多いが、予約なしで泊まるような場合などは、朝食が別になる。フランス語でプティ・デジュネ・コンプレPetit dejeuner complet、または英語のコンチネンタルブレックファストContinental Breakfastというのは、パンにジャムとバター、コーヒーか紅茶で、料金は普通の1品料理とほとんど変わらない。レストランで何か料理を注文するとたいていパンが付いてくるのを考えれば、ホテルでの朝食はとても割高なものだ。外でパンや飲み物を買えば半分から10分の1の値段で済むし、マーケットにはパンやサンドイッチはもちろん、お粥やヌードル、果物など、その土地ならではのものがあふれている。

ミネラルウオーター
1.5ℓ　Ar2500〜

ビール
1本　Ar2000〜

食堂での食事
1食　Ar4000〜

レストランでの食事
1食　Ar2万〜

バオバブの置物
1個　Ar5000〜

# 道具と服装

旅のスタイルや目的によって違ってくる。ビーチ滞在が中心なら水着は必要だし、スノーケリングやダイビングが目的なら、レンタルよりも使い慣れた自分のものを持っていったほうがいいだろう。荷物のなかで大きな割合を占めるのが衣類だ。自分で荷物を運ぶ場合が多い人は、衣類を最小限にしてなるべく荷物を軽くしたい。

## 持ち物

石鹸やタオルはたいていのホテルに置いてあるし、シャンプーや蚊取り線香なども現地で手に入るので最小限の量を持っていき、買い足していけばいい。しかし、医薬品は処方箋がないと買えないものも多く、コンタクト洗浄剤も地方では入手困難なので持参するべきだ。虫よけスプレーやかゆみ止め、ばんそうこうは忘れずに。公衆トイレは紙も水もないことが多いので、ティッシュやウエットティッシュは携帯しよう。また、市場で買い物のときなどビニール袋があると何かと便利。

## 服 装

旅行期間が長い人は、下着やTシャツなどは2〜3枚くらいずつにして、こまめに洗うようにする。ジーンズは蒸し暑いし、重いし、乾きも遅いので、薄手の綿パンのほうがいい。靴は、普段より歩くことが多くなるので履き慣れたものにしよう。森林や山でトレッキングをする場合は、スニーカーよりも登山靴のほうがいい。また、シャワーを浴びるときや部屋にいるときなどサンダルがあると楽。

高地は1日の寒暖の差が大きいし、森林を歩くときに木や虫などから皮膚を保護するためにも、長袖、長ズボンは必要だ。場所や時季によっては冬並みの防寒着もいる。たまには、いいホテルやレストランに行きたいと思うなら、スニーカーやビーチサンダル以外の靴、襟付きのシャツ、ワンピースなども用意しておきたい。

5〜9月頃の中央高地は、長袖は必須

### コートは空港で預けよう

もし日本を冬に出発するとき、空港まで来てこの衣類は必要ないというものがあれば、各空港にある「手荷物一時預けカウンター」に預けてしまおう。例えば、成田空港にはJALエービーシー手荷物一時預かりのカウンターがある。詳しくは下記へ問い合わせを。

●JALエービーシー
FREE 0120-919-120

### アンタナナリボの冷え込みに注意

アンタナナリボを含む中央高地は、冬季は結構冷え込む。太陽が高くなって来れば半袖でもいいくらいだが、朝晩は長袖必須。ムルンダヴァやノシ・ベなどの沿岸部は、冬季でも半袖で十分なくらい暖かい。

| 旅の荷造りチェックリスト | | 品 名 | 必要度 | ある・なし | 品 名 | 必要度 | ある・なし |
|---|---|---|---|---|---|---|---|
| | 貴重品 | パスポート | ◎ | | 海外旅行保険証 | ◎ | |
| | | トラベルプリペイドカード | ○ | | 国外運転免許証 | △ | |
| | | 現金（外貨、日本円） | ◎ | | クレジットカード | ○ | |
| | | 航空券（eチケット） | ◎ | | 国際キャッシュカード | ○ | |
| | 洗面用具 | 石鹸、シャンプー | △ | | 化粧用具 | ○ | |
| | | タオル | ◎ | | ドライヤー | △ | |
| | | 歯ブラシ・歯ミガキ粉 | ◎ | | ティッシュ、ウエットティッシュ | ◎ | |
| | | ヒゲソリ | ○ | | 洗剤 | ○ | |
| | 衣類 | 襟付きシャツ | ○ | | 帽子、サングラス | ◎ | |
| | | Tシャツ | ◎ | | 下着 | ◎ | |
| | | 長袖の服 | ◎ | | 靴下 | ◎ | |
| ◎：必需品 | | 長ズボン | ◎ | | スニーカー | ○ | |
| ○：あると便利なもの、特定の人に必要なもの | | 水着 | ○ | | サンダル | ○ | |
| | 薬品・雑貨 | 薬品類 | ◎ | | 懐中電灯 | ◎ | |
| | | 日焼け止め | ◎ | | カメラ（デジカメ）／メモリ | ◎ | |
| | | ボールペン／メモ帳 | ◎ | | 雨具 | ◎ | |
| △：持っていってもいかなくてもどちらでもいいもの | | メガネ、コンタクト | ◎ | | フランス語会話集 | ○ | |
| | | 裁縫用具 | ○ | | ガイドブック類 | ◎ | |
| | | ビニール袋 | ○ | | 目覚まし時計 | ○ | |
| | | 蚊取り線香／虫よけ | ◎ | | 変換プラグ | ◎ | |
| | | ライター | ○ | | 鍵（南京錠） | ○ | |

188

# 情報収集

いい旅はいい情報から。とはいっても、マダガスカルに関してはなかなか情報がないのが現状。旅行記に関しては、インターネットで見つかるのでさまざまなテーマで検索してみよう。

## 関係機関に問い合わせる

●マダガスカル共和国大使館
〒106-0046　東京都港区元麻布2-3-23　**TEL** (03) 3446-7253

## 書籍

●『自然と文化そしてことば〈02〉特集　インド洋の十字路　マダガスカル』深澤秀夫ほか著　葫蘆舎　2006
●『マダガスカル―自然と不思議が生きている島』塚田美奈子著　本の森　2006
●『マダガスカル アイアイのすむ島』島泰三著　草思社　2006

## インターネットを利用する

●外務省 海外安全ホームページ
**URL** www.anzen.mofa.go.jp
●国際協力機構（JICA）
JICAの活動情報や、途上国の役立つ情報
**URL** www.jica.go.jp
●深澤秀夫 マダガスカル研究のページ
マダガスカル調査、研究レポートなど
**URL** www.aa.tufs.ac.jp/~nfuka
●フォートラベル
マダガスカルを実際に旅した人のさまざまな旅行記が読めるので渡航前に予習しておこう。
**URL** 4travel.jp

### 公益財団法人日本交通公社「旅の図書館」

観光の研究や実務に役立つ専門図書館として南青山にリニューアルオープン。地図やパンフレットなどの配布はなく、旅行の相談や問い合わせも不可だが、資料の閲覧やコピー（有料）は可能。
**住** 〒107-0062
東京都港区南青山2-7-29
日本交通公社ビル
**TEL** (03) 5770-8380
**URL** jtb.or.jp/library （蔵書検索可能）
**開** 10：30 ～ 17：00
**休** 土・日曜、毎月第4水曜、年末年始、その他

### 海外旅行の最新で最大の情報源はここ！

海外旅行最新情報が満載の「地球の歩き方」ホームページ！ ガイドブックの更新情報はもちろん、136ヵ国の基本情報、エアラインプロフィール、海外旅行の手続きと準備、格安航空券、海外ホテルの予約などをご紹介。旅のQ＆A掲示板もある。
**URL** www.arukikata.co.jp

## COLUMN

## スマートフォンのおすすめアプリ

●**スカイスキャナー**
日程を入力すると、LCCを含む世界各国の航空会社の航空券を検索できる。最安値がわかるので便利。

●**ブッキングドットコム**
掲載数世界一を誇るホテル予約サイト。

●**ア・ベター・カメラ**
スマホ内蔵のカメラに露出計測・補正、ホワイトバランスの調整など、より本格的な撮影機能を備えられるアプリ。夜景、室内など、シーンモードもつき、デジカメに劣らない機能が満載。

●**グーグルキープ**
必要な荷物のリストや現地でやりたいことなどをまとめられるリストアプリ。

●**Wi-Fi Finder**
世界各国のWi-Fiスポットを検索できる。

●**世界天気時計**
指定した地域の天気、時間、日付をチェックできる。ステータスバーに天気と降水確率を表示している。

●**CamScanner**
文書を撮影すると、瞬時に鮮明なPDFに変換してくれる。編集機能もついているので便利。

●**CamDictionary**
カメラで単語に焦点を合わせると希望の言語に翻訳してくれるという便利なアプリ。町歩きやレストランでの食事の際に重宝する。

●**グーグル翻訳**
現地の言語を入力すると日本語や英語に訳してくれる便利なアプリ。手入力のみならず、音声からの入力や画像からの入力も可能。インターネットに接続している必要がある。

# マダガスカルへの道

　マダガスカルに行くことに決まったら、まず考えなくてはならないのがルート。残念ながら日本からの直行便がないため、アジアや中東、アフリカを経由して入るのが一般的。日本からアジア諸国へは毎日何本も運航されているので、経由地から先の便に合わせて日本を出国すればよい。また、マダガスカルはヨーロッパからの観光客が多いため、ヨーロッパの主要都市とマダガスカルを結ぶ便が数多くあるが、日本からそれらを利用すると時間とお金がかかり過ぎるので、メリットは少ない。

　フライトは、それぞれの国の航空会社がどこの都市に乗り入れているかで、日本からのルートの立て方が違ってくる。国別に飛行ルートを紹介するので参考にしてほしい。なお、下記の情報は2019年6月現在のものなので、最新の情報は航空会社に問い合わせて確認を。

## 各航空会社の日本での問い合わせ先
●エチオピア航空
（グローバルコールセンター）
TEL (050) 3204-1144
●モーリシャス航空
TEL (03)5157-5806
●エティハド航空
TEL (03) 3298-4719
●エミレーツ航空
TEL (03)6743-4567

## マダガスカルへ

　エチオピアのアジスアベバ経由のエチオピア航空、ナイロビ経由のケニア航空（ナイロビまではアジアや中東で乗り継ぎが必要）、ドバイ、モーリシャス経由のエミレーツ航空などが一般的。時間はかかるが、乗り継ぎが一回で済むフランス経由便もある。マダガスカル航空はバンコクと広州に就航しているが、どちらも週1便の運航なのでなかなか使いづらい。

　なかでもエチオピア航空は、東京〜エチオピア間は韓国経由ではあるものの、エチオピアまでは直行。乗り継ぎが1回で済むのはありがたい。アジスアベバでの乗り継ぎも悪くない。アンタナナリボまで通しでチケットを購入できるので最も便利。マダガスカル航空のバンコク便が運休（2019年8月現在、週1便運航）して以来、マダガスカルへのルートが不便になっているなか、エチオピア航空は最もスムーズな便といっていいだろう。

　あるいは香港、クアラルンプール、シンガポールなどを経由し

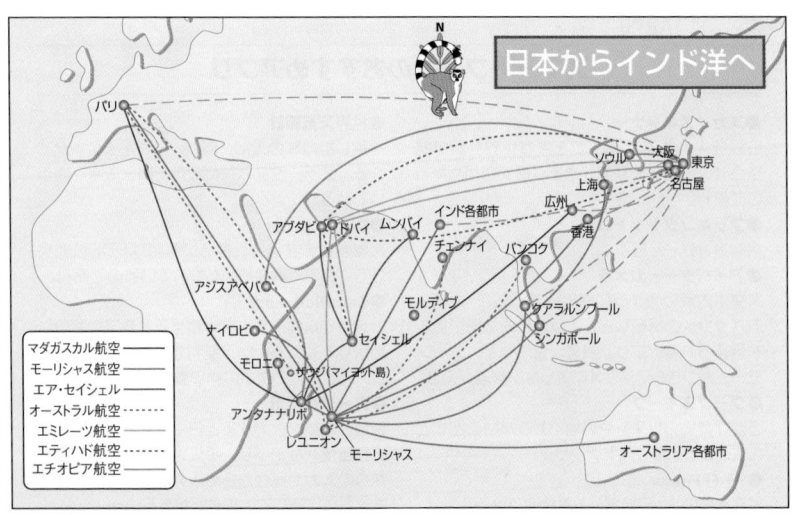

日本からインド洋へ

マダガスカル航空 ――――
モーリシャス航空 ――――
エア・セイシェル ――――
オーストラル航空 ・・・・・・
エミレーツ航空 ――――
エティハド航空 ・・・・・・
エチオピア航空 ――――

パリ／ソウル／大阪／東京／名古屋／上海／広州／香港／アブダビ／ドバイ／ムンバイ／インド各都市／チェンナイ／バンコク／アジスアベバ／モルディブ／クアラルンプール／シンガポール／ナイロビ／セイシェル／モロニ／サンジ（マイヨット島）／アンタナナリボ／レユニオン／モーリシャス／オーストラリア各都市

マダガスカル航空の飛行機

てモーリシャスまで行くことができる。インド洋の島々まで行けば、
アンタナナリボまでは比較的便数も多い。

## 航空券の種類と選び方

　旅行者が購入できる航空券は、大きく分けて通常3種類。普通
運賃のもの（いわゆるノーマル）、特別運賃（正規割引）のもの、
そして俗に格安航空券と呼ばれるものだ。

　このうち、普通運賃の航空券は旅行者にはあまり一般的ではな
い。ほかのふたつに比べて値段が格段に高いためだ。普通の旅行
者は、特別運賃か格安旅行券から、予算や旅のスタイル、目的に
よって選び出すことになる。ただし、安いからには制限やリスク
がつきもの。それを理解し、納得のうえで利用することが大切だ。
基本的なリスクとして、例えば予約した便がキャンセルになったな
どの理由があっても、航空会社の変更は不可。同様に払い戻し
も不可、ルートの変更も不可。ただし、航空券によっては条件が
緩和されることがあるので、購入時には必ず確認を。

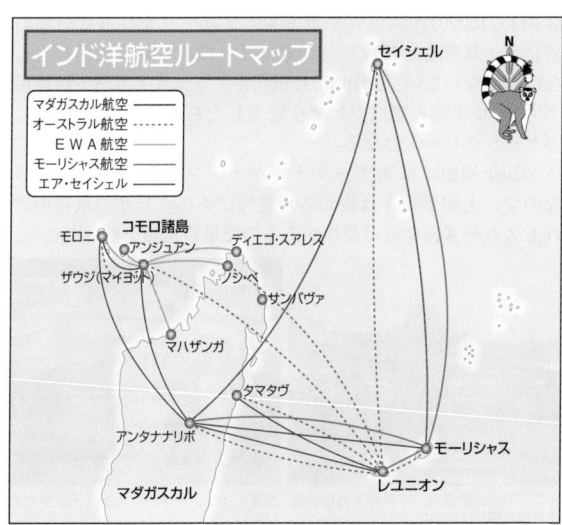

インド洋航空ルートマップ

マダガスカル航空 ————
オーストラル航空 --------
ＥＷＡ航空 ————
モーリシャス航空 ————
エア・セイシェル ————

セイシェル
N
コモロ諸島
モロニ
アンジュアン
ザウジ（マイヨット）
ディエゴ・スアレス
ノシベ
サンバヴァ
マハザンガ
タマタヴ
アンタナナリボ
モーリシャス
レユニオン
マダガスカル

### 渡航先で最新の安全情報を確認できる「たびレジ」に登録しよう

　外務省提供の「たびレジ」は、旅程や滞在先、連絡先を登録するだけで、渡航先の最新安全情報を無料で受け取ることのできる海外旅行登録システム。メール配信先には本人以外も登録できるので、同じ情報を家族などとも共有できる。またこの登録内容は、万一大規模な事件や事故、災害が発生した場合に滞在先の在外公館が行う安否確認や必要な支援に生かされる。安全対策として、出発前にぜひ登録しよう。
URL www.ezairyu.mofa.go.jp/tabireg

### ストップオーバー

　ストップオーバーとは、乗り継ぎ地および経由地での途中降機のこと。これを上手に利用すれば、1枚のチケットでふたつ以上の国をカバーできる。

### eチケットについて

　現在、各旅行会社とも「eチケット」と呼ばれるシステムを導入している。これは従来の紙の航空券を発行せずに、航空券の予約データを航空会社のコンピューターで管理するもの。搭乗者が携帯するのは、予約完了後に電子メールや郵送で届くeチケットの控えなので、今までのように航空券を紛失する心配はなくなった。ただし、入国の際に出国証明が必要な場合は、eチケットの控えがないと入国できない場合もある。

### インド洋の国々へのフライトをもつそのほかの航空会社

●マダガスカル航空
URL www.airmadagascar.com
●オーストラル航空
URL www.air-austral.com
●エア・セイシェル
URL www.airseychelles.com

# ビザと出入国事情

ビザ（査証）とは、これから訪問する国が発行してくれる「入国推薦状」のようなもの。イヴァトゥ国際空港では到着時に取得可能だが、不安な人はあらかじめ取得しておこう。

## 駐日マダガスカル共和国大使館
**住** 〒 106-0046
東京都港区元麻布 2-3-23
**TEL** (03)3446-7253
**URL** madagascar-embassy.jp
**開**
申請時間
月・水・金10:00～12:00
受領時間
月・水・金14:00～16:00
**休** 土・日・祝
※申請の際に事前予約が必要。

## マダガスカルのビザの延長
観光ビザからレジデンスビザに変更することはできない。就労目的などの場合を除き、滞在期間の延長は不可。

## 新国際線ターミナルが建設中
2019年6月現在、現イヴァトゥ国際空港の東に新国際線ターミナルが建設中。2020年初頭の完成を目指して工事が進んでいる。これが開業すると、旧ターミナルは国内線専用になる予定。新ターミナルの総面積は1万7500㎡で年間150万人の乗客を収容することができる。

イヴァトゥ国際空港の到着ロビー

## 観光ビザの取得手続き（日本で大使館に申請）

ビザは在日マダガスカル共和国大使館か、アンタナナリボの空港で到着時（→下記）に取得可能。到着時に空港で取得すると時間がかかることがあるので、日本で取っておくと安心。以下の申請の説明は、日本で取得する場合。なお、申請用紙はマダガスカル大使館のホームページでダウンロード可能。

| 必要書類： | ①申請用紙1枚 |
| --- | --- |
| | ②航空券予約証明書(旅行会社発行のもの)1枚 |
| | ③5cm×5cm以内の顔写真1枚 |
| | ④パスポート |
| 費　　　用： | 30日以内→3740円 |
| | 31日以上60日以内→4675円 |
| | 61日以上90日以内→6545円 |
| 旅券残存期間： | 6ヵ月 |
| 査証欄余白： | 見開き2ページ |
| 所要日数： | 申請から5開館日後発給 |

## 観光ビザの取得手続き（アライバルビザ）

時間を気にしなければ、イヴァトゥ国際空港到着時にアライバルビザを取得可能。30日間滞在可能なものが€35（US$37またはAr11万5000）、60日滞在可能なものが€40（US$45またはAr13万5000）。ユーロや米ドル、アリアリを持っていない場合、一旦荷物を預けて、到着ロビーにある銀行で両替をしなければならない（2019年6月現在、クレジットカードは使用不可）。ビザ購入窓口でビザを購入したら、入国審査に進み、バゲージクレームとなる。

※2020年初頭には新ターミナルがオープン予定（欄外参照）なので、上記手続きは変わる可能性がある。ビザの取得の流れもスムーズになる可能性があるので最新情報を確認のこと。

イヴァトゥ国際空港。マダガスカル伝統の三角屋根が特徴的だ

空港のインフォメーション（アンタナナリボ）

# マダガスカルビザ申請用紙

## （表）

記入事項

❶姓
❷結婚前の姓
❸名
❹生年月日
❺出生地
❻国籍
❼婚姻状況
❽住所
❾職業
❿パスポート番号
⓫パスポートの発行日
⓬パスポートの発行
　機関
⓭パスポートの
　有効期限
⓮滞在日数
⓯ビザ有効期間
　（入国日と出国日）
⓰予定入国回数
⓱入国目的

REPOBLIKAN'I MADAGASIKARA
Fitavana-Tanindrazana -Fandrosoana

AMBASSADE DE MADAGASCAR
2-3-23 Moto-Azabu
Minato-ku, Tokyo
106-0046
JAPON
Tel : 03-3446-7252
Fax : 03-3446-7078

DEMANDE POUR UN VISA DE MOINS DE TROIS MOIS

(Application form for Visa less than THREE month)

NOM
(Name)　❶
NOM DE JEUNE FILLE :
(Maiden name)　❷
PRENOM
(First and middle names)　❸
NE LE
(Date of birth)　❹
A
(Place of birth)　❺
NATIONALITE
(Present nationality)　❻
SITUATION DE FAMILLE :
(Married or single)　❼
DOMICILE HABITUEL
(Home address)　❽
PROFESSION :
(Occupation or Title)　❾

PHOTOGRAPHIE
(Photograph)

PASSPORT No. :
(Passport no.)　❿
DELIVRE LE :
(Date of issue)　⓫
PAR :
(Issued by)　⓬
VALABLE JUSQU'AU :
(Valid until)　⓭

NATURE ET DUREE DU VISA SOLLICITE :
(Nature and Length of Requested Visa)

COURT SEJOUR DE :
(Short stay for)　⓮
VALABLE DU :　AU :
(Valid from)　(To)　⓯
NOMBRE D'ENTREES :
(Number of entries)　⓰
MOTIFS DU VOYAGE :
(Specify reasons of your trip)　⓱

EMPLACEMENT RESERVE
A
L'ADMINISTRATION
(For official use only)

No. du visa : .......................

Date de délivrance : .......................

Delai d'utilisation : .......................

Durée du séjour autorisé : .......................

Nombre d'entrée autorisée : .......................

Référence de l'autorisation : .......................

Avis du Chef de Poste : .......................

## （裏）

⓲商用であれば、取引先
　の名前と住所を記入
⓳会議等に出席の場合
　は、開催団体と開催場
　所、日時、期間を記入
⓴居住国の緊急連絡先
　（名前、住所、電話番号）
㉑マダガスカルに家族
　や知人がいれば記入
㉒入国・出国の場所、
　日時
㉓交通手段
㉔マダガスカル滞在時
　の住所と宿泊形態
㉕日付
㉖署名

S'IL S'AGIT D'UN VOYAGE D'AFFAIRES, INDIQUEZ LES NOMS ET ADRESSES DES COMMERCANTS,
(If you are travelling on business, please give names and addresses of correspondents or businessmen you wish to contact.)
OU INDUSTRIELS QUE VOUS DESIREZ RENCONTRER :
⓲

S'IL S'AGIT D'UNE PARTICIPATION A UN CONGRES OU A UNE MANIFESTATION, INDIQUEZ L'ORGANISATEUR, LE LIEU, LA DATE.
(Should you have to attend a congress or meeting, give the name of the organizing party, the place, the date and the length of the meeting.)
LA DUREE :
⓳

REFERENCES DANS LE PAYS DE RESIDENCE – NOMS ET ADRESSES EXACTES :
(References from your country – names and exact addresses)
⓴

ATTACHES FAMILIALES OU REFERENCES A MADAGASCAR :
(Relatives or references in Madagascar)
㉑

INDICATION PRECISE DES LIEU ET DATE :
(Specify place and date of .)
a) D'ENTREE A MADAGASCAR :　b) DE SORTIE DE MADAGASCAR :
(entry in Madagascar)　(departure from Madagascar)
㉒

MOYEN DE TRANSPORT UTILISE :
(Means of transportation)
㉓

INDICATION DE VOS ADRESSES A MADAGASCAR PENDANT VOTRE SEJOUR ET CONDITIONS DE VOTRE HEBERGEMENT :
(Give your addresses in Madagascar during your sojourn and housing conditions.)
㉔

IMPORTANT :　JE M'ENGAGE A N'ACCEPTER AUCUN EMPLOI REMUNERE OU AU PAIR DURANT MON SEJOUR A MADAGASCAR,
A NE PAS CHERCHER A M'Y INSTALLER DEFINITIVEMENT ET A QUITTER LE TERRITOIRE MALGACHE A
L'EXPIRATION DU VISA QUI ME SERA EVENTUELLEMENT ACCORDE.
(I agree to comply with the Laws not to engage in any activity during my stay in Madagascar, and not settle down definitely
and leave the Territory upon the expiration of my visa.)

MA SIGNATURE ENGAGE MA RESPONSABILITE ET M'EXPOSE, EN SUS DE POURSUITES PAR LA LOI EN CAS DE
FAUSSE DECLARATION A ME VOIR REFUSER TOUT VISA A L'AVENIR.
(My signature renders me responsible for the above statement and in case of any falsification therein, in addition to any
penalties imposed by Law, I understand that I would be unable, in the future, to receive any Malagasy visa.)
㉕

DATE _____

SIGNATURE
㉖

# マダガスカル入国カード

**REPOPLIKAN' I MADAGASIKARA**
**CARTE de DEBARQUEMENT**
*DISEMBARQUEMENT CARD*
*DISEMBARKATION CARD*
EN CARACTERE D'IMPRIMERIE - PLEASE PRINT
*cochez la case correspondante - Please tick appropriate box* **1**
☑ M./Mr. ☐ Mme/Mrs. ☐ Mlle/Miss **①**
Nom - Name
CHIKYU
Nom de jeune fille - Maiden name **③**
Prénoms - Given name
TARO **④**
Nationalité - Nationality
JAPANESE **⑤**    Date de naissance - Date of birth  10,10,1990 **⑥**
Lieu de naissance - Place of birth
TOKYO **⑦**
Profession - Occupation
OFFICE WORKER **⑧**
Numéro du passeport - Passport Number
TH1234567 **⑨**    Délivré le - Issued on  13,3,2015 **⑩**
    Fin de validité - Expires on  13,3,2025 **⑪**
Lieu d'émission - Place of issue
TOKYO **⑫**
Numéro du vol - Flight number
MD777 **⑬**    Date du vol - Flying date  24,8,2019 **⑭**
Aéroport d'embarquement - Airport of boarding
NARITA **⑮**
Lieu de résidence - Place of residence
Adresse - Address
55-55-55, SHIBUYA-KU, TOKYO **⑯**
Pays - Country
JAPAN **⑰**

**2** Adresse - Madagascar - Address in Madagascar
HOTEL CARLTON **⑱**
Date du retour - Return date  4,9,2019 **⑲**
Numéro du visa - Visa number
7777777 **⑳**
*cochez la case correspondante - Please tick appropriate box*
Durée de séjour autorisée
Authorized duration of stay 30 ☐ jours - days ☐ mois - months **㉑**
Visa délivré à - Visa issued in
TOKYO **㉒**
Visa délivré le - Date of issue
20,7,2019 **㉓**
Autorité émetteur - Issuing visa authority
MADAGASCAR EMBASSY IN JAPAN **㉔**

MOTIF DU VOYAGE / PURPOSE OF TRIP
☐ Tourisme / Tourism
☐ Affaire / Business
☐ Visite familiale / Family Visit
☐ Autres / Others : ...........

**3** FICHE INDIVIDUELLE DE DECLARATION SANITAIRE
DECLARATION OF HEALTH

| Nom de la compagnie aérienne/Airline name **㉕** | N° de vol / Flight num **㉖** | Date d'arrivée / Date of arr **㉗** | N° de siège / Seat num **㉘** |
|---|---|---|---|
| AIR MADAGASCAR | MD777 | 8/8/2019 | D54 |

Nom et prénoms
Name and first name **④** : CHIKYU TARO
Age **㉙** : 29
Age
Sexe/ Sex **①** : ☐ Masculin ☑ Feminin
Nationalité/Nationality **⑤** : JAPANESE
Profession/ Occupation **⑧** : OFFICE WORKER
Domicile / Home **⑰** : JAPAN
Aéroport d'embarquement initial
Initial airport of boarding **⑮** : NARITA
Aéroports d'escale
Transit airports **㊱** : BANGKOK
Adresse précise à Madagascar
Exact address in Madagascar **⑱** : HOTEL CARLTON
Numéro de téléphone hôtel ou domicile
Telephone number hotel or home **㉚** : 81-123456789
Ville séjourné les 3 derniers semaines
Country visited in the last 3 weeks **㉛** : MAURITIUS
Vaccin contre la fièvre jaune depuis 10 ans **㉜** : OUI/YES ☐ NON/NO ☑
Yellow fever vaccination since 10 years
Fièvre dans les 72h avant ou lors du vol **㉝** : OUI/YES ☐ NON/NO ☑
Fever 72h before or during the flight
Malaise ou faiblesse soudaine 72h avant ou lors du vol **㉞** : OUI/YES ☐ NON/NO ☑
Sudden weakness 72h before or during the flight
Contact avec une personne atteinte d'une forte
fièvre dans les 72h avant le vol **㉟** : OUI/YES ☐ NON/NO ☑
Contact with a person whith in high fever
72h before the flight

## 記入事項

- **①**性別  **②**姓
- **③**結婚前の姓  **④**名
- **⑤**国籍  **⑥**生年月日
- **⑦**出生地  **⑧**職業
  （職業例：会社員＝
  OFFICE WORKER、
  主婦＝HOUSE WIFE、
  定年退職者＝RETIRED、
  アルバイト＝PART-TIME
  JOB）
- **⑨**パスポート番号
- **⑩**パスポートの発行日
- **⑪**パスポートの有効期限
- **⑫**パスポートの発行地
- **⑬**フライトナンバー
- **⑭**搭乗日  **⑮**搭乗空港
- **⑯**居住地での住所  **⑰**居住地
- **⑱**マダガスカルでの住所
- **⑲**出国日
- **⑳**ビザ番号（あらかじめ取
  得している場合）
- **㉑**ビザの有効期間
- **㉒**ビザの発行地
- **㉓**ビザの発行日
- **㉔**ビザの発行機関
- **㉕**航空会社
- **㉖**フライトナンバー
- **㉗**到着日
- **㉘**席番号  **㉙**年齢
- **㉚**マダガスカルで連絡の
  とれる電話番号
- **㉛**3週間以内に訪問した国
- **㉜**過去10年以内の黄熱病
  のワクチン接種の有無
- **㉝**フライト以前の72時間、
  もしくはフライト中の発熱
  の有無
- **㉞**フライト以前の48時間、
  もしくはフライト中の急な虚
  脱感の有無
- **㉟**フライト以前の72時間に
  高熱を出した人との接触
  の有無  **㊱**乗り継ぎ空港

# マダガスカル出国カード

**CARTE INTERNATIONALE D'EMBARQUEMENT**
**INTERNATIONAL EMBARKATION CARD**
EN CARACTERE D'IMPRIMERIE - PLEASE PRINT
☑ M./Mr. ☐ Mme/Mrs. ☐ Mlle/Miss **①**
NOM - NAME
CHIKYU **②**
Nom de jeune fille - Maiden name **③**
PRENOMS - GIVEN NAME
TARO **④**
Nationalité - Nationality
JAPANESE **⑤**    Date de naissance - Date of birth  10 | 10 | 1990 **⑥**
Lieu de naissance - Place of birth
TOKYO **⑦**
Profession - Occupation
DOCTOR **⑧**
Numéro du passeport - Passport Number
TH1234567 **⑨**    Fin de validité - Expire on  13 | 3 | 2025 **⑪**
Lieu d'émission - Place of issue
TOKYO **⑫**
Numéro du vol - Flight number
MD777 **⑬**    Date du vol - Flying date  24 | 8 | 2019 **⑭**
Aéroport de débarquement - Airport of disembarkation
ANTANANARIVO **⑮**
Lieu de résidence à Madagascar - Place of residence in Madagascar
Adresse - Address
HOTEL CARLTON **⑱**
Ville - City
Pays - Country

Avez-vous séjourné pendant les six derniers jours en:
Have you been staying for the last six days in:
☐ AFRIQUE/AFRICA ☐ AMERIQUE DU SUD/SOUTHERN AMERICA ☐ ASIE/ASIA

éditée par FRANEF Madagascar en partenariat avec l'Aviation Civile de Madagascar

194

# 日本での出入国の手続き

渡航先ばかりに目を向けがちだが、日本にも持ち込み禁止品や申請が必要な品物などがある。知らずに違反をしないようにあらかじめ目をとおしておこう。

## 日本からの出国の流れ

①チェックイン　2時間前を目安として空港に到着し、各航空会社のチェックインカウンターへ。乗り継ぐ場合は再度チェックインが必要かも確認すること。荷物引換証は航空券やeチケットの控えに貼りつけられる。

②セキュリティチェック　ここでは機内持ち込みの手荷物と身体の検査を行う。機内持ち込み手荷物の制限については欄外を参照。

③税関申告　セキュリティチェックを抜けると出国審査となるが、高額現金、輸出免税品などを外国へ持ち出す場合には税関カウンターで申告をする。

④出国審査　カウンターでパスポートと搭乗券を提出する。

⑤搭乗ゲート　ゲートの番号は搭乗券に記載されている。免税品などの買い物を楽しむのもいいが、ゲートには出発の30分前までに待機しておこう。

## 日本への入国の流れ

①検疫　検疫感染症の流行、発生状況に応じて当該地域から帰国する人は質問票に記入する。また旅行中に下痢や発熱などが見られた場合は係官へ申し出る。

②入国審査　邦人専用のカウンターに並び、パスポートを提示して入国スタンプを押してもらう。

③荷物の受け取り　搭乗した便名が示されたターンテーブルで荷物をピックアップする。荷物引換証と照合して間違えのないようにしたい。

④動植物検疫　植物（果物、野菜、香辛料、イネワラ、土など）などを持ち帰った人は動植物検疫カウンターで検査を受けなければならない。なかには持ち込み禁止に指定されているものもある。

⑤税関　免税の範囲（欄外参照）を超えていなければ、緑色の税関カウンターへ。このとき記入した「携帯品・別送品申告書」を提出する。免税の範囲を超えている場合は赤色のカウンターに行き課税額を計算してもらったあと、検査場内にある銀行で納付する。別送品がある場合は、上記申告書を2通記入し、赤色のカウンターで1通にスタンプを受ける。このスタンプ入り申告書は荷物の受け取り時に必要なので大事に保管しておくこと。100万円相当額以上の現金、小切手などを外国から持ち込む場合は「支払手段等の携帯輸出・輸入申告書」への記入が必要となる。

### 機内持ち込み制限について

エコノミークラスの場合、たいていは重量が7〜10kg以下で縦、横、高さの合計が110〜115cm以下の手荷物をひとつまで。また、荷物の大きさにかかわらず、ナイフやカッターなどは機内に持ち込むことができないので、預託荷物に入れること。

### 日本へ帰国の際の免税範囲

●酒
3本（1本760ml程度）
●たばこ（次のうちどれか）
紙巻きたばこ：400本
葉巻：100本
その他：500g
※加熱式たばこの免税数量は、紙巻きたばこ400本に相当する数量となる。なお、2021年10月1日からは、以下の通りとなる。
紙巻きたばこ：200本
葉巻：50本
加熱式たばこ個装等：10個
その他のたばこ：250g
●香水
2オンス（約56ml）
●その他
海外市価の合計が20万円の範囲に収まる物品
※20歳未満の場合は酒、たばこは免税にならない。

### コピー商品の購入は厳禁！

旅行先では、有名ブランドのロゴやデザイン、キャラクターなどを模倣した偽ブランド品や、ゲーム、音楽ソフトを違法に複製した「コピー商品」を、絶対に購入しないように。これらの品物を持って帰国すると、空港の税関で没収されるだけでなく、場合によっては損害賠償請求を受けることも。「知らなかった」では済まされないのだ。

### 国際観光旅客税

日本からの出国には、1回につき1000円の国際観光旅客税がかかる。原則として支払いは航空券代に上乗せされる。

パスポートは肌身離さず携帯を

# ルート作り

旅に出る前のルート作りは、旅の楽しみのひとつである。時間や予算、目的によって旅のルートは変わってくるので、じっくり考えたい。

**マダガスカルの人気ルート**
●ルートA　アンタナナリボと中央高地を極める5日間

　アンタナナリボを起点に、アンブヒマンガ、ペリネ特別保護区、アンツィラベと、陸路で日帰り可能な場所を訪れる。ペリネ特別保護区の場合、動物観察は早朝のほうがいいので、できれば1泊したい。また、マダガスカルの文化や民族に興味があるなら、ワイナリーやティープランテーションのあるフィアナランツァと、伝統工芸の町アンブシチャを訪れるとよいだろう。

●ルートB　飛行機を使って海と陸を回る10日間

　アンタナナリボ→ベレンティー保護区→アンタナナリボ→ムルンダヴァ→ベマラハ国立公園→ムルンダヴァ→アンタナナリボ→ノシ・ベ→アンタナナリボ

　マダガスカルの主要な観光スポットを回るコース。この場合、短い期間で長距離を移動するので、ムルンダヴァ〜ベマラハ国立公園間以外は飛行機を使う。キツネザル、バオバブ、ツィンギーを堪能したあとは、ノシ・べの美しいビーチリゾートでのんびりとくつろごう。

庶民の交通機関を使えば安く上がるが、時間がかかる

## 国土は広く、交通網も未発達

　日本の約1.6倍の広さをもつマダガスカルは、山あり谷あり川あり、さらに熱帯雨林や砂漠と、地形も気候も複雑だ。また、道路も十分に整備されておらず、移動には想像以上の時間がかかる。雨季ではなおさらで、通行不可能となる道路もある。効率よく回ろうとするならば飛行機となるが、予約が取れなかったり、遅れたりすることも多いので、スケジュールは慎重に練ろう。国内線はオンラインで予約できるが早く予約するほど安い。便数もそれほど多くないので、埋まってしまう前に予約は入れておこう。日本へ帰国する少なくとも1日前にはアンタナナリボに到着したい。

## 陸路移動するなら余裕をもったスケジュールが必要

　しかし、飛行機だけを使って点と点を結ぶような旅行は少し味気ない。車窓の風景や、途中の何でもない村の光景などが、意外と印象に残ったりするので、陸路の移動も入れたい。逆に、陸路だけの移動というのもたいへんだ。タクシー・ブルースなどは時間が不規則でエアコンが付いていないのが普通だし、故障もよくあり、運転も荒い。のんびり気楽に構えられればいいが、時間に余裕がないといらいらして精神的にも疲れてしまう。移動は2日以上続かないようにするとか、たまに飛行機も使うなどして、メリハリをつけよう。また、時間があれば、ボートやカヌーなど船による移動も組み入れるとよいだろう。

　いずれにしても、短い時間で多くの場所を訪れようと無理はしないこと。疲れた状態で観光をすれば印象も薄れるし、病気にもかかりやすくなる。病気にかかってベッドで寝ていただけなどという最悪の状態にならないよう、スケジュールには余裕をもたせておきたい。

ムルンダヴァはアンタナナリボからタクシー・ブルースで行くと13時間以上かかる。飛行機だと約1時間

# パッケージツアーの選び方

マダガスカルへ行くのに、パッケージツアーに申し込んで行ったほうがいいのか、それとも個人で回ったほうがいいのか、迷う人もいるだろう。マダガスカルといっても、どこに行くかで旅のスタイルが大きく違う。旅のスタイルが違えば、必然的にパッケージツアーの内容も変わってくる。マダガスカルでは、アクティブな旅とリゾート気分を満喫する旅の両方が可能だ。

## パッケージツアーの構造

マダガスカルへのツアーの多くは、往復の航空券、ホテル、食事、現地でのツアーがすべてセットされているものだ。日本人の添乗員が付かない場合、たいていはマダガスカル人の日本語ガイドが付く。マダガスカルでは国立公園などを回る旅行が一般的だが、交通手段などが不便なうえ、コストも高くなるので、個人で回るのはたいへんだ。旅慣れたバックパッカーならば、現地の人が利用している交通手段で、時間をかけて経済的に旅行することができるだろう。しかし、1週間〜10日ほどの日程で快適に旅行するには、ツアーを利用するのが手っ取り早い。それに、個人で回るには言葉の問題も無視できない。国立公園などでは英語を話すガイドもいるが、全般的にはフランス語のほうがメインだ。言葉がわからないままだと、せっかくの観光の楽しみが半減してしまうだろう。また、最近ではノシ・べなどのビーチリゾートを訪れるツアーも人気がある。

## ツアーの種類

ひと口にパッケージツアーといっても、さまざまなものがある。一般的なのはムルンダヴァでバオバブ、ベレンティー保護区やペリネ特別保護区などでキツネザルを見るツアーだ。難易度の高いものでは、マダガスカルのなかでも秘境と呼ばれるベマラハ国立公園のツィンギーを含むツアーもある。ベマラハまではムルンダヴァから車でアクセスする。ムルンダヴァからアクセスできる秘境のひとつに、ムルンベという町もあり、ここでは巨大な樽型のバオバブの群生が見られる。ここへ行くツアーもある。そのほか、ノシ・べでのリゾート滞在を含んだものや、隣に浮かぶ小さなイスラム教の国コモロにまで足を延ばすものもある。小さな国だが、パッケージの種類はいろいろあるので、調べてみるとよいだろう。

**日本で予約できる専門旅行会社**

テーマを掘り下げる旅行や、かぎられた時間で効率よく動く旅行をしたいとき頼りになるのが、この地域に強い専門旅行会社。目的や行き先を伝え、相談に乗ってもらおう。
- ● (株)エス・ティー・ワールド
  TEL (03)6415-8639
  URL stworld.jp
- ● (株)トランスオービット
  (ザ・ワールド)
  TEL (03)3539-5365
  URL www.theworld-j.com

マダガスカルの珍しい動植物を観察したい

バオバブが見られるムルンベはアクセスが困難な秘境のひとつ

美しい海に囲まれたノシ・べも訪れたい

197

ディエゴ・スアレス周辺に
もツィンギーや自然保護区
などの見どころが多い

マーケットで地元の人々と
触れ合おう

ピローグで海岸線を探検（ム
ルンダヴァ）

### 格安航空券やツアー、ホテルの手配がオンラインで可能
格安航空券のオンライン手配なら『アルキカタ・ドット・コム』。国内空港発着の航空券を手配できる。業務渡航やビジネスクラスの手配も可能。ネットで検索と照会をすれば、回答はメールで。各種パッケージツアーも申し込め、世界中のホテルも予約可能。急ぎの場合は電話で部屋を確保できる。
**URL** www.arukikata.com

### 目的にあった選択が成功の秘訣
マダガスカルはほとんどのツアーが同じような内容だ。ツアーで使う宿泊先のほとんどは、マダガスカルのなかでは高級なホテルになる。というのも、少しでもグレードを下げると、特に年配者などは快適に過ごすことが難しくなってしまうからだ。ツアーの値段の違いは、旅行日数やシーズンによるものだと考えてよい。マダガスカルでは、雨季に旅行するか乾季に旅行するかで行けるところもかぎられてくる。旅行代金の安さにだけにとらわれず、現地のコンディションも考慮しよう。

### 少しだけ提案したいこと
パッケージツアーで旅行すると、苦労が少ないぶん、現地の人々と触れ合う機会が少なくなるのは否めない。せっかく旅行先にマダガスカルを選んだのだから、その土地の文化、風習にできるかぎり触れたいもの。パッケージツアーでも、フリータイムが比較的たくさんあるものも多いので、そういう機会を使って町に出てみよう。多少不便でも、タクシーではなく地元の人が使っているバスなどを利用すると、その国の素顔を垣間見ることができるだろう。ただし、アンタナナリボに関しては、ガイドなしのひとり歩きは控えたい。まだまだ治安が安定せず、日本の外務省もアンタナナリボの治安に関して注意喚起を行っている。現地人のガイドがいることで、さまざまな危険を回避することができる。

それ以外の町については、比較的治安も安定しているので町をそぞろ歩いても問題ないだろう。その土地の生活を感じられるのはやはりマーケット。どの町にもマーケットはあるので、ガイドに聞いて訪ねてみよう。あるいは自分で自由に散策することで、掘り出し物のおみやげなどが見つかることも。店の人とのやり取りもやはり旅の醍醐味となるだろう。

パッケージツアーでも、利用の仕方によっては人それぞれの旅が楽しめる。旅行先で何がしたいのか、出発前から頭のなかで想像をふくらませて旅に出よう。

アンタナナリボでは、特に女性のひとり歩きは控えよう

# 国内交通

　マダガスカルの国内交通網はあまり発達していないのが現状。国内の移動手段として、飛行機やタクシー・ブルースがあげられるが、国内線はかなり割高で、タクシー・ブルースは時間がない人にとってはかなり不便。国内線と車のチャーターをうまく組み合わせるのが現実的な移動手段となる。もちろん十分な時間があればタクシー・ブルースで国内を移動することは可能だが、それなりの体力は必要となってくる。ここではそんな未発達なマダガスカルの移動手段について解説してみよう。

## 飛行機 Air

　2019年8月現在、マダガスカルの国内線はツァラディア Tsaradiaによって運行されている。ツァラディアは、2018年に運航を開始したマダガスカル航空の子会社で、ワオキツネザルのロゴが目印。オンラインで予約が可能だ。運賃は変動制で早めに予約したほうが安く予約できる。もっとも、便数は多くても1日2～3便程度なので、いずれにせよ早めの予約をおすすめする。特にハイシーズンには気をつけよう。サイトはフランス語なので、Google翻訳や辞書などを活用しよう。クレジット決済が終わったらeチケットがメールで送られてくる。チェックインは出発の1時間30分前までに。

こぢんまりとしたムルンダヴァの空港

## タクシー Taxi

　主要都市を走っている。空港やホテル、タクシー乗り場などで客待ちしているほか、市内を流している。車体の上部にTAXIと書かれているからすぐわかるはず。メーター制ではないため、乗る前に料金を交渉しよう。料金システムは、1台ごとの場合と乗客ひとり当たりいくらという場合の2種類があり、都市によって異なるので、確認が必要。空港で待っているタクシーは料金を上乗せしてくる場合もあるので、通りに出てからつかまえるという方法もある。ちなみにマダガスカルを走るタクシーは、どれもボロボロの古い型のフランス車だ。

タクシーはレトロなフランス車がほとんど

### ツァラディアの主要航空路と所要時間、料金（機体により異なる）
アンタナナリボ～タウランニャロ（フォール・ドーファン）
　約1時間15分、片道€109～
アンタナナリボ～ノシ・ベ
　約1時間30分、片道€109～
アンタナナリボ～トゥリアーラ（チュレアール）
　約1時間10分、片道€114～
アンタナナリボ～ムルンダヴァ
　約1時間、片道€125～
●ツァラディア Tsaradia
TEL (020-23)444-44
営 6:00～19:00
休 日
URL tsaradia.com

### 国内線の預託荷物
　国内線を予約する際、チケットは変更が可能かどうか、預託荷物の重量などで4段階に分かれる。購入の際には自分のチケットの預託荷物の重量はしっかり確認しておこう。その場で支払うとなると高くつくこともあるし、国内線のカウンターではクレジットカードが使えないことがほとんどだ。

### 鉄道
　2019年6月現在、乗客車両を連結した列車が運行されている区間は、以下のとおり。90年以上前に建造されたもので老朽化が進んでいるため、故障が多い。運行については下記に問い合わせを。
・フィアナランツォア～マナカラ（12時間）
※料金は路線によりAr1万～4万。
●Madarail
TEL (020-22)345-99
URL www.madarail.mg

**プスプスPousse-Pousse/Posiposy**

　フランス植民地時代にアジアから持ち込まれた人力車。いくつかの町には今でもプスプスが走っており、人々の足として活躍している。プスプスの値段は、その町のタクシーの値段の3分の1くらいが目安。乗車する前に値段交渉を。

**トゥクトゥクTuk Tuk**

　ディエゴ・スアレスやノシ・べでよく見られる、アジアではおなじみの三輪タクシー。特にディエゴ・スアレスでは、タクシーはほとんど見られなくなり、町を走っているのはトゥクトゥクだけだ。運賃はタクシーより若干安い。

## タクシー・べ Taxi-be

　アンタナナリボなど主要都市の市内を走っている路線バスをタクシー・べTaxi-beと呼ぶ。町のいたるところに停留所があってそこから乗車するのが一般的だが、通り道でも手を挙げて乗ることができる。フロントガラスには、ルートを表す数字と行き先やおもな通過地区名が表示されている。行き先がよくわからない場合は、地元の人や車掌に確認するとよい。料金は一律で、乗る際に車掌に支払う。安くて便利なので利用してみよう。

## タクシー・ブルース Taxi-brousse

　町と町をつないでいる乗合自動車のことを、一般的にタクシー・ブルースと呼んでいる。鉄道がほとんど発達していないマダガスカルでは、全国のほとんどを網羅していて低運賃のタクシー・ブルースが主要な交通機関だ。近隣の町へ行く1時間程度の区間から1週間もかかる長距離まであるうえ、車種もいろいろある。

### ●タクシー・ブルースの種類

　タクシー・ブルースは私営の会社が運行しているので、車種はさまざまだ。現在マダガスカル国内では、10人乗りのファミリアールFamilialと18人乗りのミニビュスMinibus、大型バスBus、軽トラックに幌を付けたバシェBachet、大型トラックの荷台に座席を備えたカミョンCamion（またはカーラCar）など、おもに5種類のタクシー・ブルースが走っている。おおざっぱに区分けすると次のようになる。道路がよい区間は、短・長距離にかかわらずファミリアールとミニビュスが主流で走り、一部の長距離にかぎってバスが運行している。同じ長距離でも道が悪い区間は、おおむねカミョンが運行。以前はタクシー・ブルースの主流をなしていたバシェは、ここ数年でファミリアールやミニビュスに取って代わられ、一部を残すのみとなっている。

### ●タクシー・ブルースに乗る

　基本的にはタクシー・ブルース乗り場から乗車する。乗り場にはタクシー・ブルースの会社ごとにブースが設けられており、それぞれのブースの掲示板には行き先、車種、料金などが記載されていてわかりやすい。なかにはタクシー・ブルース乗り場が路上になっているところもあるが、その場合は特にブースなどはないので、近くにいるタクシー・ブルースのスタッフに声をかけて行き先を告げ、どの車に乗ったらいいか尋ねるといい。また、ラヌマファナRanomafanaやラヌヒラRanohiraのように、タクシー・ブルース乗り場がない町もある。それらはタクシー・ブルースの通過点にある町なので、タクシー・ブルースがやってくるまで路上で待たなければならない。

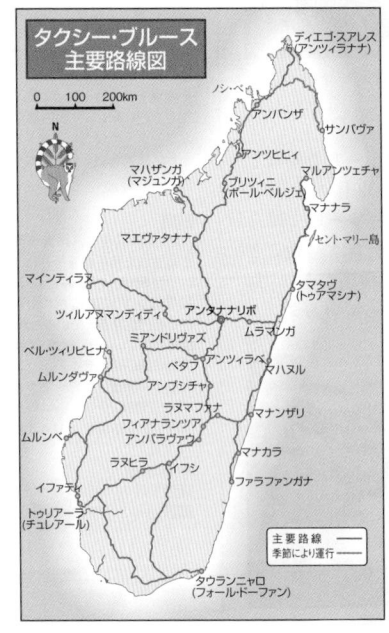

タクシー・ブルース主要路線図

およその通過時刻を地元の人に聞き、できるだけロス時間がないようにするといいだろう。タクシー・ブルースの出発時間は大まかに決まっているものの、ほとんどの場合は満席になるまで出発しない。出発時間が8：00となっていても、10：00、11：00になることはよくある。気長に待つしかない。また、運行数の多いところはその当日に直接乗り場へ行けば乗車できるが、運行数の少ない区間や長距離などは座席がすぐ埋まってしまうので、前日までに予約しておいたほうが無難だ。座席の指定もできる。タクシー・ブルースは定員よりかなり多く乗客を乗せるので、車内は狭くて息苦しい。

### ●料金を支払う

タクシー・ブルース乗り場から乗車する場合は、乗車前に各ブースで料金を支払う。途中乗車の場合はスタッフが徴収しに来るので、その際に支払えばいい。もしスタッフが来なかったら、降りる際に運転手に直接支払う。途中乗車や途中下車の場合、一定料金よりも安くなるのが基本だ。しかし、途中乗車の場合はスタッフの言い値で支払うので、ぼったくられることもある。できれば、おおよその料金を地元の人に聞いて目安にしておいたほうがよいだろう。

行き先が同じでも車種によって料金が異なることが多く、目的地までの所要時間が短い小さな車種のほうが高くなっている。例えばミニビュスと大型バスでは、ミニビュスのほうが料金が多少高くなる。

予約の際には、タクシー・ブルース乗り場のブースで日時と時間、人数を告げて料金を支払い、チケットを受け取る。座席なども指定できる。乗車時にチケットを見せる必要はほとんどないが、予約変更や解約したりするときにはチケットが必要となるので、大事に保管すること。

### ●タクシー・ブルースでの移動

長距離移動の場合やちょうど食事時に乗車した際には、食事休憩がある。ドライバーが出発の合図を出すまで（30分から1時間程度）、近くのホテリー（大衆食堂）で各自適当に食事を取る。トイレ休憩はドライバーしだいだが、トイレに行きたくなった人が自己申告すると、ドライバーが適当な場所（林など）で停めてくれる。

最もたいへんなのが雨季の移動だ。舗装道路ならいいが、未舗装の所ではタイヤがぬかるみにはまり動けなくなることも多々あ

る。1、2時間ならまだいいほうで、ひどい場合は丸1日動かないことも。移動の際には水はもちろん、多少なりとも食料を持って乗るといざというときに役に立つ。

ぬかるみにはまったトラック

**快適なタクシー・ブルース！**
　出発時間が読めず、常にぎゅうぎゅう詰めのタクシー・ブルース。しかし2014年に、定時出発で、定員制、オンライン予約のできるコティス・トランスポートが登場。陸路での国内移動がより便利になっている。運賃は安い順にライト、VIP、プレミアムの3つに分かれるが、プレミアムともなるとシートは革張りとかなり広々。荷物は15kgまでで、超えると追加徴収される。予約は24時間前までに。Wi-Fiも完備。

＜時刻表と運賃＞※2019年8月現在
アンタナナリボ発
**ムルンダヴァ**
ライト Ar4万5000
（6:30発　19:30着）
**ディエゴ・スアレス**
ライト Ar9万
（12:00発　翌5:00着）
**フィアナランツア**
ライト Ar2万5000
（7:00、9:00、20:00発）
プレミアム Ar4万2000
（8:00発）
**タマタヴ**
ライト Ar2万
（7:00、8:00、9:00、10:00、12:00、19:00、20:30発）
VIP Ar3万6000
（20:30発）
プレミアム Ar6万
（9:00、20:30発）
**●コティス・トランスポート**
MAP P.55-B1
🏠 Lot IVM 12 Ter Ambodivona
TEL 032-11-027-10/33
URL cotisse-transport.com

**タクシー・ブルースの注意点**
　バックパック旅行には欠かせない交通手段のタクシー・ブルースだが、荷物を山積みにして悪路を猛スピードで走るので、事故が絶えない。観光客の死者が出る場合もある。また車内の環境もよくない。大人数の乗客を詰め込んだ状態で長時間走行するし、虫にやられる場合もある。

**レンタカー**
　主要都市にレンタカー会社がある。マダガスカル国内の道路はあまり整備されていないので、ドライバー付きで借りるのが主流だ。
**●ハーツ Hertz**
TEL 032-05-811-13
URL www.hertz.com
**●ヨーロッパカー Europcar**
TEL (020-23)336-47
URL www.europcar.com

# 宿泊

お気に入りのホテルやリゾートに確実に泊まりたい場合や、ピーク時（12月半ばから1月半ばぐらいまでの年末年始、3～4月の復活祭の時季、7～8月の夏休み）に行く場合は、予約をしたほうがいい。高級ホテルの場合、旅行会社をとおして予約したほうが自分で予約するより安くなることが多いし、時季によって料金が細かく違うので、料金をチェックするためにも、事前に予約するにこしたことはない。逆に安ホテルは、旅行会社のコミッションぶん高くなるだけだし、実際に見てがっくりということもあるので、自分で前日ぐらいまでに1泊ぶんだけ予約したほうがいい。台風の時季や閑散期には閉まっている場合もあるので、特に山奥や小さな町へ行く場合は電話したほうがいい。

## 簡単なフランス語

| | |
|---|---|
| 客室 | chambre |
| 満室 | complet |
| 水（お湯）シャワー | |
| | douche froide(chaude) |
| 浴室 | salle de bain |
| トイレ | toilette、WC |
| エアコン | climatisation |
| 扇風機 | ventilateur |
| ヒーター | chauffage |
| エキストラベッド | |
| | lit supplémentaire |
| タオル | serviette |
| 毛布 | couverture |
| 台所 | cuisine |
| ユースホステル | |
| | Auberge de jeunesse |
| キャンプ | camp、bivouac |
| ～込み | ～ compris |
| ～追加 | ～ en sus |

### ホテルの予約

世界中のホテルを予約できるBooking.comなどのホテル予約サイトだが、もちろんマダガスカルのホテルも予約できる。事前に予約しておくのがいいだろう。ただし、東南アジアなどに比べて、予約できるホテルの数は少なめ。最低レベルの安宿は網羅していないので、本書を参考にするか、現地で探すといいだろう。

### 宿泊税について

マダガスカルでは、Ar1000～8000の宿泊税が部屋代に加算される。人数に関係なく1室当たりの場合が多いが、宿泊客ごとに地方税のようなものを取るところもあり、ホテルによりさまざまなので、予約またはチェックイン時に確認すること。税金が宿泊料金に含まれているところや、安宿では取らない場合もある。

## ①ホテル

ホテルという名称は一般に使われている。しかし、フランス語のHôtel（発音はオテル、Hotelとしているところも多い）には「公用建造物」という意味もあり、Hôtel de villeは市役所、Hôtel de policeは警察庁、Hôtel des postesは郵政省というように、宿泊施設以外を指すこともある。また、食堂でHotelとかHotelyという看板があっても、飲食しかできない場合が多い。

海岸や山地のリゾート地へ行くとバンガローも多い。日本でいうバンガローと同じで、各客室が独立した棟になっているものだが、コンクリート造りでエアコン、バスルーム、テレビ、電話、台所などが付いたものから、藁葺きでベッドだけという簡素なものまでさまざまだ。バンガロー形式でホテルというところもあれば、ひとつの建物に客室があるのにバンガローと呼んでいるところもある。ほかに、居間が付いた部屋をステュディオ Studioと呼んだり、オーベルジュ Auberge、ルレ Relais、ジットゥ Gîte、シャレ Chaletなど多くの名称があるが、はっきりした区別はない。シングルはまれでダブルルームが多く、料金はひと部屋当たりというところがほとんどだ。また、エキストラベッドをわずかな追加料金で入れられるところも多いので、安く上げたい人は誰かとシェアをすればよい。

マダガスカルはホテルを星で格づけしているが、目安となるのは単に料金やレストランの有無などで、星ひとつくらいの差だと設備の違いはあまりない。自分の目で確かめるのがベスト。

マダガスカルの首都アンタナナリボのホテル

## ②民宿

　一般に、パンション・ド・ファミー Pensions de Famille、ゲストハウス Guesthouse、プチ・リゾート Petit Resort などと呼ばれるが、①の名称もよく使われる。朝食付きの場合は、ビー・アンド・ビー B&B とかシャンブル・ドート Chambres d'Hôte ともいわれる。一般家庭の空き部屋を貸していて、そこの家族とバスルームが共同というような小規模のところから、客室が所有者の住む家と別棟で、専用のバスルームやホテル並みの設備とサービスを提供するところもある。前もって頼めば昼・夕食を用意してくれたり、台所が付いている宿もある。

## ③長期滞在者向け施設

　自炊設備を備えた宿泊施設は、アパートメント Apartment、セルフケータリング Self Catering、ヴィラ Villa などと呼ばれるが、①や②の名称を使っているところもある。頼めば食事を作ってもらえることも。

## ④安宿

　ホテルやペンションの一部。政府に登録していないか、星なしのようなところは格安だが、設備もそれなりだ。シャンブル Chambre の看板を出しているところも多く、時間で貸す場合もある。タオルが雑巾のように使いこんであったり、ベッドにはシーツが敷いてあるだけで毛布は戸棚にくるまっていたりするので、シーツや寝袋、タオル、石鹸、トイレットペーパーは自分で用意したほうがいい。トイレがしゃがむタイプのところもある。水シャワーが普通で、ときには水さえ出なくなることもある（特に2、3階以上の部屋）。暑い地域なら、蚊帳（穴の有無も）や扇風機もチェックしたい。ヒーターはないのが普通だが、冬に高地へ行くような場合だときつい。また、4、5階以上でも、エレベーターがないか壊れている場合が多い。

　ホテルや安宿の一部は、娼婦の活動拠点やラブホテルのようなところもあるので、壁が薄いと眠れないかも。

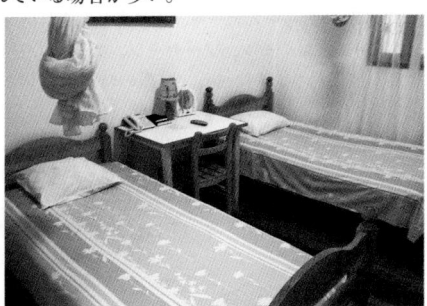
安宿の客室

## ⑤キャンプ

　キャンプ場以外でのキャンプを禁じているところもあるし、現地の人の反感を買う場合もあるので、勝手なキャンプはしないこと。防水防虫対策は万全にし、ごみは持ち帰る、川の近くで用を足したり洗濯したりしないなど、マナーを守ろう。

### 安宿の見つけ方

　安宿は現地の人々用で観光客にはおすすめできないと思うのか、観光局は安宿を把握していない。安宿はたいていバス乗り場や駅、市場の周辺にある。または、タクシーの運転手が知っている。

### マダガスカルの宿泊状況

　マダガスカルの中〜高級ホテルのなかには、料金が外国人観光客と現地の人で異なるところがある。また、国立公園や自然保護区はそばにキャンプ場を設けているところもあるので、早朝や夜の動物観察にいい。いくらかの料金を払って民家や学校に泊めてもらう旅行者もいる。

### 外国人経営の宿

　現地に移住した外国人が経営する宿は、料金のわりにきれいだったり、インターネットなどの設備が整っていたりする。また、観光情報も得やすい。

国立公園でのキャンプ

# 食事

インド洋の料理は、そこに住む民族同様、クレオール、アジア、アフリカ、インド、西欧の影響が交ざり合っている。クレオール料理は、国によって多少異なるが、大雑把にいえば南国風インド料理だ。インドカレーのようなカリー carii とご飯に、ルガイユ rougaille というトマトと香味野菜のみじん切りなどから作ったソースや、唐辛子のみじん切り chilli/piment をつけ合わせたものが代表的な料理だ。カリーは、インドカレーほど辛くはなく、トマトソースとほとんど変わらないものもあり、ココナッツミルク lait de coco を入れることもある。具は、魚、エビ、タコ、肉類、果物、豆、野菜などいろいろだ。ご飯にも香辛料を効かせたり、ココナッツミルクを入れたりすることがある。ほかに、ブレッド brède（パンではない）とも呼ばれるインド・クレッソンを入れたりする。

カリーなどの家庭料理は、民宿などで作ってもらうか、大衆食堂で食べるのがいちばんだ。レストランは、フランスやイタリアなどの西洋料理が中心で、そこで出てくるのは、クレオールというよりそこのシェフのオリジナル料理であることが多い。中華（風）料理はどこでも食べられ、屋台の肉まんから、高級店のフカヒレや北京ダックまで、多種多様だ。クレオールや西洋料理を出すところも多い。

**レストランで**
restaurant を省略し resto としている店もある。たいてい、特に昼時は、3品か4品の定食menu du jour/tables d'hôte か、その日のおすすめ料理plat du jour があり、リーズナブルな料金だ。

**sur commande (demande)**
前もって注文すること。民宿やレストランで、時間のかかる料理は事前に注文しておかなければならない。

**エビについて**
大きさや種類によって名称がいろろ。カマロン camaron といっても、小エビ程度だったり伊勢エビのように大きかったりするし、langoustine は langouste と異なり小さいものだ。目方で値段をつけているところもあるが、がっかりしないよう注文前に実物を見せてもらおう。また、マダガスカルの1〜4月は伊勢エビの禁漁期間なので、店にないか、あっても冷凍となる。

## 魚介類（魚、エビ、タコ、カニ、カキ、貝類、川魚etc.）

グリルや煮込み、フライ、薫製、干物など。生の魚をレモン汁などに漬け込み、ココナッツクリームであえたポワッソン・タヒチエンヌ Poisson Tahitienne は絶品。エビは、小エビ shrimp/crevette、中エビ camaron、伊勢エビ lobster/langouste、川エビ、ザリガニ clayfish/érivisse といろいろ。生ガキや、川魚、ウナギ amalona も食べられる。

## 肉類（牛、豚、鶏、羊、アヒル、ヤギ、カメ、コウモリetc.）

煮込み daube やステーキ、串焼き brochette/masikita、干し肉もあり、タンやモツ、ソーセージ、フォアグラ（これは高級品）などの加工品もよく食べる。狩猟の時季は、シカやイノシシ、キジも出てくる。ほかに、アフリカ産のダチョウやワニなど。マダガスカルではコブ牛のゼブ Zebu の肉が一般的だが、やや硬い。カエル nymphe/grenouille や野生のカモ sarcelle もいい。ちなみに、ステーク・ド・シュバル Steak de Cheval というのは、馬肉ではなく、牛肉のステーキの上に目玉焼きが乗っているものだ。

### 野菜、果物

サツマイモ、サトイモ、ヤマイモ、cassava または manioc と呼ばれるイモ類、調理用バナナ、パンの実などは、米と並んで主食になっている。レストランでは、フライドポテトやニンジンなどがつけ合わせとし

アンタナナリボのマーケット

てよく出てくる。

　珍しいのは、ヤシの芯palmisteやズッキーニのようなシュシュ chou chouで、レストランの前菜などに登場する。

　マンゴー、ライチ、バナナ、ココナッツなどのほかに、高地では桃や梨などが作られ、「カキ」という名で柿も売っている。

## 屋台のスナック、お菓子

　どこにでもあるのが、ギョウザのような皮に野菜や肉を詰めて揚げたインドのスナック、サモサsamosa/samboだ。ほかに、小麦粉だけでなく、豆やお米の粉で作ったドーナツやケーキがある。米の粉やもち米を蒸したアジア的なお菓子や、バナナの天ぷら、お米とナッツをバナナの葉でくるんで蒸したクーバkoba、ピーナッツ、ココナッツキャンディなどが特産だ。ベトナム風春巻のネムnem、サモサ、野菜の天ぷら、串焼きなどには、チリやマヨネーズソースを好みで付けて食べる。ほかに、フランスパンのサンドイッチ、ピザ、お粥などもある。ヨーグルトyoghurtやヨーグルトドリンクもいい。デザートでは、ココナッツプリンflan cocoや、洋酒と砂糖をからめて焼いたバナナ・フランベbanana flambéなどが一般的。

## マダガスカル料理

　大衆食堂はHotelyまたはHotelと呼ばれ、トマトをベースにした煮込み料理が多い。具は、肉や魚介類のほかに豆類もよく食べる。超山盛りご飯に、小鉢程度のおかずだけの場合がほとんどで、ラヌブーラranovolaという濁ったお湯が出される。これは、ご飯を炊いたあとの鍋にお湯を入れて煮立たせたもので、鍋掃除もできて一石二鳥というわけだ。米粒が沈んでいっておこげの匂いがする。ご飯にかける汁として、ブレッドというインド・クレッソンの葉を入れたお湯がつくこともある。

●ルマザーヴァ romazava：肉または魚と野菜のスープ風煮込み料理。土地によって材料や味つけが変わり、ココナッツミルクを入れることもある。ゼブ牛が一般的。

●ラヴィトゥトゥ ravitoto：キャッサバ（マニオクmanioc）の葉と豚肉を合わせて煮た料理。ルマザーヴァとともにマダガスカルの国民的料理だ。

●スープ・シノワーズsoupe chinoise：直訳すると「中国風スープ」だが、安食堂のものは、のびたスパゲティのような麺pâteと野菜がコンソメスープに入っている程度で、人々はこれに持ち込んだパンを入れて食べたりする。高級になるとワンタンwantanや肉、魚介類、香味野菜などが入る。中国料理店だと、黄色い麺やビーフン、春雨のものもある。醤油や唐辛子などで好みの味つけにして食べる。

●ミサウ misao：野菜や肉、魚を入れた麺。炒めるか、ゆでてサラダのようになっており、スープはない。

●ヴァリー・スサvary sosa：お粥のことで、朝食に食べる。砂糖を入れる人もいる。赤米で作ったものもある。

※安食堂は、スープ・シノワーズやミサウなどの麺類を出す店と、ルマザーヴァ
　やラヴィトゥトゥを出す店のどちらかに分かれるようだ。
※高地ではいろいろな種類のチーズも作っている。

### 料理に関するマダガスカル語

| | |
|---|---|
| hen'omby | 牛肉 |
| henan'akoho (borona) | 鳥肉 |
| hena kisoa | 豚肉 |
| hazandrano、trondro | 魚 |
| tsaramaso | 白インゲン豆 |
| saosisy | ソーセージ |
| tripe | モツ、内臓 |
| kitoza | 薫製の肉 |
| ro | スープ |
| achards、lasary | つけ合わせ野菜 |
| vary | 米、ご飯 |
| mofo | パン |
| koba | お米とピーナッツをバナナの葉で包んで蒸したもの |

### 飲み物について

　コーヒー、紅茶、コーラはどこにでもあるが、マダガスカルでは、コーヒーに入れる砂糖入りコンデンスミルクは別料金になっている。飲料水やパック入りジュースも各国で作っている。

　ビールは国産も輸入もあり、マダガスカルのビールはなぜかThree Horses Beerと英語名。サイダーも入れたビールFreshもある。お酒は、サトウキビやココナッツなどで作った蒸留酒、発酵酒、ライチから作ったリキュールlitchelなど。ラムもよく飲まれ、バーなどでは、バニラやジンジャー、果物などを漬け込んだラムの瓶を見かける。マダガスカルでは、パンチ・ココpunch cocoというココナッツミルクとラムのカクテルがおすすめ。マダガスカルではワインを造っているが、いいレストランでは、フランス、イタリア、南アフリカ産のワインを置いている。また、コモロやほかの国のイスラム教徒経営の店では、アルコール類はほとんど置いていない。

### メニューの表記

　マダガスカルでは、メニューはたいていフランス語表記だけなので、フランス語のメニューブックや豆辞典があるといい。

### ココナッツについて

　汁を飲んだら、その実を割ってもらって中のプルプルした白い部分を食べる。切った部分をヘラのようにしてくれるが、気になる人は自分のスプーンを使うといい。

# COLUMN

## 自家製ラム酒を堪能しよう！

　マダガスカルでは、ラム酒にフルーツやハーブなどを漬け込むことが多い。ラム酒とフルーツ、ハーブの風味が溶け合い、ラム酒に独特の風味が出てくるのだ。漬け方や材料はさまざまで、みんなが競い合っておいしいラム酒を作っている。

　いつ頃からラム酒にフルーツなどを漬け込むようになったのかは定かではないが、昔はラム酒に薬草などを漬け込んで、薬用として飲まれていたのだそう。今でも風邪をひいたときには、風呂上がりにこのラム酒を一杯やればたちまち治ると、彼らは口を揃える。マダガスカル版の卵酒といったところか。

　特にクレオールの人々の間では、食後に自家製のラム酒を出すのが暗黙の了解になっている。そう、ラム酒は家族との食事や友人たちとの談笑のひとときに欠かせない存在なのだ。

　レシピはそれこそさまざまで、親から子へ代々受け継がれてきたものが多い。クレオールの人々の家庭の数だけレシピがあるといっても過言ではない。材料としては、脱色したフルーツや、いろいろな種類のハーブを使用するのがスタンダード。そのなかでも一般的なものをここで紹介しよう。ラム酒を買って帰り、日本で自家製ラム酒を作って家族や友人に振る舞ってみてはどうだろうか。

バニラビーンズ

りがよく浸透するようにふたつに折って入れる。だいたいラム酒2ℓにつきバニラのさやふたつが目安。

### コーヒー豆

　アルコールと混ざると、コーヒー豆はすばらしい風味を醸す。ラム酒2ℓにつき、いったコーヒー豆を100粒程度。

### ハーブ

　アニスやバディアンといった香料にも使われるハーブを、枝のまま入れる。これらのハーブは、ほかのものの風味を損なうことなくさわやかさを加えてくれるので、果物と一緒に漬け込むといい。

　バナナやココナッツ、オレンジ、グアバなど、いくつかの果物を組み合わせてみても美味。地元のレストランやバーでは、いろいろな種類のラム酒の瓶が並べてあるので、自分の舌で試してみては。ただし、アルコール度は相当高いので、飲み過ぎには注意！

フルーツやハーブを入れた、オリジナルのラム酒

### 柑橘類

　老若男女、あらゆる層に人気があるのが柑橘系のもの。柑橘類の果物をよく洗い、皮をひも状に切って、あらかじめ乾燥させたものを入れる。できれば無農薬のものを使いたい。柑橘類の果物の皮が入ったラム酒は、甘酸っぱい風味が美味。オレンジやレモン、マンダリンなどを使う。ラム酒2ℓに対して果物の皮1個分ぐらいが目安。

### バニラ

　マダガスカルの特産でもあるバニラ。ラム酒によく合うため、材料のひとつとして必ずといっていいほど使われる。漬けるときは、その香

市販のバニララム酒。スーパー、空港などで購入可能

# 両替事情

旅行で最も大事なもののひとつがお金だ。マダガスカルでは東南アジアのように円が普及しておらず、いちばん使えるのはユーロ€で、その次がアメリカドルUS$。ユーロやアメリカドルも用意しておいたほうが安心だ。両替だが、銀行や両替所のレートには手数料が含まれているので、両替をするたびにお金は目減りしてしまう。何にいくら使うかをよく考えたうえで、効率よく両替したい。

## どこの通貨を持っていくか

度々述べたように、ユーロがいちばん都合がよく、さらに、ユーロで料金を提示しているホテルもあるし、現金ならけっこうどこででも受け付けてくれる。両替レートも日本円よりよい。パッケージツアーで行く場合は多くを日本で払っていくので、現地のお金はあまり必要ない。また、どこかの高級ホテル1ヵ所に滞在する場合も、全部ユーロやドルで支払いができるので、現地の通貨に両替する必要がない場合もある。

日本円は、マダガスカルでは、首都や大きな地方都市の一部の銀行や、日本人観光客が多い場所やホテルで両替ができる。いずれの場合も、レートはかなり悪い。また、ユーロやドルのレートが頻繁に変わるのに対して、円のレートはあまり変わらない。

最もおすすめなのは、クレジットカードで支払い、現金が必要な場合はクレジットカードでキャッシング、あるいは日本でユーロを手に入れて持参するというやり方。日本円はとにかく不利だ。

## どこで何を両替するか

もちろん空港で両替ができるが、町の銀行よりレートは悪い。ホテルのレートも銀行ほどよくないが、その場合は銀行の公的領収書がないので、再両替できないので注意。また、僻地や小さな町村では、銀行がなかったり、銀行の両替レートが首都や大都市より悪い場合があるので、そのときはホテルで両替してもらうほうがいい。

ホテルの両替のレートは銀行よりも悪いことが多い

### マダガスカルでの通貨事情

マダガスカルでは、換金ライセンスをもつ高級ホテルや空港の免税店を除いて、原則現地通貨のアリアリを使用する。町中で「外貨払いが義務」と言われることもあるが、これは外貨が欲しいため。

### 簡単なフランス語

|  |  |
|---|---|
| 銀行 | banque |
| 両替所 | bureau de change |
| 両替 | change（英語と同じつづりだが、発音はシャンジュ） |
| 現金 | espéce |
| クレジットカード | carte de crédit |
| 売り | vente |
| 買い | achat |
| 為替相場 | cours de change |
| 手数料 | commission |
| 現金を引き出す | tirer de l'argent |
| 領収書 | reçu |
| 払う | payer |
| 受け取る | recevoir |
| 硬貨 | pièce/monnaie |
| 紙幣 | billet |
| 印紙 | timbre |
| 値引き | réduction |
| サイン（署名）する | signer |
| サイン（署名） | signature |

### お金の持ち方
→P.185

## マダガスカルのアリアリ

マダガスカルではかつてマダガスカル・フランFmgが使用されていたが、現在ではアリアリAriaryに統一された。しかし地方などでは今でもFmgで値段を示していることもある。Ar 1＝Fmg5となっている。

硬貨は5、10、20、50、紙幣は100、200、500、1000、2000、5000、1万、2万の8種類が発行されていて、紙幣にはFmgも併記されている。硬貨は額が小さいので、マーケットや屋台くらいでしか使われない。

## ホテルの支払いについて

マダガスカルの高級ホテル（4、5つ星クラス）では、外貨で支払うことも可能。

## マダガスカル通貨の再両替について

換金証明がある場合は出国時に残った現地通貨を外貨に再両替することが可能。ただし、アリアリへ両替した額以下で、残金がUS$50相当額以上ある場合にかぎる。チェックイン前にあるみやげ物店などでアリアリが使えるが、値段はとても割高になっている。空港到着時に使いきってしまうのが賢明だ。

## 買い物での注意

ときどき、お金を払うところと品物を受け取るところが違う店がある。つまり、最初のカウンターでお金を支払い、別のカウンターでその領収書と引き換え（あるいは提示）に商品を受け取ることになる。

## 銀行ATM

マダガスカルでは、都市部であれば、ある程度ATMが見られるようになってきている。海外キャッシュカードでの引き出し、クレジットカードのキャッシングが可能だ。

## そのほかの注意点

外貨が不足しているため、現地の通貨から外貨への再両替は困難だし、レートも悪い。空港では、出国審査後の免税店では外貨しか受けとらないところもある。

マダガスカルでは、いちばん大きい紙幣がAr2万で、日本円にして600円くらいだ。そのため、数万円分両替すると、ホッチキスで留められた何十枚もの札束を渡される。それをていねいにはがし、枚数や破れた紙幣がないかチェックすること。札束が分厚すぎて財布に入らない場合もあるので、小分けにして持ち歩くとよい。タクシーやバス、マーケット、屋台などでは高額紙幣を出すとおつりがない場合もあるので、くずせるところで小額紙幣を確保しておこう。

マダガスカルでは、数万円両替するとアリアリが厚い札束でもらえる

## クレジットカードについて

いざというときには便利なクレジットカードだが、マダガスカルでは、ごく一部のホテルやレストラン、ショップ、空港でしか使えない。また、3～7%程度の手数料を取る場合が多いので、カードを使う前によく確かめたい。カードによる現金の引き出しも、マダガスカルでは一部の銀行の窓口とATMでしかやっていない。

最も普及しているのはビザとマスターカード。カードを使うときに注意したいのが、不正コピーだ。書き間違えの領収書は、目の前で破り捨てるのが当然だが、カーボン紙を使っているところだとあとで不正にコピーされる恐れがある。不正請求や二重請求に対して異議申し立てをする場合に必要なので、カードを使った場合は必ず請求金額を確認し、領収書をもらうことだ。さらに、紛失や盗難の場合に備えて、カードの番号とカード会社の連絡先を控えておくことが大切だ。

空港の両替所

# 旅の健康管理

　旅をするうえでいちばん大事なのは健康な体だ。どんなに美しい風景を見ても体調が悪ければ感動が薄れるし、最悪の場合、旅そのものを中断する羽目になる。旅行中はもちろん、旅行に出かける前から体調を整えておくべきだ。

　マダガスカルは気候も風土も日本と異なる。伝染病や風土病についての基礎知識はもっていたい。なま水やなま物を取らない、虫にさされないようにする、などは基本だし、心配な人は、破傷風、狂犬病やA型肝炎の予防注射をしていくとよい。しかし、注射を打っていれば100%安全というわけではない。何の注射もせず現地の屋台で食事をしても、病気ひとつかからずに帰って来る人もいるし、一方日本にいても肝炎や病原性大腸菌の腸炎にかかる人もいる。健康であれば人間の体には抵抗力があるので、少しぐらいの病原体が体内に侵入しても発病することは少ない。無理な旅行日程や、慣れない食べ物や水、気候によるストレスや疲労が、病気にかかる最大の原因だ。少しぐらいの下痢は仕方がないというくらいの余裕ある心構えと、日程にゆとりをもたせた旅行プランが大切だ。

　マダガスカルでは伝染病の発生率が高い。そして、森林を歩いたりキャンプをしたりする場合は、いっそうの注意と準備が必要だ。首都以外にしっかりした病院はないので、場合によってはアフリカやヨーロッパの病院に移送されることもあり、その費用は自己負担だ。さらに、時間がなかったり、言葉や技術の問題で、高額なクリニックや私立病院にかかることが多いので、海外旅行保険には必ず入っておくこと（→ P.185）。また、ダイビングやハンググライダー、ドライブなどをする場合は特約となることが多いので、契約内容を確認する必要がある。

## 一般的な注意と準備

### ●飲み物に気をつける

　マダガスカルでは、ミネラルウオーターの飲用をすすめる。購入時には、キャップがきちんと封印されているか確かめること。瓶は何度もリサイクルしているので（かなり割れやすくなっているものもある）、瓶入り飲料は避けたほうが無難。また、氷や、氷に乗せて冷やしてある果物も危ない。ミネラルウオーターが万一手に入らない場合などに備えて、浄水剤やフィルター、湯沸器などがあるとよい。コーヒー、紅茶は沸騰した水で作っているからまず大丈夫だが、器やスプーンなどが汚い場合もあるので、ウェットティッシュ（除菌タイプがベター）で拭くか、気になる人は自分専用のものを持っていこう。

### ●なまの肉や魚、野菜に気をつける

　なま野菜のサラダはもちろん、レアステーキやアイスクリームなどにも注意。寄生虫が潜んでいるかもしれない。果物もカットしてあるものは避けたい。また、火がとおっていても、調理してから時間がたっていたり、油が悪い場合もある。さらに、屋台の場合は、手や包装紙が汚かったり、一度地面に落としたものを平然と売っていたりするので、できたてを食べるようにしたい。

---

**予防接種について**

　予防接種の義務はないが、黄熱病の汚染地域を通過して来る場合は接種証明書が必要になる。心配な人は、A型肝炎、破傷風、狂犬病などの予防接種を受けるとよいが、期間をおいて何度か摂取する必要があり、副作用が出ることもある。詳しくは厚生労働省検疫所へ問い合わせを。帰国時の健康相談や検査も行っている。

**●厚生労働省検疫所**
**URL** www.forth.go.jp

## 病気になったら

日本大使館や観光局、高級ホテルなどで、病院や医師を紹介してもらう。僻地などでそれらがなければ、自分が泊まっているホテルに頼むしかないが、早めの診断と処置が重要だ。

## 蚊から身を守る

防虫スプレーやクリームの場合、雨や汗で流れてしまうことも多いので、有効時間よりもまめに塗り直すこと。現地ではあまり売っていないかあっても高いので、日本から持参したほうがいい。蚊取り線香は現地でも手に入るが、湿気ていると効かないので保管のよさそうな店で買うようにしたい。また、砕けてしまうと悲しいので、缶に入れてビニール袋で包むなどしていねいに扱おう。最近では、蚊やネズミが嫌う周波を出す機械や、蚊咬症用救急セットというものも、アウトドアグッズの店などで売っている。

## 薬を買う

ほとんどの薬の購入には医師の処方箋が必要。風邪薬、胃腸薬、ビタミン剤などは自由に（国によって多少異なる）購入できるが、総合感冒薬は市販されていない。また、用法などが読めないと困るので、常備薬は持参したほうがいい。コンタクトの洗浄液も忘れずに。

## 気圧の変化による病気

2500m以上の場所での高山病や、ダイビングによる耳鳴りなどがある。指導員などのアドバイスに従うこと。

アンタナナリボの薬局

## ●擦り傷、切り傷に注意する

湿度が高いと、傷が治るのに時間がかかる。クリーム状の軟膏より、液体やスプレー状の抗菌薬やヨードチンキがいい。ハエがたかったりするのでばんそうこうなどで覆う。運が悪ければ破傷風になることもあるので、よく消毒しよう。虫刺されもかくとかぶれや膿のもととなるので我慢！ 靴ずれを防ぐため、履き慣れた靴にすること。サンダルの鼻緒ずれにも注意。

## ●裸足に気をつける

地面はもちろん、砂地には砂ノミがいるので注意。シャワーのときもサンダルを履いたほうがいい。足の裏や指、あるいは爪のあたりのかゆみが続くときは、医師に診てもらうこと。

## ●基本的な医薬品を持っていく

現地の薬は保管が悪かったり、日本人には効き目が強過ぎたりするので、日本から持参するのがいちばんだ。抗生物質や持病の薬などは、麻薬に相当する物質が含まれていたり、麻薬と間違えられたりする場合もあるので、医者の英文処方箋をもらうか英語の説明書を持っていくこと。

## ●太陽に気をつける

赤道に近いため、日差しは強烈でたちまち日焼けする。晴れと曇りの日とでは紫外線の量はあまり変わらない。常に帽子や日傘、長袖などで肌を覆ったり、日焼け止めクリームを塗ること。紫外線は水をとおしてもやってくる。無防備で10分も水中に入れば真っ赤になってしまう。スノーケリングのときも防水製の日焼け止めを塗り、シャツを着たい。日射病や熱射病にならないために、水やスポーツドリンクなどをたっぷり取ること。汗は体温の温度調節に必要だ。

## ウイルス・細菌性の病気

コレラ、食中毒、赤痢、A型肝炎、ペスト、腸チフス、デング熱、チクングンヤ熱（またはチクングニヤ）などがある。水や食べ物（食器にも）に注意し、不衛生な場所に行かないこと。下痢の場合、多くは一時的なものだが、嘔吐、発熱、血便、発疹などがあったら、医者に診てもらおう。たいていは抗生物質で治るが、下痢による脱水状態がいちばん危険なので、とにかく大量の水とビタミン、ミネラル、塩分、糖分を取る。スポーツドリンクの粉末を持っていくのも賢明だ。A型肝炎は潜伏期間が2、3週間以上と長く、下痢のような症状がないため、もし帰国後に発熱や倦怠感が表れたら、すぐに診察を受けるべきだ。保険は帰国後も何ヵ月か有効な場合があるので、医者に旅行中に感染したことを証明する書類を作ってもらおう。

## 寄生虫

　ランブル繊毛虫症、アメーバ赤痢、嚢尾虫症、ビルハルツ住血吸虫、マンソン住血吸虫などがある。ウイルス、細菌性の病気と異なり、潜伏期間が長いものがあり、1年くらいたってから発病することもある。下痢や腹痛など顕著な症状が出ない場合、感染に気づかずに帰国してしまうことも多い。一部の寄生虫を除けば急性の劇症は少ないが、慢性化すると重篤化することもある。駆虫剤を飲めば治ることが多いが、予

マーケットで薬草が売られている

防に越したことはない。経口感染する場合と、ビルハルツ住血吸虫のように皮膚から感染する場合とがあるので、川やよどんだ水の中に裸足で入ったり、泳いだりしないことだ。

## 虫、動物

　蚊は、マラリアだけでなくデング熱やチクングニヤ熱の感染源にもなるので、長袖、長ズボン、長靴、虫よけ剤の塗布などで、刺されないように万全の注意を払う。寝るときは、蚊取り線香や蚊帳を使う。蚊帳が破れていないかよくチェックし、もし破れたところがあればテープや安全ピンなどでふさごう。マラリアの予防薬には、クロロキンChloroquineとメフロキンMefloquineがあるが、蚊によって効かないこともあるので、耐性については現地で確認してから購入すること。これらの薬は帰国後も4〜6週間飲む必要があり、副作用があるうえ飲んでも万全ではない。蚊に刺されないようにする、蚊に負けない体力をつけることが第一だが、頭痛、嘔吐、悪心、下痢など熱をともなった症状が出たら、すぐ専門医に診てもらおう。

　ダニやシラミなども病気の感染源になる。つぶすと菌が体内に侵入する恐れがあるので、毛抜きなどでつまんで取る。また、森林にはヒルがいて血を吸うが、無理にはがそうとすると傷になるので、血を吸い終わり自然に落ちるのを待つか、塩やたばこの煙で落とす。クモやサソリもいるので、キャンプのときはマットを敷き、荷物は袋などでしっかり包むこと。マダガスカルのヘビはほとんどが無害だが、クモのなかには猛毒をもつものもいて、かまれた部分が麻痺する場合もある。さらに、かまれたりひっかかれたりして狂犬病や破傷風などになるかもしれないので、犬や猿などの動物をなでないほうがいい。また、触るとかぶれる恐れのある植物もあるので注意。

## 性病、HIV、B型肝炎

　性的交渉によって感染し、マダガスカルでも増加している。コンドームは薬局だけでなく雑貨店などでも手に入るが、つけても万全ではないし、世界中のどんな菌をもらうかわからない。君子危うきに近寄らずだ。

---

### おもな英語／フランス語

| | |
|---|---|
| マラリア | malaria/paludisme |
| 赤痢 | desentery/dysenterie |
| 腸チフス | typhoid fever/ fievre typhoide |
| 破傷風 | tetanus/tetanos |
| 食中毒 | food poisoning/ intoxication mentaire |
| 肝炎 | hepatitis/hépatite |
| エイズ | AIDS/SIDA |
| 下痢 | diarrhoea/diarrhée |
| 風邪 | cold/rhume |
| 日射病 | sun stroroke/insolation |
| 蚊取り線香 | mosquito coil/ encens contre le moustique |
| 蚊帳 | mosquito net/ moustiquaire |
| 頭痛 | headache/mal la tete |
| 腹痛 | a stomachache/ mal au ventre |
| 吐き気 | nausea/nausse |
| 嘔吐 | vomiting/vomissement |
| 発熱 | fever/fiévre |
| 寒気 | chills/frisson |

※症状を表す場合、英語ならI have、フランス語ならJ'aiのあとに以下の言葉をつける。

### 病気のときの連絡先
**●マダガスカル**
救急：17または117
Clinique des Soeurs Ankadifotsy
**TEL** (020-22) 235-54
Polyclinique et Maternite D'Ilafy
**TEL** (020-22) 425-66

# 安全情報

政治・経済面で多くの課題を抱えるマダガスカル。2019年6月現在、外務省の危険情報はレベル1（十分注意してください）。しかし、貧困に起因した犯罪など、治安が安定しているとはいえないのが現状だ。2019年に新大統領が就任しているが、まだまだ状況は不安定。渡航前には必ず外務省の安全情報をチェックしておこう。

**外務省危険情報の問い合わせ先**
●外務省領事サービスセンター
TEL（03）3580-3311
内線2903
●外務省ホームページ
URL www.mofa.go.jp
●外務省海外安全ホームページ
URL www.anzen.mofa.go.jp

**緊急時の電話番号**
警察・救急：17または117
消防：18または118
日本国大使館（アンタナナリボ）
TEL（020-22）493-57

**アンタナナリボの状況**
　2019年6月現在、外務省が下記のとおり注意喚起を行っている。
「アンタナナリボ市内及びその周辺は、依然として誘拐事件が発生するなど治安状況に改善の兆しは見えておらず、今後、更に治安が悪化する可能性も排除できませんので十分な注意が必要です。マダガスカルでは、国民全体が貧困状態にあり、一般犯罪は頻発しています。観光地や市場などではスリやひったくりが多発しており、外国人旅行者が特に多いアナラケリー市場、独立大通り、独立広場に続く大階段等では、過去に日中であっても日本人渡航者に対する強盗被害が発生しています。以前は、単独犯による強引な手口での犯行が一般的でしたが、最近では複数犯による組織的な犯罪（スリ、集団強盗など）が散見されており、特に市場やバス待合所など多くの人で混み合う場所では、十分な注意が必要です。特に深夜は、中心街であっても日中に比べ閑散としています。不要不急の外出は避け、外出せざるを得ない場合には、周囲の安全確認を怠らない等、細心の注意を払って行動してください」

## 治安

　首都のアンタナナリボでは、近年の政情不安を背景に、白昼堂々ひったくりや強盗などの事件が起きていたが、最近はアンタナナリボだけでなく、マダガスカル全土で武装強盗や殺人、誘拐などの凶悪事件が起きている。ターゲットは、おもにマダガスカルの富裕層や外国人。外国人は一般的に裕福だと思われているので、十分注意したい。特にアンタナナリボをひとりで歩いて観光するのはできるだけ控えよう。

　またここ数年で身代金を目的とした誘拐事件が増加傾向にあり、外国人も対象となる可能性があるので十分注意しよう。

都市部以外でも注意が必要

## 交通

　現地の人々の交通マナーは劣悪で、交通事故や交通渋滞が多発している。田舎では道路の整備も進んでいない。道路の幅員は狭く、複雑に入り組んでいるため、現地での運転はなるべく避けたほうがいいだろう。また、タクシー・ブルースの事故が頻発しているので、利用の際は注意が必要。

アンタナナリボは特に注意が必要

アンタナナリボのタクシー・ブルース乗り場

スリの多いアナラケリー・マーケット（アンタナナリボ）

## 貴重品の管理について

　一般に都市部が地方より治安が悪いのだが、いつでも貴重品の管理はしっかりしたい。貴重品は、かばんなどに入れず身につけるのが基本だ。ウエストポーチや後ろポケットは、「ここにありますよ。取ってください」と言っているようなものなので避けよう。貴重品は、必ず外から見えないように服の下にしまっておくことだ。貴重品袋は、首にぶら下げているとひもが見える場合があるため、肩にかけ脇に下げるのがいい。

　また、パスポート、現金、航空券、クレジットカードなどは、1ヵ所ではなく分散して持ったほうが被害が少なくて済む。お金は、①全財産　②1日に使うぶん　③バスに乗るときなどの小銭　④最後の手段、の4つに分ける。①は服の下に隠し持つか、ホテルのフロントやセーフティボックスに預ける。②はかばんなどに、③はすぐに取り出せるポケットなどに入れ、④は、10ドル程度を盲点になるような場所、例えば本のカバー裏やズボンの裾などにしのばせておくようにするといい。クレジットカードとその番号の控えは、もちろん別々に持つ。手帳にも番号を控えておこう。

　パスポートの写真や番号、ビザが載っている部分は3部コピーして、1部はいつも身につけ（外出のとき、パスポートは持ち歩かないほうがいい）、もう1部は荷物の中に入れ、残りの1部は、別の人に預けるか、日本の家族などのもとへ置いておけば、紛失のときに役に立つ。

## 荷物と服装

　日本人は裕福と思われているために狙われやすい。高価な宝飾品やブランド品を身につけて歩くのはやめよう。車に乗っていて、停車したときに窓から手を突っ込まれて荷物を取られることもあるので、荷物に手をかけておくか、見えないように足元に置くこと。特にアンタナナリボでは、タクシーに乗ったときは窓ガラスを閉めておいたほうがよい。

## ホテルでの注意

　家族経営の小さなペンションでもないかぎり、部屋に貴重品を置いて出かけるのは避けたい。鍵も持参した南京錠に替え、荷物にも鍵をかけておく。ホテルでお金を預かってもらうときは、いくらあるのかを数え、ホテルの人にも確認させる。

### パスポート（旅券）をなくしたら

　万一パスポート（以下旅券）をなくしたら、まず現地の警察署へ行き、紛失・盗難届出証明書を発行してもらう。次に日本大使館・領事館で旅券の失効手続きをし、新規旅券の発給（※1）または、帰国のための渡航書の発給を申請する。旅券の顔写真があるページや航空券や日程表のコピーがあると手続きが早い。コピーは原本とは別の場所に保管しておこう。

＜必要書類および費用＞

■失効手続き
・紛失一般旅券等届出書
・共通：写真（縦45mm×横35mm）1枚　※3

■発給手続き
・新規旅券：一般旅券発給申請書、手数料（10年用旅券1万6000円、5年用旅券1万1000円）※2
・帰国のための渡航書：渡航書発給申請書、手数料（2500円）※2
・共通：現地警察署の発行した紛失・盗難届出証明書
・共通：写真（縦45mm×横35mm）1枚　※3
・共通：戸籍謄本または抄本1通　※4
・帰国のための渡航書：旅行日程が確認できる書類（旅行会社にもらった日程表または帰りの航空券）

※1：改正旅券法の施行により、紛失した旅券の「再発給」制度は廃止
※2：支払いは現地通貨の現金で
※3：撮影から6ヵ月以内、IC旅券作成機が設置されていない在外公館での申請では、写真が3枚必要
※4：発行から6ヵ月以内。帰国のための渡航書の場合は原本が必要

# 通信事情

日本にいる家族や友人と連絡をとる方法はさまざま。近年はインターネットが発達し、SNSやウェブメールなどで連絡を取り合うことも多いだろう。ここではマダガスカルの通信事情について説明してみよう。

## SIMカードとは

SIM (Subscriber Identification Module) カードとは、電話番号を特定するための固有のID番号が記録された、携帯やスマートフォンで通信するために必要なICカードで、いわば身分証のようなもの。形状は標準、micro、nanoの3タイプで、端末によって異なる。大手キャリアで購入した携帯電話の場合、そのキャリアでしか使用できない制限（SIMロック）がかかっている。しかし、2015年5月に日本でSIMロック解除が義務化され、購入したキャリアに持ち込めば、SIMロックを解除してもらえる。

公衆電話はほとんど使われていない

## 電話

### ●SIMカードを購入しない場合

携帯電話の普及により、公衆電話は激減。テレフォンカードを扱う店もほとんどなくなっている。高くついてしまうが、ホテルの電話を使うのが一般的だ。友人や家族なら、ホテルのWi-Fiを使ってラインLINEやスカイプSkypeで通話できる。日本からモバイルWi-Fiルーターをレンタルする方法もある。あるいはラインやスカイプはクレジットを購入し、固定電話や携帯電話に電話を掛けることのできるサービスも行っている。

### ●SIMカードを購入する場合

空港の到着ロビーにはテルマTelma、オレンジOrange、エールテルAirtelのカウンターがあり、SIMカードを購入できる。例えばオレンジの30日間有効なAr7万のパッケージだと、3時間の国内通話、10分の国際通話、2GBのデータ通信が含まれる。

## インターネット

### ●Wi-Fi事情

マダガスカルのインターネット事情は欧米や東南アジアなどに比べ、かなり遅れている。たとえホテルでも電波はかなり弱いので、スマホのヘビーユーザーはたいへんなストレスだろう。

Wi-Fi自体を整備していないホテルもある

**ホテル**はほとんどの場所でWi-Fiの整備が進んでいるが、まだまだロビーなどの共用エリアのみというところも多い。部屋でつながると謳っていても、快適につながるところはわずか。首都のアンタナナリボでも同じだ。**レストラン**もWi-Fiを整備しているところは増えているが、通信速度は遅いことが多い。**空港**については、Wi-Fiは整備されていないが、新ターミナル（2020年初頭に開業予定→P.192）では整備されるかもしれない。日本からモバイルWi-Fiルーターをレンタルする方法もある。

### ●SIMカードを購入する場合

スムーズにインターネットを利用する方法としてはこれがいちばん。現地通信会社のSIMカード（料金は上記参照）を購入し、データ通信をする方法だ。町中では問題なくつながるし、4G回線を利用しているためスピードもなかなか速い。

●SIMカードの設定の仕方

　空港や町中の携帯電話会社でSIMカードが欲しい旨伝えればスタッフがパッケージなどを案内してくれる。基本的にはスタッフがSIMカードの挿入（日本のSIMカードを受け取ってしっかり保管しよう）、設定までやってくれることが多い。データ残量やクレジットのチェックの仕方はその場で聞いておこう。

●マダガスカルの通信会社

　マダガスカルの通信会社の大手はテルマ Telma、オレンジ Orange、エールテル Airtel の3社。なかでも国営のテルマは電波が強く、郊外でも比較的よくつながることで知られている。店舗も多いし、3社のなかでは最もおすすめだ。フランス発のオレンジもアンタナナリボに巨大なビルを所有し、シェアを拡大しつつある。

テルマのタナ・ウオーターフロント店

日本の携帯電話会社の海外パケット定額（国際ローミング）を使う

　海外でも日本と同じように利用したいという人には、携帯電話会社の海外パケット定額を利用するという方法もある。ただし、1日あたりの料金が比較的割高。詳しくは各ホームページで調べてみよう。

# INFORMATION

## マダガスカルでスマホ、ネットを使うには

　まずは、ホテルなどのネットサービス（有料または無料）、Wi-Fiスポット（インターネットアクセスポイント。無料）を活用する方法がある。マダガスカルでは、主要ホテルや町なかにWi-Fiスポットがあるので、宿泊ホテルでの利用可否やどこにWi-Fiスポットがあるかなどの情報を事前にネットなどで調べておくとよいだろう。ただしWi-Fiスポットでは、通信速度が不安定だったり、繋がらない場合があったり、利用できる場所が限定されたりするというデメリットもある。ストレスなくスマホやネットを使おうとするなら、以下のような方法も検討したい。

### ☆各携帯電話会社の「パケット定額」

　1日当たりの料金が定額となるもので、NTTドコモなど各社がサービスを提供している。いつも利用しているスマホを利用できる。また、海外旅行期間を通してではなく、任意の1日だけ決められたデータ通信量を利用することのできるサービスもあるので、ほかの通信手段がない場合の緊急用としても利用できる。なお、「パケット定額」の対象外となる国や地域があり、そうした場所でのデータ通信は、費用が高額となる場合があるので、注意が必要だ。

### ☆海外用モバイルWi-Fiルーターをレンタル

　マダガスカルで利用できる「Wi-Fiルーター」をレンタルする方法がある。定額料金で利用できるもので、「グローバルWiFi（【URL】https://townwifi.com/）」など各社が提供している。Wi-Fiルーターとは、現地でもスマホやタブレット、PCなどでネットを利用するための機器のことをいい、事前に予約しておいて、空港などで受け取る。利用料金が安く、ルーター1台で複数の機器と接続できる（同行者とシェアできる）ほか、いつでもどこでも、移動しながらでも快適にネットを利用できるとして、利用者が増えている。

ルーターは空港などで受け取る

　ほかにも、いろいろな方法があるので、詳しい情報は「地球の歩き方」ホームページで確認してほしい。
【URL】http://www.arukikata.co.jp/net/

# INDEX

# 地球の歩き方 シリーズ年度一覧

地球の歩き方ガイドブックは1〜2年で改訂されます。改訂時には価格が変わることがあります。表示価格は本体価格(税別)です。
●最新情報は、ホームページでもご覧いただけます。URL www.diamond.co.jp/arukikata

2019年9月現在

## 地球の歩き方 ガイドブック

### A ヨーロッパ

| | | | |
|---|---|---|---|
| A01 | ヨーロッパ | 2018〜2019 | ¥1700 |
| A02 | イギリス | 2019〜2020 | ¥1700 |
| A03 | ロンドン | 2019〜2020 | ¥1600 |
| A04 | 湖水地方&スコットランド | 2018〜2019 | ¥1700 |
| A05 | アイルランド | 2019〜2020 | ¥1800 |
| A06 | フランス | 2019〜2020 | ¥1700 |
| A07 | パリ&近郊の町 | 2019〜2020 | ¥1700 |
| A08 | 南仏プロヴァンス コート・ダジュール&モナコ | 2018〜2019 | ¥1600 |
| A09 | イタリア | 2018〜2019 | ¥1600 |
| A10 | ローマ | 2018〜2019 | ¥1600 |
| A11 | ミラノ ヴェネツィアと湖水地方 | 2019〜2020 | ¥1700 |
| A12 | フィレンツェとトスカーナ | 2019〜2020 | ¥1700 |
| A13 | 南イタリアとシチリア | 2019〜2020 | ¥1700 |
| A14 | ドイツ | 2019〜2020 | ¥1700 |
| A15 | 南ドイツ フランクフルト ミュンヘン ロマンティック街道 古城街道 | 2019〜2020 | ¥1600 |
| A16 | ベルリンと北ドイツ ハンブルク ドレスデン ライプツィヒ | 2019〜2020 | ¥1700 |
| A17 | ウィーンとオーストリア | 2019〜2020 | ¥1700 |
| A18 | スイス | 2019〜2020 | ¥1700 |
| A19 | オランダ ベルギー ルクセンブルク | 2019〜2020 | ¥1600 |
| A20 | スペイン | 2019〜2020 | ¥1700 |
| A21 | マドリードとアンダルシア& 鉄道とバスで行く世界遺産 | 2019〜2020 | ¥1600 |
| A22 | バルセロナ&近郊の町 イビサ島/マヨルカ島 | 2018〜2019 | ¥1600 |
| A23 | ポルトガル | 2019〜2020 | ¥1650 |
| A24 | ギリシアとエーゲ海の島々&キプロス | 2019〜2020 | ¥1700 |
| A25 | 中欧 | 2019〜2020 | ¥1800 |
| A26 | チェコ ポーランド スロヴァキア | 2019〜2020 | ¥1700 |
| A27 | ハンガリー | 2019〜2020 | ¥1700 |
| A28 | ブルガリア ルーマニア | 2019〜2020 | ¥1800 |
| A29 | 北欧 | 2019〜2020 | ¥1800 |
| A30 | バルトの国々 | 2019〜2020 | ¥1800 |
| A31 | ロシア | 2018〜2019 | ¥1900 |
| A32 | 極東ロシア シベリア サハリン | 2019〜2020 | ¥1800 |
| A34 | クロアチア スロヴェニア | 2019〜2020 | ¥1600 |

### B 南北アメリカ

| | | | |
|---|---|---|---|
| B01 | アメリカ | 2018〜2019 | ¥1900 |
| B02 | アメリカ西海岸 | 2019〜2020 | ¥1700 |
| B03 | ロスアンゼルス | 2019〜2020 | ¥1700 |
| B04 | サンフランシスコとシリコンバレー | 2019〜2020 | ¥1700 |
| B05 | シアトル ポートランド ワシントン州とオレゴン州の大自然 | 2019〜2020 | ¥1700 |
| B06 | ニューヨーク マンハッタン&ブルックリン | 2019〜2020 | ¥1750 |
| B07 | ボストン | 2018〜2019 | ¥1800 |
| B08 | ワシントンDC | 2019〜2020 | ¥1700 |
| B09 | ラスベガス セドナ& グランドキャニオンと大西部 | 2019〜2020 | ¥1700 |
| B10 | フロリダ | 2018〜2019 | ¥1700 |
| B11 | シカゴ | 2018〜2019 | ¥1700 |
| B12 | アメリカ南部 | 2018〜2019 | ¥1800 |
| B13 | アメリカの国立公園 | 2019〜2020 | ¥1900 |
| B14 | ダラス ヒューストン デンバー グランドサークル フェニックス サンタフェ | 2018〜2019 | ¥1700 |
| B15 | アラスカ | 2019〜2020 | ¥1800 |
| B16 | カナダ | 2019〜2020 | ¥1700 |
| B17 | カナダ西部 | 2018〜2019 | ¥1600 |
| B18 | カナダ東部 | 2018〜2019 | ¥1600 |
| B19 | メキシコ | 2019〜2020 | ¥1700 |
| B20 | 中米 | 2018〜2019 | ¥1900 |
| B21 | ブラジル ベネズエラ | 2018〜2019 | ¥2000 |
| B22 | アルゼンチン チリ パラグアイ ウルグアイ | 2018〜2019 | ¥2000 |
| B23 | ペルー ボリビア エクアドル コロンビア | 2018〜2019 | ¥2000 |
| B24 | キューバ バハマ ジャマイカ カリブの島々 | 2019〜2020 | ¥1850 |
| B25 | アメリカ・ドライブ | 2017〜2018 | ¥1700 |

### C 太平洋/インド洋の島々&オセアニア

| | | | |
|---|---|---|---|
| C01 | ハワイ I オアフ島&ホノルル | 2019〜2020 | ¥1700 |
| C02 | ハワイ II ハワイ島 マウイ島 カウアイ島 モロカイ島 ラナイ島 | 2019〜2020 | ¥1600 |
| C03 | サイパン | 2018〜2019 | ¥1400 |
| C04 | グアム | 2018〜2019 | ¥1400 |
| C05 | タヒチ イースター島 | 2018〜2019 | ¥1500 |
| C06 | フィジー | 2018〜2019 | ¥1500 |
| C07 | ニューカレドニア | 2019〜2020 | ¥1500 |
| C08 | モルディブ | 2020〜2021 | ¥1700 |
| C10 | ニュージーランド | 2019〜2020 | ¥1800 |
| C11 | オーストラリア | 2019〜2020 | ¥1900 |
| C12 | ゴールドコースト&ケアンズ | 2018〜2019 | ¥1700 |
| C13 | シドニー&メルボルン | 2019〜2020 | ¥1600 |

### D アジア

| | | | |
|---|---|---|---|
| D01 | 中国 | 2019〜2020 | ¥1800 |
| D02 | 上海 杭州 蘇州 | 2019〜2020 | ¥1700 |
| D03 | 北京 | 2019〜2020 | ¥1600 |
| D04 | 大連 瀋陽 ハルビン 中国東北地方の自然と文化 | 2019〜2020 | ¥1800 |
| D05 | 広州 アモイ 桂林 珠江デルタと華南地方 | 2019〜2020 | ¥1800 |
| D06 | 成都 九寨溝 麗江 四川 雲南 貴州の自然と民族 | 2018〜2019 | ¥1700 |
| D07 | 西安 敦煌 ウルムチ シルクロードと中国西北部 | 2018〜2019 | ¥1700 |
| D08 | チベット | 2018〜2019 | ¥1900 |
| D09 | 香港 マカオ 深圳 | 2019〜2020 | ¥1700 |
| D10 | 台湾 | 2019〜2020 | ¥1700 |
| D11 | 台北 | 2019〜2020 | ¥1500 |
| D13 | 台南 高雄 屏東&南台湾の町 | 2019〜2020 | ¥1500 |
| D14 | モンゴル | 2017〜2018 | ¥1900 |
| D15 | 中央アジア サマルカンドと シルクロードの国々 | 2019〜2020 | ¥1900 |
| D16 | 東南アジア | 2018〜2019 | ¥1700 |
| D17 | タイ | 2018〜2019 | ¥1700 |
| D18 | バンコク | 2018〜2019 | ¥1600 |
| D19 | マレーシア ブルネイ | 2019〜2020 | ¥1500 |
| D20 | シンガポール | 2019〜2020 | ¥1500 |
| D21 | ベトナム | 2019〜2020 | ¥1700 |
| D22 | アンコール・ワットとカンボジア | 2019〜2020 | ¥1700 |
| D23 | ラオス | 2019〜2020 | ¥1700 |
| D24 | ミャンマー | 2019〜2020 | ¥1800 |
| D25 | インドネシア | 2018〜2019 | ¥1700 |
| D26 | バリ島 | 2019〜2020 | ¥1700 |
| D27 | フィリピン | 2019〜2020 | ¥1700 |
| D28 | インド | 2019〜2020 | ¥1800 |
| D29 | ネパールとヒマラヤトレッキング | 2018〜2019 | ¥1900 |
| D30 | スリランカ | 2019〜2020 | ¥1700 |
| D31 | ブータン | 2018〜2019 | ¥1900 |
| D32 | パキスタン | 2007〜2008 | ¥1780 |
| D33 | マカオ | 2018〜2019 | ¥1600 |
| D34 | 釜山・慶州 | 2017〜2018 | ¥1500 |
| D35 | バングラデシュ | 2019〜2020 | ¥1900 |
| D36 | 南インド | 2016〜2017 | ¥1900 |
| D37 | 韓国 | 2019〜2020 | ¥1700 |
| D38 | ソウル | 2019〜2020 | ¥1500 |

### E 中近東 アフリカ

| | | | |
|---|---|---|---|
| E01 | ドバイとアラビア半島の国々 | 2019〜2020 | ¥1900 |
| E02 | エジプト | 2014〜2015 | ¥1700 |
| E03 | イスタンブールとトルコの大地 | 2019〜2020 | ¥1700 |
| E04 | ペトラ遺跡とヨルダン レバノン | 2019〜2020 | ¥1700 |
| E05 | イスラエル | 2019〜2020 | ¥1700 |
| E06 | イラン | 2017〜2018 | ¥2000 |
| E07 | モロッコ | 2019〜2020 | ¥1800 |
| E08 | チュニジア | 2015〜2016 | ¥1900 |
| E09 | 東アフリカ ウガンダ エチオピア ケニア タンザニア ルワンダ | 2016〜2017 | ¥1900 |
| E10 | 南アフリカ | 2018〜2019 | ¥1900 |
| E11 | リビア | 2010〜2011 | ¥2000 |
| E12 | マダガスカル モーリシャス セイシェル | 2017〜2018 | ¥1900 |

## 女子旅応援ガイド aruco

| | | | |
|---|---|---|---|
| 1 | パリ '19〜'20 | | ¥1200 |
| 2 | ソウル '19〜'20 | | ¥1200 |
| 3 | 台北 '20〜'21 | | ¥1200 |
| 4 | トルコ '14〜'15 | | ¥1200 |
| 5 | インド | | ¥1400 |
| 6 | ロンドン '18〜'19 | | ¥1200 |
| 7 | 香港 '19〜'20 | | ¥1200 |
| 8 | エジプト | | ¥1200 |
| 9 | ニューヨーク '19〜'20 | | ¥1200 |
| 10 | ホーチミン ダナン ホイアン '19〜'20 | | ¥1200 |
| 11 | ホノルル '19〜'20 | | ¥1200 |
| 12 | バリ島 '20〜'21 | | ¥1200 |
| 13 | 上海 | | ¥1200 |
| 14 | モロッコ '19〜'20 | | ¥1400 |
| 15 | チェコ '19〜'20 | | ¥1200 |
| 16 | ベルギー '16〜'17 | | ¥1200 |
| 17 | ウィーン '17〜'18 | | ¥1200 |
| 18 | イタリア '19〜'20 | | ¥1200 |
| 19 | スリランカ | | ¥1400 |
| 20 | クロアチア スロヴェニア '19〜'20 | | ¥1300 |
| 21 | スペイン '19〜'20 | | ¥1200 |
| 22 | シンガポール '19〜'20 | | ¥1200 |
| 23 | バンコク '20〜'21 | | ¥1300 |
| 24 | グアム '19〜'20 | | ¥1200 |
| 25 | オーストラリア '18〜'19 | | ¥1200 |
| 26 | フィンランド エストニア '20〜'21 | | ¥1300 |
| 27 | アンコール・ワット '18〜'19 | | ¥1200 |
| 28 | ドイツ '18〜'19 | | ¥1200 |
| 29 | ハノイ '19〜'20 | | ¥1200 |
| 30 | 台湾 '19〜'20 | | ¥1200 |
| 31 | カナダ '17〜'18 | | ¥1200 |
| 32 | オランダ '18〜'19 | | ¥1200 |
| 33 | サイパン テニアン ロタ '18〜'19 | | ¥1200 |
| 34 | セブ ボホール エルニド '19〜'20 | | ¥1200 |

## 地球の歩き方 Plat

| | | | |
|---|---|---|---|
| 1 | パリ | | ¥1200 |
| 2 | ニューヨーク | | ¥1200 |
| 3 | 台北 | | ¥1000 |
| 4 | ロンドン | | ¥1000 |
| 5 | グアム | | ¥1000 |
| 6 | ドイツ | | ¥1000 |
| 7 | ベトナム | | ¥1000 |
| 8 | スペイン | | ¥1200 |
| 9 | バンコク | | ¥1000 |
| 10 | シンガポール | | ¥1000 |
| 11 | アイスランド | | ¥1400 |
| 12 | ホノルル | | ¥1000 |
| 13 | マニラ セブ | | ¥1000 |
| 14 | マルタ | | ¥1400 |
| 15 | フィンランド | | ¥1200 |
| 16 | クアラルンプール マラッカ | | ¥1000 |
| 17 | ウラジオストク | | ¥1300 |
| 18 | サンクトペテルブルク モスクワ | | ¥1400 |
| 19 | エストニア | | ¥1200 |
| 20 | 香港 | | ¥1000 |
| 21 | ブルックリン | | ¥1200 |
| 22 | ブルネイ | | ¥1300 |
| 23 | ウズベキスタン | | ¥1200 |
| 24 | ドバイ | | ¥1320 |

## 地球の歩き方 Resort Style

| | | | |
|---|---|---|---|
| R01 | ホノルル&オアフ島 | | ¥1500 |
| R02 | ハワイ島 | | ¥1500 |
| R03 | マウイ島 | | ¥1500 |
| R04 | カウアイ島 | | ¥1700 |
| R05 | こどもと行くハワイ | | ¥1400 |
| R06 | ハワイ ドライブ・マップ | | ¥1800 |
| R07 | ハワイ バスの旅 | | ¥1200 |
| R08 | グアム※ | | ¥1500 |
| R09 | こどもと行くグアム | | ¥1500 |
| R10 | パラオ | | ¥1500 |
| R12 | 世界のダイビング完全ガイド | | ¥1800 |
| R13 | プーケット サムイ島 ピピ島 | | ¥1500 |
| R14 | ペナン ランカウイ クアラルンプール | | ¥1700 |
| R14 | バリ島 | | ¥1300 |
| R15 | セブ&ボラカイ ボホール シキホール | | ¥1500 |
| R16 | テーマパークinオーランド | | ¥1700 |
| R17 | カンクン コスメル イスラ・ムヘーレス | | ¥1500 |
| R18 | ケアンズと グレートバリアリーフ※ | | ¥1700 |
| R19 | ファミリーで行くシンガポール | | ¥1400 |
| R20 | ダナン ホイアン ホーチミン ハノイ | | ¥1500 |

※は旧リゾートシリーズで発刊中

| 地球の歩き方　投稿 | 検索  |
| --- | --- |

あなたの
旅の体験談を
お送り
ください

『地球の歩き方』は、たくさんの旅行者から
ご協力をいただいて、改訂版や新刊を制作しています。
あなたの旅の体験や貴重な情報を、これから旅に出る人たちに分けてあげてください。
なお、お送りいただいたご投稿がガイドブックに掲載された場合は、
初回掲載本を 1 冊プレゼントします！

## ご投稿は次の3つから！

**インターネット**
URL www.arukikata.co.jp/guidebook/toukou.html
**画像も送れるカンタン「投稿フォーム」**
※「地球の歩き方　投稿」で検索してもすぐに見つかります

**郵便**
〒 160-0023　東京都新宿区西新宿 6-15-1
セントラルパークタワー・ラ・トゥール新宿 705
株式会社地球の歩き方メディアパートナーズ
「地球の歩き方」サービスデスク「○○○○編」投稿係

**ファクス**
**(03)6258-0421**

| 郵便と<br>ファクス<br>の場合 | 次の情報をお忘れなくお書き添えください！　①ご住所　②氏名　③年齢　④ご職業<br>⑤お電話番号　⑥ E-mail アドレス　⑦対象となるガイドブックのタイトルと年度<br>⑧ご投稿掲載時のペンネーム　⑨今回のご旅行時期　⑩「地球の歩き方メールマガジン」<br>配信希望の有無　⑪地球の歩き方グループ各社からの DM 送付希望の有無 |
| --- | --- |

────── **ご投稿にあたってのお願い** ──────

**★ご投稿は、次のような《テーマ》に分けてお書きください。**
《新発見》ガイドブック未掲載のレストラン、ホテル、ショップなどの情報
《旅の提案》未掲載の町や見どころ、新しいルートや楽しみ方などの情報
《アドバイス》旅先で工夫したこと、注意したいこと、トラブル体験など
《訂正・反論》掲載されている記事・データの追加修正や更新、異論・反論など
※記入例：「○○編 201X 年度版△△ページ掲載の□□ホテルが移転していました……」

**★データはできるだけ正確に。**
ホテルやレストランなどの情報は、名称、住所、電話番号、アクセスなどを正確にお書きください。
ウェブサイトの URL や地図などは画像でご投稿いただくのもおすすめです。

**★ご自身の体験をお寄せください。**
雑誌やインターネット上の情報などの丸写しはせず、実際の体験に基づいた具体的な情報をお待ちして
います。

────── **ご確認ください** ──────

※採用されたご投稿は、必ずしも該当タイトルに掲載されるわけではありません。関連他タイトルへの掲載もありえます。
※例えば「新しい市内交通パスが発売されている」など、すでに編集部で取材・調査を終えているものと同内容のご投稿をい
　ただいた場合は、ご投稿を採用したとはみなされず掲載本をプレゼントできないケースがあります。
※当社は個人情報を第三者に提供いたしません。また、ご記入いただきましたご自身の情報については、ご投稿内容の確認や
　掲載本の送付などの用途以外には使用いたしません。
※ご投稿の採用の可否についてのお問い合わせはご遠慮ください。
※原稿は原文を尊重しますが、スペースなどの関係で編集部でリライトする場合があります。
※従来の、巻末に綴じ込んだ「現地最新情報・ご投稿用紙」は廃止させていただきました。

あとがき この本は、マダガスカルを旅する人々のために少しでもお役に立てればという気持ちを込めて、編集されました。今回の改訂本を出すに当たっては、たくさんの方々にご協力いただきました。この場を借りて厚く御礼申し上げます。また、今後もより充実したガイドブックを作るため、皆さまのご意見、ご要望、そして旅のご報告を心よりお待ちしております。

## Staff

| | | | |
|---|---|---|---|
| 制　　作 | 宮田崇 | Producer | : Takashi Miyata |
| 編　　集 | アナパ・パシフィック | Editorial Production | : ANAPA PACIFIC |
| | 梅原敏賀津 | Editorial Director | : Toshikazu Umehara |
| 編集・執筆・写真 | 井脇直希 | Editor & Writer & Photographer | : Naoki Iwaki |
| 執 筆 ・ 写 真 | 松本光子 | Writers & Photographers | : Mitsuko Matsumoto |
| 写　　真 | 波間英彦 | Photographers | : Hidehiko Hama |
| レイアウトデザイン | エメ龍夢 | Layout Design | : EME ryumu |
| グラビアデザイン | 山中遼子 | Gravure Design | : Ryoko Yamanaka |
| 地　　図 | 高棟博（ムネプロ） | Maps | : Hiroshi Takamune（Mune Pro） |
| 校　　正 | 東京出版サービスセンター | Proofreading | : Tokyo Publishing Service Center |
| 表　　紙 | 日出嶋昭男 | Cover Design | : Akio Hidejima |

SPECIAL THANKS TO：マダガスカル・サービス Madagascar Services、©iStock、Hotel Carlton、Baobab Café、Le Grand Hotel、Chalet des Roses、Lokanga Boutique Hotel（順不同、敬称略）

読者投稿
〒160-0023　東京都新宿区西新宿6-15-1 セントラルパークタワー・ラ・トゥール新宿705
株式会社地球の歩き方メディアパートナーズ
地球の歩き方サービスデスク「マダガスカル編」投稿係
FAX.(03) 6258-0421　URL www.arukikata.co.jp/guidebook/toukou.html

地球の歩き方ホームページ（海外旅行の総合情報）
URL www.arukikata.co.jp
ガイドブック『地球の歩き方』（検索と購入、更新・訂正・サポート情報）
URL www.arukikata.co.jp/guidebook

## 地球の歩き方 E-12 マダガスカル
2020～2021年版
2001年 8 月17日　初版発行
2019年10月16日　改訂第8版第1刷発行

Published by Diamond-Big Co., Ltd.
2-9-1, Hatchobori, Chuo-ku, Tokyo, 104-0032, Japan
TEL. (81-3) 3553-6667　（Editorial Section）
TEL. (81-3) 3553-6660 FAX. (81-3) 3553-6693（Advertising Section）

| | |
|---|---|
| 著作編集 | 「地球の歩き方」編集室 |
| 発 行 所 | 株式会社ダイヤモンド・ビッグ社 |
| | 〒104-0032　東京都中央区八丁堀2-9-1 |
| | 編集部　TEL. (03) 3553-6667 |
| | 広告部　TEL. (03) 3553-6660　FAX. (03) 3553-6693 |
| 発 売 元 | 株式会社ダイヤモンド社 |
| | 〒150-8409　東京都渋谷区神宮前6-12-17 |
| | 販　売　TEL. (03) 5778-7240 |

印刷製本　開成堂印刷株式会社　Printed in Japan
禁無断転載 © ダイヤモンド・ビッグ社／アナパ・パシフィック 2019
ISBN 978-4-478-82389-7